JN299357

心と社会を科学する

唐沢かおり・戸田山和久──［編］

東京大学出版会

Social Psychology Meets Philosophy of Science
Kaori KARASAWA & Kazuhisa TODAYAMA, Editors
University of Tokyo Press, 2012
ISBN 978-4-13-013306-7

はじめに ── 出会いと発端

エピソード1
社会心理学者が，専門は何かとたずねられた時……。
「社会心理学の研究をしているんです」
「あ，集団の心理とか研究しておられるのですね」
「いや，そうじゃなくて……」
「あ，いろんなことについて，多数の人がどう思っているか調べておられるのですね」
「まあ，それもありますけどねぇ……」
　そして，このようなやり取りの中に含まれる社会心理学の実像に対する微妙な誤解を解こうとして，社会心理学の研究テーマについて，あれこれと説明をしようとして，「あー，もうややこしいからいいです」という顔をしている相手に，ふと気がつくのである。

エピソード2
科学哲学って何なのよと，哲学者がたずねられた時……。
「科学の方法論に含まれる問題を取り上げて，議論するんですよ」
「じゃあ，現場で科学者のコンサルタントをするのですか？」
「いや，そうじゃなくて，哲学的立場からの議論なので……」
「ということは，哲学者のための学問？」
「まあ，そういう側面がなきにしもあらずではありますが……」
　そして，科学哲学が何を目指しているのかを説明しようとして，科学史と科学哲学の関係の話などをしてしまい，「何を言っているのかわかりません」という顔をしている相手の，冷たい視線を痛く感じるのである。

どんな学問を行うにも悩みはつきものだ。それは単に，自分がどのような研究に携われば意義があるのだろうかというような，個人の研究方向に関するものにとどまらない。自分が行っている学問領域の目指す方向や方法論，可能性や限界というような大きな話題も，一人ひとりの研究者を悩ませる。それは，大きな話題が，結局のところ，自分がどのような研究をなし得るかという問題と密接につながるからである。

　ただ，このような大きな話題が抱える問題は，専門領域という世界の中にどっぷりつかっていると，なかなか見えにくい。「〇〇の研究者」として何年も過ごしていると，その領域固有の考え方に染まり，そこで慣例的に行われていることや共通理解とされていることを，当たり前のこととして受け入れるようになる。これはもちろん，悪いことではない。各学問はその目的を達成するのに必要な研究手法を発達させ，洗練させてきた。対象とする現象の切り取り方の作法や，概念化，分析の仕方を定めることで，まともな議論を行うための共通基盤を提供してきた。それらを身につけることが，いわゆる「ディシプリン教育」のコアである。T. クーンが「パラダイム」と呼んだものの根底には，こうした教育を通じて次代の研究者にすり込まれる共通基盤がある。その領域で是認されている研究手法を無視して研究活動に参画しようとしても，おおむね，思い込みや誤謬が含まれたアヤシイ議論をするはめに陥ってしまう。きちんとした方法論を持つということは，そして，大学院教育や，学会，査読など，それを維持し伝達するシステムを持つことは，よい研究をイマイチの研究から選別して生き残らせるシステムを持つということである。

　とはいえ……。そのように定められた方法論が，「何ができるのか」を制約し，研究の可能性を制約してしまうこともまた事実である。何でもできる学問というのはあり得ないにしても，「こうすればちゃんとした研究ができる」という理解は，その範囲を越え出ようとしない態度につながりがちだ。さらには，どのような研究手法も落とし穴を持っているために，研究者がそれに対して注意を怠ることも問題となる。これは，その領域に属する大多数の研究者が，正しいとコミットしている方法から生じるものなので，時としてみんなで同じ落

はじめに——出会いと発端

とし穴にはまってしまうことにもなりかねない。これは、社会心理学に限った話ではない。哲学も同様だ。

そもそも、冒頭でのエピソードが示すように、各学問が、何をどのような形で扱い、何を無視して議論をしているのかは、外からはわかりにくい。学問内部では当たり前のこととして暗黙裡に理解されていることも、外部には通じない。外の人たちに対して、自分たちの行っていることを説明するのは結構大変なことで、その時の気分は「どうしてわからないんだよぉ」なのである。

しかし、通じないという体験をすることは、僥倖でもある。ふと立ち止まり、「さて、自分たちは何をしているのか」を問い直すことは、現在自分が携わっている学問の限界や研究手法の問題点、そして、それを打ち破る可能性（不可能性である可能性もあるが……）を考える最良の機会だろう。きちんとした方法論、そして、暗黙裡に存在する「○○学とはこういうものですよ」という定めは、ありがたいけど窮屈だ。その枠は安易に越えてはいけないものでもあるのだろうが、「どの程度越えてもいいのか」を見定めながら、型を崩すことは、おそらく楽しいことである。また、それほど野心的にならずとも、学問の立ち位置と方法論を批判的に見つめて、落とし穴のありかを突きとめておくことは、型の中にとどまるにしても、意味のあることだろう。

このような方法論に関する批判や反省は、多くの人が一度ならず論じたことがあるはずだ。大学や学会で——というよりは、仕事の後の飲み会の話題として、むしろ好まれるようなものかもしれないが——自分への反省、同じ領域に属する他の研究（者）への批判、そして、他領域の研究者から出てくる思いもかけない突っ込みが相混じって、議論は盛り上がる。

本書の発端もおおむねそのようなものだった。科学哲学者の戸田山和久が、当時同僚だった社会心理学者の唐沢かおりに、酒の勢いを借りて、「社会心理学って個人の心ばっかり研究して社会をちゃんと扱ってないんじゃないの？」と絡んだのがきっかけだった。社会心理学者のくせにたしかに個人の認知メカニズムばかり研究していた唐沢は、痛いところを突かれたために逆上し、「哲学はデータも取らへんのにエラそうなこと言わんといてよ！ 悔しかったら科

iii

学者に納得してもらえるような科学哲学をやったらどうなん？」と反撃した（やや誇張アリ）。内心忸怩たるものがあった両者は，援軍として，集団研究の第一人者である社会心理学者の山口裕幸と，現場科学者とのコラボレーションを推進してきた科学哲学者の出口康夫を呼び寄せて，「社会心理学をフィールドとした科学哲学をいっちょやってみようじゃないか」ということになったのである。まずは，自分たちの行っていることを説明し合い，「どうしたら研究はオモシロくなりますかねぇ，どうあるべきですかねぇ」と，それぞれの分野のあり方を俎上に載せて，好き勝手に論じ合うところから始めた。もともと議論好きかつ風呂敷を広げるのが好きなメンツである。4人だけで議論していてももったいないということになり，心理学系・哲学系の学会などで，何度かワークショップや研究会を積み重ね，討論をお願いした他の研究者やフロアの参加者のみなさんと意見を戦わせてきた。

　本書は，その議論の中間的な成果報告である。ワークショップなどでわれわれの議論に参加いただいた，浦光博氏，竹村和久氏，一ノ瀬正樹氏に感謝申し上げる。彼らからのコメントがなければ，本書でのわれわれの議論はずっと不完全なものになっていただろう。あら。このように書くと，いかにも本書は完全なものであるかのように思われるかもしれませんが，さてどうでしょう。その判断は読者のみなさんに委ねたい。

　　2012年　エイプリル・フールの日に

　　　　　　　　　　　　　　　　　　　　　　唐沢かおり・戸田山和久

目　次

はじめに──出会いと発端　i

第1章　社会心理学と科学哲学のコラボレーション ───── 1
1　研究をもっとおもしろくするには　1
2　社会心理学の特徴　4
3　個人焦点の方法論の問題視，そしてさらなる反省へ　7
4　各章へのイントロダクション　9

第2章　「成功」した学問としての社会心理学 ───── 13
1　「成功」への足跡　14
2　脳から文化まで　25
3　社会心理学はどのように研究をしているのか　30
4　方法論の再検討に向けて　38

第3章　個人の心を扱う方法論の限界と「集団心」の可能性 ───── 41
1　なぜ個人焦点の方法論が促進されたのか　43
2　社会心理学とフォークサイコロジー　47
3　集団心へのアプローチ　59
4　プラットフォームとしての社会心理学──コラボレーションに向けて　64

第4章　「集団錯誤」の呪縛からの解放への道標 ───── 71
1　集団の「心」をめぐる論争　72
2　集団の全体的な心理学的特性の可視化に向けて　78
3　認知の「共有」に注目するアプローチ　82
4　観察可能な特性に注目するアプローチ　84
5　客観と主観を統合するアプローチ──可視化への挑戦的取り組み　86

第5章　社会心理学によそから期待したいのだが…… ───── 95
1　自然化された科学哲学は集団心の社会心理学を待っている　95
2　現実に有効な技術者倫理は集団心の社会心理学を待っている　106

第 6 章　集団心に形而上学的問題はない，あるのは方法論的問題だけだ── 117

　1　集団心の形而上学　118
　2　集団心の研究方略をスケッチする　126
　3　フォークサイコロジーを利用する際の問題点　137

第 7 章　科学哲学者が社会心理学に方法論を提案したら：予告編── 141

　1　プロローグ：哲学者に何が問われているのか　141
　2　予告編その 1：ネットワーク拡大競争の集積としての社会心理学　142
　3　予告編その 2：多元性・ネットワーク・共同作業　145
　4　話の枕：物理定数の測定ネットワーキング　151

第 8 章　測定ネットワーキングとしての社会心理学：本編── 155

　1　SEM ネットワーク　155
　2　ネットワーキングの第一ステップ　156
　3　ネットワーキングの第二ステップ　161
　4　ネットワーキングの第三ステップ　164
　5　ネットワークの拡大　170
　6　ネットワーキングの基準　175
　7　ネットワーク競争　180
　8　なぜ測定ネットワークなのか　182
　9　多元的な世界観を示す共同作業　189

終　章　コラボレーションのゆくえ── 193

　1　社会心理学に哲学は必要？　193
　2　「集団心」とは何か　196
　3　ビジネス顕微鏡の新しさ　199
　4　フォークサイコロジーと社会心理学の関係　202
　5　具体的な研究につなげるには　206
　6　他分野との幸せなコラボレーションのために　212

　人名索引　217
　事項索引　219

第1章　社会心理学と科学哲学のコラボレーション

唐沢かおり・戸田山和久

　では，社会心理学者と科学哲学者は，いったい何を議論してきたのか。宴席の雑談を超えて，何を論ずるべきこととして考え，それに熱中してきたのか，その焦点と問題設定の概略を，ここで説明しておこう。

1　研究をもっとおもしろくするには

　われわれ4人が考えてきたのは，「心と社会を科学する」はずの社会心理学がどのような学問なのかを分析した上で，科学哲学・社会心理学両方の視点から，その可能性を論じることであった。社会心理学は，「心」と「社会」という複雑多様な対象を両方ともその守備範囲において，両者の関係を分析しようという，野心的な学問である。しかもそれを，なるべく「科学的に」行おうというのである。これは，ちょっと考えてみると，大変難しい。たしかに，社会心理学は，「うまくいっている」学問のモデルである。後に述べるように，「社会の中での個人の心」を対象とする，個人焦点の方法論を採用することで，社会的行動の背景にある心のしくみを明らかにすることに成功してきた，と言われている。しかし，そのような，個人焦点の方法論に由来する落とし穴と研究の限界があることもたしかだ。「社会」の持つダイナミックスから生まれる様々な面白い問題を，扱いきれずに苦闘，もしくは，無視してきたという批判もまた，社会心理学に向けられてしかるべきものなのである。「社会」という言葉を冠しながら，「社会心理学の言う社会とは」という話題が学会のシンポジウムなどで真剣に討議され，「うーん，結局のところ，何なんでしょうね」ということになるのは，なかなかに象徴的ではないだろうか。

　一応は確立された方法論を持ち，うまく行っていそうなのに，実はそれゆえに生じる限界があるというのは，「その方法論を緩めてみたら，どうなるのか」

を考えるのに格好の対象である。緩めたらガタガタになりました……ではなく，限界点が少し先に動き，研究の可能性が広がることを願っての議論である。このような作業は，社会心理学内部の「反省会」として行うよりも，科学の方法論を扱うプロを自認（もしくは詐称）する科学哲学者と，当事者であるところの社会心理学者が協同して行うほうが，はるかに望ましいし，おもしろい（と私たちは思う）。学問の方法論を扱うにあたって，外部からの，とりわけ「科学」のあり方をメタな位置から評価する視点と，率直な「内部事情」がぶつかり合う，いわば現場を踏まえた相対化が可能になるからである。これは，とりわけ当事者側には，プライドのゆらぎと問題に対する反省や苦闘を強いるが……。

ここで誤解のないよう確認しておきたいのだが，こうしたコラボレーションは，社会心理学者の悲鳴を聞きつけた科学哲学者が，天狗のおじちゃんないしスーパーマンよろしく，助けに馳せ参じた，というようなものではない。また，そうであってはならない。社会心理学に問題があって，それを科学哲学があらかじめ蓄積しておいたツールを用いてあっさり解決する，という一方向的・片務的な「コラボレーション」が目指されているわけではない。科学哲学側にも，科学との関係の取り方，かかわり方に関して，根本的な問題がある。科学哲学者が実践的に科学とかかわり協同することで，科学哲学のあり方を考え直し，現場科学者に真に必要とされる科学哲学に生まれ変わらせることが求められている。そうでなければ，「はじめに」のエピソード2が示唆するように，科学哲学はクライアントのいないコンサルタント業か，科学の営みとはかけ離れた哲学者のための科学哲学になってしまう。というわけで，科学哲学側から見れば，この共同研究は社会心理学とのコラボレーションを通じて科学哲学の抱える問題点を何とか是正しようとする試みでもある。

その問題点とは要するに，「科学の哲学」を標榜しながら，科学哲学は科学の現場との接点を失いつつある，ということだ。科学哲学も1930年代に成立して以来，それなりの歴史を持つエスタブリッシュされた分野になってきている。そうすると，その中に「哲学者のための科学哲学的問題」が蓄積してくる。そうした問題の流れをコンパクトに整理し，必読文献を挙げたコンパニオンや

第1章　社会心理学と科学哲学のコラボレーション

アンソロジーの類がたくさん出版されてくる。若手はそれを読んで，こういう問題に取り組めばよいのだな，と知り，そのどれかをテーマにして研究生活をスタートする。これは悪いことではない。みんなが手探りしていた「オラが哲学」時代に比べればかなり状況は改善されている。しかし，このやり方だけを続けていると，科学哲学は科学の実態から離れてしまう。科学哲学者用に整えられ切り詰められた既成の問いを一歩問い進めるか，物理学の哲学でわかったことを社会心理学というあまり注目されていない領域にあてはめてみよう，という「銅鉄主義」に陥ってしまう。

　たしかに，理論物理学を範例にして発展してきた科学哲学にとって，社会心理学はきわめて興味深い研究対象だ。ニューロンから社会まで，きわめて広範な階層にまたがった非還元主義的でハイブリッドなモデルを構築する。物理学の基礎理論に相当するようなグランドセオリーを持たず，またそれを目指してもいない。むしろ心の「メカニズム」を明らかにする小さなモデルをパッチワーク的につないでいくという，統一的理論の構築とは異なる目的を持つ。フォークサイコロジーという民間理論と微妙な関係に立ち，おそらく民間理論と完全に手を切ることはできない。物理量の測定とは対照的に，測定において測られているものの実在性に確信が持ちにくい……など，物理学とはかなり様子が違う。これは，心理学が物理学を範例として科学化を進めてきたという歴史的事情を考えると皮肉なことだ。

　このように，社会心理学は科学哲学の研究対象としてきわめて興味深い，珍獣なのである。しかし，ここにおもしろい動物がいるから研究してみよう，というのは科学哲学の勝手だが，当の動物にとってはいい迷惑である。こうした科学哲学的研究は，現場科学者の役に立つことなど最初から考えていない。科学哲学者が見出した「社会心理学に関するおもしろい哲学的問題」は，社会心理学者が頭を悩ませている問題でもある，とは限らない。科学哲学者から「キミたちこんなに変わっていますよ」と言われても，社会心理学者は困惑するだけだ。鳥にとって鳥類学が役立たずなのと同様に，科学哲学は科学者の役に立たない，というR. P. ファインマンのような発言が出てくるのも無理はない。

3

これとは異なった，科学哲学と現場科学との関係も追究せねばならない。社会心理学者自身が抱えている問題をともに考える，あるいはそこまで明確化されていなくても社会心理学者が抱える何らかの不全感を，より明晰に言語化し，問いの形に定式化して，解決の手伝いをする。相手の話をよく聞く。そして，それをうまく言い換える。そして「こんなふうに言ったら，もっとうまく言えるのじゃないか」と提案する。これを繰り返して，コラボレーションとして思考を深めていく。ここでは，既成の科学哲学的ツールが役に立つ場合もあれば，そうでない時もあるだろう。既製品が役に立たない時は，科学者の手持ちの概念に基づいて，それを整理・区分・拡張したり，場合によっては新しい概念を提案したりする必要もある。こうした現場の中で当事者と一緒に実践する哲学を「応用哲学」と呼ぶことができるだろう（出口・美濃・戸田山, 2012）。本書にその中間的成果を収めた共同研究は，哲学サイドから見れば，他者の問いを他者とともに考えることによって，哲学が自らを賦活させようとする試みでもある。

2 社会心理学の特徴

つまり，この本は，社会心理学から見れば，よりおもしろい研究に向けて，自らの可能性を広げるための反省的思索であり，科学哲学にとっては，社会心理学をフィールドとした，自らの可能性に関する実験である。では，この思索や実験の対象となっている社会心理学を，本書の執筆者4人はいったいどのような特徴を持つものだとして論じてきたのだろうか。社会心理学のどのような側面をとらえて本書が議論を行おうとしているのか，ここで確認しておこう。

集団の心理を対象とした学問ではない

「はじめに」のエピソード1に出てくる「集団の心理」という表現は，社会心理学者を悩ませる。「社会」心理学というからには，集団のことをどこかで意識して研究しているはずなのだが，外部から社会心理学が「集団の心理」を研究する学問であるという言い方をされると，当事者は妙に引っかかりを感じ

るのだ。そもそも，そのような言い方をする人は，「集団の心理」という言葉にどんな意味を持たせているのだろうか。必ずしも，はっきりとしたイメージを持たずに，単に「社会」という言葉から集団を連想している人も多いかもしれない。また，何らかのまとまりを持った集団としての行動に対応した「心理」を漠然と想定している人もいるだろう。たとえば，サッカー場での暴動のような群衆の一団となった動きの背後にある心理や，会社などの組織の行動を統制する心理という意味のように，である。

　集団の行動を生み出す心理，と言う時，それがその集団に所属する個々人の行動を生み出す心的過程のことを指すのであれば，これは社会心理学の守備範囲だ。これのみが社会心理学であるというのは誤解だとしても，集団の中に置かれた人々の行動の背景にある心的過程は，古くから社会心理学者の興味の中心だった。1940～50年代に大きな成果を収めたグループ・ダイナミックス研究をはじめとして，その後の，社会的影響過程や，集団間関係，社会的同一視など，社会心理学の教科書に必ず記載されているようなトピックは，私たちが集団の一員であることに起因する様々な行動を問題としてきた。

　しかし，集団そのものに「心」があると想定し，それが集団としての行動を生み出す過程を社会心理学が扱っていると考えるのであれば，それは誤解である。社会心理学の歴史の中では，次のような考え方は，むしろ否定されてきた。——「群衆」としての人の集まりの中に，わたしたち一人ひとりが持っているのと同じような「心」がある。その集合意識のような「心」が，群衆を行動に駆り立てる。組織自体が動機や意図を持って何かをなす。——社会心理学は，そうした「社会の心」ではなく，「社会の中で生きる個人の心」を研究の対象として，進められてきた学問なのだ。

　エピソード1でもう一つ，社会心理学者が引っかかっているのは，「多数の人がどう思っているかを調べている」という言い方である。このような言い方は，世論調査などのイメージから来るのだろうか。たしかに，「調査」は社会心理学が頻繁に用いる研究手法であり，また，現在の社会における人々の意識そのものを記述することが目的の研究も存在する。さらに言うなら，ほとんど

の社会心理学の実証研究は分析に統計を用いるので，結果的には，「多数の人」が特定の社会状況の下で，どう判断したり行動したりするかに基づいて議論を行うことになる。したがって，社会心理学が「多数の人がどう思っているかを調べている」というのは，まちがいではない。

　しかし，それにもかかわらず，この表現に抵抗を感じるのは，人々の意見や態度，行動などの「分布」を調べてそれを記述することに社会心理学の中心的な価値があるのではないと考えているからだ。社会心理学のコアは，私たちが行う社会的な行動を，「心のしくみ（メカニズム）」の点から説明することであり，それを通じて社会的動物としての人のあり方を探究していると考えているからだ。人の態度や行動のあり方に関する分布の状態を知ることは，その出発点ではある。しかし，そこにとどまるのではなく，その状態を生み出すメカニズムを解明するために，社会心理学は実験的な手法を用いてデータを収集し，統計的分析にかける。そして，その結果をもとに，説明のための理論やモデルを提出することにこそ，社会心理学の学術的価値がある，と固く信じているので，こうした「抵抗感」が生まれるのではないだろうか。

個人に焦点をあてた方法論を持つ

　もちろん，社会心理学は「社会」という言葉を冠している以上，社会，集団，組織など，人の集まりに対する興味関心が研究の重要な部分をなしている。先に述べたように，社会心理学の歴史を振り返ってみても，いわゆる「グループ・ダイナミックス研究」と呼ばれる領域が古典的な研究の中心だった。とはいえ，そこで主に検討されているのは，対立する他集団への態度，特定のリーダーシップ・スタイルが集団の「個々のメンバー」のパフォーマンスに与える影響や，個人の意見の極化など，「集団のメンバーとしての各個人」の反応がどのような要因で決まるのかという問題だったのである。

　このように，社会心理学は「社会や集団の心」ではなく，「個人の心」を対象としている。それは，個人からデータを取り，それをもとに個人の心について語るという，個人焦点の方法論に支えられていると同時に，そのような方法

を採用していることの必然的な帰結でもある。世間の人々が，集団の心理を研究する学問だというイメージのもと，社会心理学についていくら語ろうと，社会心理学は，集団の心理の学問ではない。むしろ，そのような「集団の心（group mind：集団心）」という考え方を積極的に否定してきた歴史を持っている。社会心理学という学問領域の確立に貢献した一人であるF. H. オルポートは，集団心なるものは実体として存在しないと述べ，集団が心を持っているという前提でのアプローチを明確に否定した（Allport, 1924）し，その影響を後の社会心理学者は確実に受けている。集団や社会が宿す心理的特性というものは，「たとえ話」としては想定可能だとしても，心理学という「科学」が扱える形では存在しない。心のモデルとして提出されるものは，基本的に，個人の心を単位として作られている。

3　個人焦点の方法論の問題視，そしてさらなる反省へ

　というように，社会心理学は個人の心を単位とした研究だと自分自身を規定してしまう。実体としての集団心などありそうもないので，社会心理学が個人の心を単位とすることは必然的にも思えてくる。それ以外のやり方があるのか，というわけだ。

　たしかに社会心理学は，個人焦点の方法論を採用することで，「科学」として成功してきた。確立された研究手法のもと，「社会心理学は，人間の社会的行動について実に多くの知見や法則を明らかにしてきた」（池上・遠藤, 2008, p. 7）し，「さまざまな社会行動を対象に，その背景にある心的過程や規定要因に関する実証的検討を重ね，それらを説明する理論・モデルを提出し，社会における人を理解する上で大きな貢献をしてきた」（唐沢, 2005, p. 11）のである。実際，集団よりも個人に焦点をあてるという方法論は，よくできている。データ収集が行いやすいと同時に，日常概念を用いた直感的に理解しやすい心のモデルの作成を可能にする。研究仮説を生成し，データを集め，それを統計的に分析して，結果に基づいてモデルを作るという，一連の研究の流れは，個人焦点の方法論により，効率よく進んでいく。

しかしである。このような理由に支えられて社会心理学が「成果」を上げてきたとしても、そのことをただ手放しで喜ぶだけなら、おもしろく新しい展開は生まれない。個人に焦点をあて、統計的分析が可能なデータを個人から取り、それをもとに「社会の中の個人」の「心」の中で起こっていることを再構成するという研究手法は、たしかに強力なものだ。しかし、そのことにより、社会心理学はその名に反して社会を扱っていないじゃないかという外部からの批判も招いているし、何よりも、社会心理学者自身が自らの研究テーマに制約をかけてしまい、おもしろい議論の可能性を見逃してきたということもありそうだ。
　この事態を科学哲学側から冷ややかに見てみよう。方法論上の選択が、ある科学分野の特徴やその限界を規定するという現象は、それ自体とても興味深い。ある分野の本質的な特質と思われているものが、もしかしたら、実践的な考慮に基づく方法論上の選択の結果に過ぎないとしたら、われわれは、その分野が本来持つ潜在的な発展の可能性を見落とすことになるかもしれないからである。そこでわれわれは、この「個人焦点の方法論」という方法論的選択の持つ問題点を掘り下げて考えることによって、科学哲学は社会心理学に実質的な貢献をなし得るのではないか、と考えたのである。
　個人焦点の方法論の問題点とは何か。ただちに次のような問いかけが浮かんでくる。そもそも、個人に焦点をあてた研究方法における「社会と人との関係」に関する議論は、その関係のあり方の何を明らかにできて、何を明らかにできないのだろうか。個人から社会という方向での影響過程、つまり、人の持つ社会的な場面での反応、およびそれを支える心的過程が、社会のあり方をどのように決めるのかという問題は、今の研究手法で扱いきれるのだろうか。集団には個人の総和を超えた何か、集団ゆえに創発されるものがあると言われるが、それを把握することに成功してきたと言えるのだろうか。世界の様々な問題は個人の心の中だけで成り立つものではないとするならば、社会心理学が近隣領域とコラボレーションして社会に貢献していくためには、「個人の心」に関する知見が、個人を超えてどのように社会で生かされるべきなのだろうか。
　われわれのコラボレーションの課題は、まず、こうした問題点を持つ個人焦

点の方法論の功罪を整理し，現状の社会心理学を束縛しているこの方法論的制約をどの程度緩めることが可能かを探ることにあった．しかし，その議論を深めるうち，個人焦点の方法論に支えられると同時にそれを支えている，他の方法論的・存在論的前提もわれわれの議論の俎上にのぼることになった．つまり，そもそも社会心理学はフォークサイコロジーに依存しすぎていないか，動機，性格などのフォークサイコロジー由来のカテゴリーはどの程度の実在性を持つと見なしてよいのか，さらに，それらを「測定」すると言うが，本当のところ何かが測られていると言ってよいのか，よいならなぜか，といった問題である．社会心理学の方法論の実り豊かな拡張のためには，こうした問題点を反省することが欠かせないことが明らかになってきた．

4　各章へのイントロダクション

そこで本書では，個人焦点の方法論の再考から出発し，最終的には社会心理学の方法論全体の見直しに至るまでの議論の過程を再構成して示すことにした．

まず，第2章「『成功』した学問としての社会心理学」(唐沢) で，社会心理学の歴史をたどりながら，社会心理学が「成功」した分野に急成長できたのはなぜか，その研究手法の特性は何だったのかを反省的にふり返る．特に，「個人の主観に焦点をあてて研究を進める」という研究方法が社会心理学の「成功」に果たした役割を分析する．

これを踏まえて第3章「個人の心を扱う方法論の限界と『集団心』の可能性」(唐沢) では，「成功」の鍵となった個人焦点の方法論は，かえって「集団心」の問題を忌避する傾向をもたらしたことを指摘する．さらに，個人焦点の方法論が促進された背景には，個人の心に関する「データ収集の容易さ」と「概念化の容易さ」があることを示す．その上で，個人焦点方法論とフォークサイコロジーの関係をベースに，「集団心」へと社会心理学の方法論を拡張する可能性について議論する．

第4章「『集団錯誤』の呪縛からの解放への道標」(山口) では，複数の個人の相互作用によって作り上げられている集団や社会に，「心」的な特性（集団

規範，組織風土，地域文化など）を措定することの自然さがまず指摘される。にもかかわらず，社会心理学の実証研究においては，集団が全体として示す心理学的特性を対象とすることにきわめて消極的だった。その理由は何かがあらためて確認される。その上で，個人焦点の方法論が偏重される現状を克服して，集団の全体的特性を研究するには具体的にどのようなアプローチがあり得るのかを，「ビジネス顕微鏡」を測定装置として用いたチームワーク研究という筆者自身の実証研究を題材に展望する。

　続く，第5章「社会心理学によ
・
そ
・
か
・
ら
・
期待したいのだが……」（戸田山）は，社会心理学の方法論的拡張が隣接他分野からも要求されていることを示すことが目的である。ここで取り上げる具体例は，認識論・科学哲学の分野での自然化プロジェクト，技術者倫理・企業倫理の分野での事故分析と再発防止のための制度・組織設計の二つである。前者では集団知，後者では集団的意思決定が本質的に重要な要素になるため，社会心理学との連携が期待されるのだが，「集団心」を忌避する現行の社会心理学ではその任に耐えることができないのではないかと論じられる。

　第6章「集団心に形而上学的問題はない，あるのは方法論的問題だけだ」（戸田山）では，集団心を理論的概念として正面から扱おうとする「拡張された社会心理学」の理念を擁護するための哲学的議論を行っている。まず，個人には心があるが集団にはないという見方を支持する哲学的立場はないこと，集団心が嫌われる本当の理由は，存在論的ないかがわしさではなく方法論的な困難にあることを示す。次に，集団心も原理的には科学的に探究可能であることを論じる。その探究の際に障害となり得るのは，社会心理学とフォークサイコロジーの微妙な関係，特に前者が後者由来のカテゴリーを多用する点である。この障害をいかにして克服するかについて，一定の方法論的見通しを与える。

　第7章「科学哲学者が社会心理学に方法論を提案したら：予告編」，第8章「測定ネットワーキングとしての社会心理学：本編」（出口）は，第6章での「克服への見通し」をさらに具体的に展開したものと見なすことができる。まず，社会心理学は「測定ネットワーク」を拡張していく営みとなるべきだと主

張する。そこでは，物理定数の精密測定からのアナロジーに基づき，個々の研究の結果から得られた多数の測定値を，メタアナリシスの技法を用いて統合していくための方法論が提案される。これにより，社会心理学がピースミールな知見の集積ではなく，まさしく「心の実在するメカニズムの探究」であると主張する道を開いている。

　終章として，4人の執筆者による座談（と言うより放談）会を収録した。本書のポイントを確認したのち，あらためて社会心理学と科学哲学のコラボレーションの意義について語り合った。

　もちろん，本書で社会心理学に潜在する方法論的問題を論じつくしたと言うつもりはない。むしろ，これをきっかけに，社会心理学の基礎について，科学哲学者を巻き込んだ活発な議論の場が生まれ，そこから，現場感覚に即した「社会心理学の科学哲学」が立ち上がることを期待している。このような原理的・基礎的な考察は，「ちょっと立ち止まってゆっくり考えろ」という性質のものなので，効率のよい研究知見の生産には直接つながらないかもしれない。しかし，長い目で見れば不可欠のものだろうし，そして何よりも楽しい，ということを最後につけ加えておきたい。

引用文献

Allport, F. H. (1924). The group fallacy in relation to social science. *The American Journal of Sociology,* **29** (**6**), 688-706.
出口康夫・美濃正・戸田山和久（編）（2012 近刊）．これが応用哲学だ　大隈書店
池上知子・遠藤由美（2008）．グラフィック社会心理学　第2版　サイエンス社
唐沢かおり（2005）．社会心理学の潮流．唐沢かおり（編著）朝倉社会心理学講座7　社会心理学　朝倉書店　pp. 1-14.

第2章 「成功」した学問としての社会心理学

唐沢かおり

　「成功」した学問というのは，なかなかエラそうな表現である。いったい何を根拠にそんな主張をしているのか，単なる身内びいきでしょと，言われそうだ。たしかにその通りかもしれない。第1章で，社会心理学が人間の社会的行動について多くの知見や法則を明らかにし，社会における人を理解する上で大きな貢献をしてきたと述べたが，これは，あまり客観的な表現ではない。「多くの知見や法則と言うけど，いったいいくつなの？　本当に他の学問より多いの？」「大きな貢献と言うけど，それって自己満足じゃない？」。そういう突っ込み方をされたら，「はい，ごめんなさい」である。たしかに，「多い」とか「大きな」は，自分たちでそう思っているだけに過ぎないかもしれない。それに，本書は，そもそも社会心理学の研究方法や研究の志向性を批判的に検討することを目指しているのだから，さっさと自己批判を始めるのが，単刀直入，簡潔明瞭なのかもしれない。

　しかし，回りくどさや尊大さがあったとしても，「成功」した学問として社会心理学を語ることから本書の議論を始めることが，やはり重要だと思う。まずは，本書が対象としている社会心理学が何を達成してきたのかを示し，その上で現状を検討していくこと，つまり，研究知見を生み出すことに貢献してきた方法論の点から，社会心理学の特徴を考察しておくことが，批判的検討の大前提になるからだ。社会心理学は，比較的短期間の間に，人々の関心を引きつつ，多くの成果を生み出すことを可能にする研究手法を作り上げてきた学問である。何と言っても，学会発表件数の多さを目のあたりにした科学哲学者から，「日夜，新しい知見が生み出されているんですねぇ」と揶揄されるくらい生産的なのだ。もちろん，数が多いこと，すなわちよい，というつもりはない。しかし，活発に研究知見が出てくること自体は学問のパワーである。本書は，社

会心理学がよりおもしろくなるために，従来の研究手法を緩めることを提案しているが，それで社会心理学が，新しい知見を生み出せない非生産的な学問になってしまうとしたら，本末転倒だ。したがって，すでに社会心理学が持っているよ・い・と・こ・ろ・を明確にしておき，それらをなるべく守りつつ研究手法を緩めて拡張に向かうこと，そして，おもしろさのためによ・い・と・こ・ろ・を犠牲にしてしまう場合は，そのコストをきちんと自覚しておくことが，議論を進める大前提となる。

　そこで，本章では，最初に，社会心理学の歴史をふり返りつつ主要な研究テーマをおさらいすることで，社会心理学の「成功」への道を論じていく。歴史を語ることで「成功」を語るなんて，いったい何様？　と私自身も思わなくもないが，社会心理学が達成してきたことを理解してもらうには，それが適切で，かつ近道でもある。そしてその理解を踏まえて，社会心理学の研究手法の特性や，社会心理学が行っている「社会的行動の説明」という作業の特徴を考察する。その考察で具体的に行うことは，次の二つである。一つめは，多くの研究を生み出すに至った理由の一つである，「個人に焦点をあてて研究を進める」という研究方法の特性を考えること。そして二つめは，「主観的経験の科学」としての社会心理学の位置づけを確認することだ。これらの考察を通して，社会心理学がどのような意味で「成功」した学問であると言えるのかを，成功と抱き合わせに存在する限界への議論につながる形で明らかにしていくことが，この章の主要な目的である。

1　「成功」への足跡

　「社会」と言えば「人の集まり」……こうした連想ゆえに，社会心理学はしばしば「集団の心理学」であり，集団での行動を主たる研究対象として，その背後にある心理を探っていると，世間では思われてしまう。たとえば，災害時にみんながパニックになってコンビニエンスストアに押し掛ける心理とか，企業内で不祥事が起きたときにみんなで結託して隠そうと努力する心理とか……。しかし，これは誤解——もちろん全くの誤解とは言わないが，かなりの部分，

第2章 「成功」した学問としての社会心理学

誤解——である。

　社会心理学が，社会的な行動を対象として，それを生み出す「心」のしくみを考えているというのはその通り。しかし，ここでの社会的な行動とは，集団で行う行動のみを指すのではない。他者と同じ場にいながらも一人で行う行動や，その場に誰もいなくても，他のどこかにいるであろう他者を思い浮かべつつ行う行動も，社会心理学の対象だ。普通に「行動」という言葉から連想するような，体の動きを伴う目に見える行動だけではなく，社会的な場面で心に感じること，考えること，さらには，本人は気がついていないけれども無意識的に行われている判断さえ含む。社会心理学は，G. W. オルポートが言うように，「実在の，想像上の，または暗黙の他者の存在が，人々の考え，気持ち，行動に与える影響についての科学」である（Allport, 1954）。この古典的な，けれどもしばしば引用される定義が示すのは，要するに，社会生活の中で行われる，ほぼすべての行動が社会心理学の対象となるということだ。

　これらの行動に対して，それを生み出す心のしくみを考える。それは，特定の社会的場面に置かれることで，人は，どんな動機を持ち，何を考え，何を目的として，どのようにふるまうのかを考えることだ。この問いに答えることを通して，社会の中で生きている私たちの心が，いかに社会をその中に取り込み，また社会によって形作られるのかを考察する。これが，社会心理学の主要な仕事である。人と社会の相互作用を明らかにすることだと言ってもよいだろう。私たちの心がどのように社会環境を理解するのか，また，社会環境から私たちがいかに影響されるのか，これら，心と社会との間を取り結ぶ二つの過程のあり方を問うのである（Taylor, 1998）。

　では，この二つの過程は，具体的にはどのようなものなのか，社会心理学のオシゴトを示すために説明しよう。まず，社会環境を理解する過程。これは，私たちの心が，どのように社会の姿を心の中に描き出すのかを問題にすることである。「描き出す」というブンガク的表現を使ったのは，コピー機で姿をそのままバッチリ写し取るのとは違って，他人とは異なる，自分なりの社会の姿を，心の中に作り上げるということだと言いたいからだ。自分，他者，集団，

様々な出来事は，（おそらくは）客観的な現実としてこの社会の中に存在するとしても，現実のそれらと，私たちが「理解している」それらとは等価ではない。人によりどう理解しているかが異なる。たとえば，シニカルでクールな人として通っているＸ氏のことを，私が嫌いでも，トダヤマ氏は好きだったとしよう（念のため，現実にはそんな人はいません）。現実のＸ氏がどんな人かはさておき，私の心の中のＸ氏は「意地悪で嫌な」人で，トダヤマ氏の心の中のＸ氏は「おもしろくて切れる」人なのだ。皮肉なものの言い方を，私は「上から目線で意地悪なことを言う，嫌な感じ」と受けとめるのに対して，トダヤマ氏は「対象を的確に批判する，おもしろく鋭い」と受けとめるようなことが何度もあれば，このような印象の差ができ上がってしまう。これは，私とトダヤマ氏が，どのようにＸ氏の行動を理解するのか，つまりは両者の心の中におけるＸ氏の描かれ方，意味づけのされ方の違いである。トダヤマ氏は，私より寛容であるがゆえに（これは本当），少々辛辣な皮肉でもおもしろがり，「そういうひねったことを言えるのはお利口な証拠だ」と考えるのだ。

　社会的な対象がどんなものなのか，その理解は，人により，また，時と場合により異なる。社会環境の理解は，環境の客観的な姿で一義的に決まるのではない。たとえば，あなたが他人にどう理解されるのかは，相手次第，その時の状況次第だったりする。もちろん，あなたが他人をどう理解するかも，あなた自身の価値観やその時の気分などで決まってしまう。このことについて，社会心理学は，社会的な情報処理のなされ方に着目することにより，詳細を明らかにしようとしてきた。私たちの認知能力には限界がある。社会生活の中に存在する多様な情報すべてを処理するなど，到底無理だ。特定のものにだけ注意を向け，ほんの一部だけ記憶する。すべてを入念に処理することはできず，その時に重要なものや，たまたま目立つものなどを選択的に処理する。また，いい加減な推論や判断をすることも多いし，動機や既存の知識，他者の意見などに影響されてしまう。心の中に描き出された「社会」は，もともと私たちが得た情報の内容を，心が加工した産物，「主観的」なもの。決して客観的な事実をきちんとコピーしたものではない。そして，その主観的な社会環境の理解が，

社会の中で私たち自身がどう行動するかを決めてしまう。

　では，もう一方の，社会環境からの影響過程についてはどうだろう。私たちは，他者の意見，一緒にいる人々との関係，場の雰囲気や目に見えない圧力，社会制度などに影響されている。日常生活の中で，何が正しいかよくわからない時や，とにかく場から浮きたくない時，他者の様子をうかがい，他者のすることをそのままマネしたりする。議論の場でも，自分の意見を最初に言わず，他者に言わせておいて，「まさしく私もそう思っていた」などと言う。それって，後出しジャンケン，ズルい……けど，そうしておけばうまく収まる。また，このような同調行動とは逆に，決まりごとだと言われると，かえって，それとは反対の方向に自らの態度や行動を変えるようなアマノジャクさも，もちろん持ち合わせている。人が複数いれば，そこには相互作用が生まれ，互いに何らかの「働きかけ」を行うようになる。社会の中で他者とともに生きることは，互いに影響し合いながら生活しているということなのだ。同調，服従，説得，協同，交渉，支援，攻撃など，社会心理学が対象としている社会的な行動は，影響過程の結果であるとともに，また，影響過程そのものでもある。かくて，社会心理学は，他者の存在を含む社会環境のあり方が，これらの行動にかかわる判断や感情経験，そして，行動そのものに及ぼす影響を探究することになる。

　なお，指摘しておきたいのは，社会心理学は社会環境からの影響過程を考える際，私たちを，影響を被るだけの情けなく受動的な存在とばかり描いているのではない，ということだ。いや，もちろん，長い人生の中では，他人の言いなりになったり，振り回されたり，受け身の態勢しか取りようのない時もあるわけで，そういう局面に焦点をあてた研究も多く存在する。しかし，影響を受けることには，もっと積極的な意味がある。他者から影響され，同調したり協同的にふるまうことは，自分の行動や物事に対する理解の正しさを保証したり，集団のよき一員として他者に受け入れられる存在でいられるというご利益がある。また，規範，自分に与えられた役割，法律などの制度に影響され，それを守ることは，道徳的に望ましい人として生きることだ。道徳的に望ましいなんて言うと，何やら胡散臭いけれど，みんながそうあることで社会は維持される

し安定する。今時重要視されている「安全・安心な社会」は，これらの社会的影響エージェントが，きちんと作用しているからこそ可能になる。社会心理学が社会的影響過程とは何ぞやと語る時，こういう機能的な側面が，むしろ強調される。

ところで，そもそも本章は，「成功」した学問としての社会心理学というタイトルだった。したがって，社会心理学の考えていることが，社会環境の理解や社会的影響過程であると示したところで，これらを考える意義も述べておこう。つまり，社会心理学が提供する「知」の意義を示そうということなのだが，少なくとも次の二つを見出すことができるだろう。

一つは，実践知としての役割だ。社会環境の理解がどうゆがむのか，また，どんな要因がゆがみ方に影響するのか。これらに関する知見は注意喚起の機能を持つ。自分のものの見方をふり返り，考え直すことにつながる。なぜなら，よほどの確信犯を除いて，私たちは，「正しく」社会を理解したいと思っているからだ。ステレオタイプ的判断や，そこから来る偏見的態度の研究が典型的に示すように，ゆがみは誤った，しかも他者を傷つけてしまうような判断を生み出す場合もある（あくまでもそういう場合もあるということで，「ゆがみ」が常に悪であり，撲滅対象ということではない）。私たちは，なるべくそんなことは避けたい（つまり，善良な判断者でいたい）と思っている。社会的影響についても同じこと。世の中には，プロパガンダ，広告をはじめとして，様々なところに，人を動かすことを目的としたメッセージがあふれている。私たちは，こういうものに安易に動かされるということを，よしとしない。知らず知らずのうちに影響を受けてしまう過程について知れば，これらに翻弄されないように気をつけなくちゃ，自分を守らなくちゃ，と思う。もちろん，このような「防御に役立つ」知識は，攻撃に役立つ知識と表裏一体であり，いかに他者を動かすかという実践知としても，機能するのだが……。

そして，もう一つの社会心理学が提供する知の意義は，人がどういう存在かを語るという，いわば人文知に求められるコアな役割を果たすことにある。社会の中で，何を考え，感じ，どう行動するか……これらは，私自身がどんな人

間なのかを具体的に決めること，そのものである。これらをつかさどる心のしくみについて明らかにすること，私たちがどのような原理原則で動いているか（動かされているか）を知ることは，私たちがそういう原理原則で動く性質を持った存在であると示すことに他ならない。このような人としての性質を探究することで，社会心理学は「人間観」を提出する。つまり，私たちが社会をどう理解し，互いにどう影響し合っているのかを考察することで，「社会的動物としての人間って何なの？」という問いに向き合ってきたのである。

　さて，「知」としての意義などという大仰な（しかし「成功」を語るには不可欠な）議論にスピンオフしてしまったが，話を戻してまとめておこう。社会心理学は何をしているのか。一つの答え方は，私たちがいかに社会環境を理解するか，そして，社会環境からいかに影響を受けるかを論じている，というものだ。社会心理学は，人と社会との関係をこれら両方の視点から切り取り，研究をしている学問である。そして，次に述べるべきは，この二つの視点に基づき，具体的にどのような研究をしているのかということだ。社会心理学の広がりを考える上でも，これまで行われてきた研究の流れやその内容を概観しておく必要がある。ということで，以下，社会心理学の歴史の講義が始まる。

「科学」としての誕生

　社会心理学は比較的新しい学問である。しかし，社会心理学が考えてきた問題は，それが生まれる以前から，様々な思考の営みの中で問われ続けてきたことだ。人を「社会的存在」と見なし，社会の中における人のあり方を考えること，たとえば，他者との関係から生まれる葛藤や，集団の中での個人のふるまい方の特徴を考えることは，社会心理学が誕生する以前は，哲学者や文学者の仕事だった。多くの芸術・文学作品は，恋愛や親子関係など，他者との関係をテーマにしてきたし，それらが描き出す人間関係の様相に人々は心を動かされてきた。また，哲学者たちは，社会と個人との関係や，人とはそもそも何ぞやという問いに答えようとしてきた。

　社会心理学が考えようとしている問題は，社会的な動物としての人間の本質

にかかわるものだ。だからこそ，これらは社会心理学誕生以前からも問われてきた。社会心理学の概説でも，このことは，しばしば指摘されている。たとえば，プラトンは「最も賢明な人でさえ集団の中ではおろかな群衆の一人となってしまう」と述べたとか，アリストテレスは「人は社会環境に影響されると同時に，目標に従い周囲の環境を積極的に構築する」と主張したとかは，社会心理学が問う問題の重要さを示すための指摘として，教科書の中に見られる例だ。哲学の力を借りての落づけであるが，細分化した心理学の一分野だとしても，人間に関する基本的な問いとつながっているのだ，ということである（Taylor, 1998）。

　もっとも，意地悪な言い方をすれば，そもそも人の性質に関する基本的な洞察は，歴史のどこかで，哲学者や文学者が述べているに違いなく，社会心理学は，哲学や文学が生み出した言説の再確認なのだということにもなってしまうだろう。たしかにそういう側面があることは否定しがたい。しかし，再確認に過ぎないなどということはなく，社会心理学はそれ以上の大きな貢献をしてきた。文学や哲学とも共有され得る問いを持ちながらも，「科学的・客観的な方法」を用いて得た知見をもとに，説明対象となる現象にかかわる要因間の関係を議論しているのだから。実は，第3章では反省の対象になるので，大声で自慢するのはやめておくが，データをもとに議論をするというのは，社会心理学の重要な特徴だ。何せ，「データも取らないくせに」と科学哲学者に歯向かうくらいである（「はじめに」参照）。心理学の一領域として，「科学的方法」が知識を得る手段として確立してきた後に生まれ，「社会的要因が行動に与える影響を研究する」実証科学を目指してきたということは，社会心理学のセールスポイントだ。科学なので，法則の追究，知見の体系化を試みる。社会心理学は，人や社会に関する洞察を述べた散文の集合ではなく，行動を取り巻く諸要因の関係をモデル化し，体系的な知として，私たちの社会的行動を理解する枠組みを提供するための装置とも言える。なお，ここで言う体系的な知は，第7章で出口が言う「ピースミールな知」の対極にあるものではない。社会心理学全体に及ぶグランドセオリーではなく，各研究テーマの範囲において，知見の一貫

性，整合性を保ちつつ，複数の関連要因の関係を整理しているという点での体系性を意味している。社会心理学を「ピースミールな知」として特徴づける出口の視点については，私も同意する。

　科学としての社会心理学の源流の一つは，20世紀初頭前後に，他者の存在により私たちの行動がどのように影響されるかを，実験的手法を用いて検討した研究に求めることができる。自転車漕ぎやリール巻きなどの作業を，単独で行う場合と他者とともに行う場合を比べて，他者と一緒の時に作業効率が上がることを示した社会的促進の研究（Triplett, 1898）や，綱引きなどの簡単な課題において，個人の課題遂行が他者の存在によって悪くなるということを示した社会的手抜きの研究（Ringelmann, 1913）などである。いずれも，「他者の存在」という要因の影響を実験的に統制した上で，その効果を検討している。……なるほど，科学的である。

　この時期以降，社会心理学の教科書が執筆され始め，科学としての社会心理学という立場がその中でも示された。F. H. オルポートが著した教科書は，その中でも代表的なものだ（Allport, 1924a）。社会的行動や相互作用を個人の行動レベルで分析する必要と，実験などの手法を用いて研究を進めることの重要性が論じられ，社会心理学が科学として成立する基礎が提供された。また，研究テーマについても，個人の心や行動を対象とする方向性が示された。実は，1910年代までは，集団心や集合表象，民族心など，「集団の心」の存在を前提とするような研究も盛んに行われていたのである。しかし，オルポートにより，「集団や社会の心と指摘されるようなものでも，その客観的な把握をしようとすれば，集団を構成する個人の心を通してデータを得るしかなく，結局のところ，個人の心に還元されるものである。それを集団心と呼ぶのは集団錯誤と呼ぶべきものである」という批判が提出された（Allport, 1924b）。詳しくは，それへの逆襲の試みも含めて，第4章で論じられるが，この批判をきっかけに集団に見られる心理的現象へのアプローチは下火になった。

主要なテーマの形成

　社会心理学は社会の中に生きる私たちを研究の対象にしているので，大きな社会変動は，様々な研究上の問いかけを生み出す。第二次世界大戦は，社会心理学にとって，まさにそのような役割を持つ歴史的な出来事だった。戦争により暴き出される人間の暗い側面，たとえば，偏見，暴力，権威への服従，集団間対立といった諸現象は，多くの研究者の問題意識を喚起し，第二次世界大戦以降，北米を中心に，社会心理学の基本的な研究基盤が形成された。また，この時代の代表的な研究者であるK. レヴィンは，グループ・ダイナミックス研究に精力的に取り組むとともに，社会心理学の目指す方向と枠組みを，改めて明確に示した。私たちの行動が社会環境の理解に依存すること，行動は人と環境との相互作用の関数であること，社会心理学の理論は重要な社会問題に適用されるべきであること，などの主張（Lewin, 1947）は，現在の社会心理学の「基礎の基礎」である。

　レヴィンのグループ・ダイナミックス研究と並んで，社会心理学を築いたのが，S. E. アッシュ，F. ハイダー，M. シェリフらに始まる対人認知研究や社会的影響過程の研究である（Asch, 1946, 1955; Heider, 1958; Sherif, 1935）。対人認知や社会的影響過程の研究は，いわゆる「集団」の行動ではなく，「個人」の社会環境の理解や「個人」が他者から影響される過程に関するものである。第1章でも述べたように，社会心理学は「社会の中の個人の心」に焦点をあてているが，そのことは，これら初期の研究においてもはっきりしている。加えて，これらは，社会的情報や社会現象のエッセンスを操作として導入した実験を行い，厳密な統制の取れた研究手法を確立することにも貢献した。たとえば，アッシュの同調実験は，線分の長さを判断する課題において，明らかに誤った回答を述べる複数の他者の存在を前にした参加者の反応を検討している。図2-1に示されているように，ほとんど間違いようのない簡単な判断課題である。しかし，自分が回答する前に，他の実験参加者が，みんな間違った回答を言うのである。いったい何がどうなってるんだと，あわててしまう。さて，あなたは，堂々と正しい答えが言えるだろうか。アッシュの示したデータでは，約3分の

第2章 「成功」した学問としての社会心理学

1の回答が，他の実験参加者（もちろんサクラである）の間違った回答に同調したものだった。

「線分の判断課題における同調」は，日常的な社会的行動ではないけれども，実験室の中で再現されている参加者に対する社会的影響は，私たちが日常生活で経験する同調への圧力と同質である。他者がみな同じ行動をすること自体から生じる規範的な影響という，同調現象の本質的な部分が，アッシュが作り出した実験室内にも存在する。そして，その一方，見知らぬ他者どうしを参加者とすることにより，既存の人間関係や地位関係に基づく影響力のような，同調の程度に影響しそうな他の要因は，統制されている。なお，これは大切なことなので，強調しておきたいのだが，社会的な行動が起こる場面の詳細を実験室で忠実に再現したのがよい実験というわけではない。人工的な実験室での結果なんて，リアルな社会にはあてはまらないでしょ，と批判を言うのは簡単なことだが，それ自体は，本質を突いた批判にならない。行動に影響する要因の中から，検討すべきものを抽出して，それが実験参加者にインパクトを与える操作として導入されていること，そして，それ以外の要因をきちんと統制してあることが，よい実験の条件だ。このようにして，複雑な社会現象をときほぐして，行動に影響する主な要因の効果を検証していくことが，よい実験研究のしていること。これは，なかなか鮮やかな知見の生み出し方ではないだろうか。

このような実験的な手法の確立から，さらに1950〜70年代半ばにかけて，C. I. ホブランドらの説得研究（Hovland & Weis, 1951），L. フェスティンガーらの認知的不協和研究（Festinger & Carlsmith, 1959），S. ミルグラムの服従研究（Milgram, 1974）など著名な研究が行われた。加えて，この時期に社会心理学の研究領域が多様になった。原因帰属や認知バイアスなど個人内の認知過程に着目した研究，対人関係，攻撃や援助などの対人行動，対人魅力など，個人間の

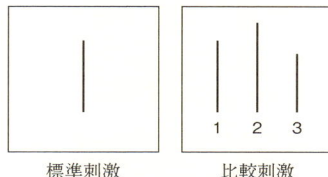

図2-1　アッシュの同調実験
実験参加者は，標準刺激と同じ長さを持つ線分を比較刺激の中から選択する課題を行う。

相互作用や関係に関する研究，集団思考や集団間関係など，集団レベルでの現象に着目した研究が行われ，現在の社会心理学の教科書が章立てているテーマがおおむね出そろった。そして，認知革命の影響を受け，社会的認知研究の誕生へとつながるのである。

社会的認知研究の展開

1970年代の心理学における「認知革命」は，社会心理学にも影響を及ぼした。認知心理学が提出してきた概念や成果を用いて，他者や集団認知，自己理解，社会的な場面での判断における情報処理過程を解明する研究が次々と行われ，社会的認知という領域が成立した。社会的認知は，第一義的には，私たちが社会を理解し意味づける過程の解明を目指してきた領域だ。その中心は，自己や他者，集団，社会現象に関する情報処理過程（「冷たい」認知過程だけでなく，「温かい」感情や動機過程も含む）の研究である。しかし，情報処理は社会的な行動の基盤になるがゆえに，社会的認知によるアプローチは，社会心理学の他の研究領域に侵入する。今や，社会的な行動が生起するメカニズムを論ずるモデルの多くは，状況や他者に対する判断，それに基づき生じる感情，動機，目標などをその構成要素として取り入れたプロセスモデルである。一連の情報処理がこう流れるから，こんな行動をするのだ，ということを主張するのだ。対人関係や集団間関係研究においても，関係内での他者の行動の解釈や他集団に対するステレオタイプ的な認知，個人の動機と判断の関係などの，情報処理過程を解明することが重要視される。

このように様々な社会的行動のモデルに取り入れられていることから，社会的認知研究は特定の研究領域を指すのではなく，社会心理学のパラダイムの一つだという主張がなされることもある。社会的認知の貢献を語る際には，たしかに，認知過程や判断メカニズムの研究という狭義の定義では物足りない。社会心理学研究が取り得る研究視点そのものを指すという広義の定義のほうが正当だろう（Fiske & Taylor, 1991）。そもそも社会心理学は，「認知的」なのだ。行動主義が心理学の主流であった時期にも，社会心理学は，私たちの社会的な

行動を,「その状況に置かれた人が,そこでどのように考えたり感じたりするのか」という視点から議論してきた。先ほど紹介したレヴィンの,「私たちの行動が社会環境の理解に依存する」という考え方は,大きな影響を与えたし,個人がいかに社会的な刺激や状況を理解するのかという問いは,古典的な研究の中にも明らかに存在した。社会的認知研究は,社会的な行動の背景にある心的過程を,社会環境の理解という観点から議論してきた社会心理学には,なじみのよいものだったのだ。もともと社会心理学に内在していた認知的であるという特徴を,認知心理学が発明した道具を使って,うまく掘り出し,新たな知見の構築につなげた……社会的認知研究のしてきたことは,このようにも表現できそうだ。

2　脳から文化まで

社会心理学の研究領域

　現在,社会心理学の研究領域は多岐にわたる。社会的認知や対人関係,社会的影響,集団過程にかかわる現象,環境問題や高齢社会といった社会問題など,社会心理学の教科書のスタンダードな話題から,社会脳,バーチャル社会,地域論,人工物とのインターフェース……トピックを挙げだすと切りがない。とにかく様々なトピックの上で「社会心理学ができる」のである。この中で,何が「代表的」な社会心理学なのかを論ずるのは難しいし,個別の研究領域を並べてみただけでは,「様々な社会的行動や現象」が対象となっているという印象を与えるに過ぎない。多様化する社会心理学の現状と将来を,多少なりとも整理して俯瞰するには,各領域を系統的に関係づける軸を導入して,研究が広がっていく方向を見定める必要がある。

　ということで,「ミクロ―マクロ軸」の登場……これは実のところ,使い古されている軸ではある。しかし,この軸上で社会心理学が対象としている現象や扱う変数を整理することは,やはり便利でわかりやすいのだ。アバウトなのは承知の上でだが,多様な現象も,自己や他者理解,社会的判断などの個人内過程,援助・攻撃などの対人行動や恋愛関係などの対人間過程,そして,集団

での意思決定やリーダーシップなどの集団過程の三つの階層に，大きく分かれると考えると，全体の構造が見えやすい。そしてこの軸を延長させて，今日の社会心理学がターゲットとする現象の拡大を考えれば，個人内の過程からさらに脳内過程へと，また集団から「文化」へと展開する。このような動向は，社会的認知の代表的な教科書であるS. T. フィスクとS. E. テイラーの著した *Social Cognition*（Fiske & Taylor, 2007）の副題が「脳から文化まで（From brains to culture）」となっていることや，社会心理学の動向をまとめた本である *Handbook of Social Psychology*（第5版：Fiske, Gilbert, & Lindzey, 2010）の章に社会認知的神経科学（social cognitive neuroscience）や文化心理学（cultural psychology）が含まれていることにも反映されている。つまり，社会心理学の現状の広がりを理解するにあたって，ミクロ―マクロ軸の延長を考えることは有効だということ，そして，将来を考えるにあたって，脳研究と文化研究の意義を検討することが，避けては通れない課題だということになる。

脳機能の解明と行動の社会的意味づけ

　脳内過程に関する社会心理学的な研究は，脳神経科学の目覚ましい発展に影響されてのものである。社会的認知研究により，「社会行動を支える認知や感情のメカニズム」を記述したモデルが数多く生まれたが，それらは心の機能を示す概念を表現する「箱」とそれらをつなぐ「線」とで構成されたモデルであり，箱や線の実在に関する議論は，とりあえず横に置いてきた。だからこそ，脳内過程の研究へと向かうのである。脳の反応は実在する生理的反応だ。認知や感情のメカニズムを，実在論的に語るために，脳という生理的基盤にタグづけするのである。複雑な社会的反応としての認知や感情と脳との関係を語ることも，fMRIなどの非侵襲的な測定手法を用いて，様々な情報処理時の脳の活動状態を把握することが可能となった今ならできる。さらには，社会心理学者のみならず，脳神経科学者の側からも，社会的な情報処理を支える脳機能の解明というテーマに対して大きな関心が寄せられるようになっている。脳機能の発達が，社会的動物としての人間のあり方と切り離せないという視点は，社会

心理学の研究者だけではなく，脳神経科学の研究者にも共有されている。心のしくみ，そして，それを支える脳のしくみは，私たちが集団で（つまり社会の中で）適応的に生活することを目指して進化してきたものであり，脳機能は社会的な場面での行動を適応的に行うためのしくみを備えていると考えられている（野村, 2010）。脳機能の解明において，社会的な観点は不可欠であり，社会的な情報処理場面を支えている脳機能を解明すること自体が，脳機能研究の重要な課題の一つとなっている。

　もちろん，これは，脳機能の解明を直接の目的とした研究に，社会的な行動の究極の説明としての地位を持たせるというような，還元的な方向が必然だという主張ではない。たしかに，すべての社会的な行動は，何らかの脳内反応に基盤を置いている。通販ショップからのメールに目が留まり，リンク先のサイトに行って買い物を楽しもうか，それとも催促されている原稿を書く作業にいそしもうかと逡巡し，結局，買い物を選んでしまう時，これら一連の行動を生み出している脳の反応がたしかにあるだろう。しかし，私たちの認知，感情，行動と，脳内の処理過程との関係を明らかにすることは，社会的な行動の「説明」や「理解」の一部であって，すべてではない。たとえば，特に必要でないにもかかわらず，「爆発的人気」で「残り少ない」商品だと宣伝されているものを見ると，つい買いたくなってしまう。このような反応は，脳内過程により生成されるという意味では，脳にその生理的基盤を持っている。だとしても，なぜ買いたくなったのかという問いに対して，「爆発的人気」や「残り少ない」という言葉によって，商品に対する主観的魅力の価値判断が変化した結果だと言われれば，納得できる（Cialdini, 2001）。これは，「外界の対象が，私たちにとって持つ意味に応じて，私たちは行動しますよ」というロジックが，よい説明として機能しているということだ。社会的対象や状況の意味づけの点から，つまりは，私たちが社会環境をどう理解するかという点から行動を説明していくことは，社会心理学の本領である。特定の場面で喚起される，認知，感情，動機，意図といった主観がどのようなものであるかを論じることを通して，私たちが社会環境をどのように意味づけているのかを明らかにし，「意味づけら

れた社会環境」が行動を引き起こす過程を説得的に示す。これが、社会心理学の提供するよい説明の根幹なのだ。

とはいえ、脳機能にかかわる研究は、社会心理学の潮流に大きな影響を与えており、そこでの知見が「最先端研究」の一部であることは事実である。社会的行動のモデルに組み込まれた、感情や認知にかかわる諸変数の実在を押さえるにあたって、脳機能研究は重要な知見を提供してくれるありがたい存在だ。さらには、社会的な行動間の関係を、脳機能をアンカーとして関連づけ、同一の脳部位が関与している複数の社会的な行動の関係を考察していくという方略も可能にする。問題とする社会的行動とは全く別の行動が、同じ脳部位に関連づけられていることがわかれば、社会的行動の新たな意味づけを見出すことも期待できるだろう。近未来的に社会心理学が脳機能にかかわる研究に飲み込まれてしまうとは思わないが、そこでの知見が、社会心理学の提出するモデルに大きな影響を与えることは、疑いがないだろう。

文化と社会的環境要因

さて、脳の次に考察するのは、階層の対極にある「文化」である。社会心理学における文化にかかわる研究の歴史は長く、そのメインストリームは、「文化差」を記述、説明しようとするものであった。とりわけ、フィスクらが指摘しているように、多くの文化差研究は、アメリカやカナダといった北米の国を中心とした西洋圏からサンプリングした参加者と、韓国、中国、日本などの東アジアの国を中心とする東洋圏からサンプリングした参加者との比較に基づいている（Fiske & Taylor, 2007）。つまりは「国」、または「東洋・西洋」というカテゴリーで文化を定義した上で、それぞれの社会的な場面での反応を比較するのが、典型的な文化心理学研究のパラダイムだった。そして、自己概念のあり方や、自尊感情の高揚傾向、文脈情報に対する注意、集団主義的―個人主義的な態度といった話題を対象に、文化差を発見し、差の由来を議論してきた。これらの研究は、異なる文化（異なる国）に所属する人たちの社会的反応傾向の違いを記述しているという点で、個人差に関する議論と同じように、文化差

を議論する。たとえば，北米を中心とする西洋社会に属する人たちは，「自分は他者と独立の自己である」という「相互独立的自己観」を持つ一方，東アジアを中心とする東洋社会に属する人たちは「重要な他者との関係が含まれた自己概念」としての「相互依存的自己観」を保持しているとされる（Markus & Kitayama, 1991）。自己観のあり方を測定する尺度での反応値はもちろん人により様々であるにしても，平均値などの代表値を比べれば，文化差が得られるということである。同様に，東洋の人たちは西洋の人たちに比べて，自己奉仕バイアスを示す傾向が弱く，文脈情報に対して注意が向いており，集団主義的な態度を保持しているという「文化差」が指摘されている（Triandis, McCusker, & Huim, 1990; 北山, 1998; Masuda & Nisbett, 2001; ただし集団主義に関しては，高野, 2008 の批判も参照のこと）。

　このような文化に関する議論には，留意すべき点がある。「文化差」がどのような社会的行動の差を生み出すかを明らかにすることを目指すのであれば，文化自体が，社会的な環境要因としてどのように意味づけられるのかを明確にせねばならないということである。単に，国や地域による反応の差をデータとして示すだけでは，人をカテゴリー化する装置としての「文化」と「属する人々の内的特性や行動傾向」との連合を示した，というところにとどまる。とりわけ自己報告法によるデータ収集が主流である状況においては，文化に対する俗的な信念を追認して，「学術的データ」により実体化してしまう危険をはらむ（杉本・マオア, 1995; Freeman, 1983; 高野, 2008）。連合を示すだけで，行動の説明概念として耐え得るような「文化」の概念化を行わないことは非常にマズい事態を引き起こすのだ。また，「行動の説明概念として」と言っても，文化内に存在する様々な社会的要因の有無や，強度，性質の違いに着目し，その個々の影響という点から文化の概念化が図られるのであれば，文化という枠組みを用いる必然性は薄くなってしまう。個々の社会的要因の影響を検討することは，文化を取り上げるまでもなく，社会心理学が行ってきたことなので，文化内に存在する諸般の特性を個別に論じている限り，文化がそれらの特性に還元されてしまう。「じゃあ，文化という概念はいらないの？」という突っ込み

に有効に反論できる概念を作らねばならない。また,「文化」という概念を適用する集団として何を対象とするかも明確にせねばならない。

　たしかに,国や地域ごとに収集したデータ比較が「文化」を反映しているという想定は,直感的には受け入れやすいものであり,「文化により人はこんなに違うんだ」という話題に,人々はそうだそうだとうなずく。しかし,この直感は多分に,「国が違えば文化が違う」というような俗的な信念に支えられている。「〇〇人はこんなことをする!」という言説は,それを揶揄しつつおもしろく語るテレビ番組などを通してではなく,たとえ学術的知見として語られたとしても,いや,むしろその場合こそ,文化的ステレオタイプが強化されてしまう危険に気をつけなければならない。文化差を語る文化心理学は,社会的な行動を説明する上での理論やモデル構築において,「文化」という概念がなぜ必要なのか,また,どのように定義すれば最も機能的に有効な概念として使うことができるのか,その説明責任を負う必要がある。文化を要因として導入する研究は,これらの問題を明らかにしつつ,文化というマクロな方向に社会心理学を拡張した時の可能性を追究することが課題となるだろう。

3　社会心理学はどのように研究をしているのか

個人に焦点をあてる

　ここまでは,社会心理学が,社会環境の理解過程や,社会から影響を受ける過程に焦点をあてつつ,社会的行動についての説明を試みてきた学問であること,また研究の歴史と現状,将来への展開を述べてきた。社会心理学を学んだ人にとっては「すでに知っている話」だっただろうが,とりあえず「おさらい」ということでご容赦いただき,さて,いよいよ方法論の話に入ろう。社会心理学の研究は,具体的にどのように進められるのか,である。社会心理学における行動の説明は,心の働き,つまりは情報処理過程や心的機能の点から行われるが,複雑で曖昧さのある「心」や「社会」を対象として研究を進めるにあたって,どのような方法を用いているのだろうか。

　最初に,本書で扱われる問題の発端ともなった,「個人に焦点をあてた方法

論」を採用していることを,改めて確認しよう。この方法論は,社会心理学の対象が,社会の中に生きる「個人の心」であることに対応している。社会環境の理解や社会からの影響を考える視点としては様々なものが可能なのだろうが,社会心理学は,私たちの「心の働き」に焦点をあてつつ,これらの問題を考えている。社会心理学の提出するモデルや理論を構成する要因は,社会的場面における個人の認知,感情,動機,意図などであり,特定の社会的状況で特定の行動が生起するメカニズムを,これらの要因から説明しようとしている。もちろん,その説明を通じて,社会のあり方を論じたり,個々人の反応の集合として,社会全体の傾向を語ったりもする。とはいえ,構築される理論やモデルは,個人の心を一つのまとまりと見なし,その中での諸要因の関係を示したものだ。また,データの収集や分析も,同様に,ほとんどの研究において個人を単位としている。社会心理学は実験や調査で収集したデータを根拠として議論をするが,基本的には個人単位,つまり,一人ひとりの研究協力者からデータを収集し,分析時には,そのような個人単位のデータ収集を前提とした統計的検定がなされる。このような方法のもとで,人の社会的な行動に影響する要因を明らかにし,社会的な行動に至る「個人の心のモデル」を構築しているのである。

環境とのかかわりを加味する

「行動は個人と環境の関数である」とは,心理学の基本的な考え方を示した表現である。この表現が言いたいことは,心理学は,人の行動を規定する要因を,パーソナリティなどの個人要因と,環境内に存在する状況要因に大きく分けた上で,両要因の相互作用を考慮しつつ,行動を説明しているということである。心のしくみに関するモデルが精緻化している現在の心理学においても,行動の説明に用いられるたいていの要因は,個人要因か環境要因のどちらかに分類することができる。もちろん,社会的な行動の説明も,両要因の組み合わせによって行われる。

実験などにより実証的な研究を行う際には,状況の特性にかかわる要因(提示される刺激の種類も含む)を操作し,研究のターゲットとなる行動を従属変数

として，両者の関係を検討する。行動には，思考や感情的反応，評価など，いわゆる目に見えない行動（covert な行動）も含まれる。また，個人要因の操作を目的に，状況特性を操作することもある。たとえば，実験参加者が保持しているムードをポジティブにしたりネガティブにしたりするために，音楽を聞かせたり，映画の一部を見せるなどである。

　状況の特性の操作は，現実の社会をそのまま再現するのではなく，行動に影響を与える要因のエッセンスを実験に導入することで行われる。先に述べたアッシュの同調実験も，その一例であり，現実社会で作用するのと同等の同調圧力を，線分の長さの判断という非日常的課題を対象に作り出している。また，検討すべき要因の「純粋な」効果を検討するために，現実社会とはかけ離れた状況設定も行われる。その一例として，最小集団パラダイム（minimal group paradigm）を紹介しよう（Tajfel, 1970）。私たちは，自分が所属する「内集団」のメンバーを，内集団に対立する「外集団」のメンバーよりも好意的に見がちである。これは内集団びいき（ingroup favoritism）と呼ばれる。いわゆる身内びいきだ。身内びいきには，つき合いが長いからとか，利害関係があるからとか，様々な理由を思いつく。しかし，つき合いだの利害だのを横に置いて，単に「内集団のメンバーである」ということだけで，ひいきが発生することを実験で検討したい。実験室に内集団と外集団を作りたいのだが，現実に存在する集団を使うと，既存の態度やその集団に特異なイメージなどが影響してしまう。さて，どうしたらよかろう……という問題を解決するのが，最小集団パラダイムだ。これは，「絵の好み（たとえば，抽象的な絵を好むか，具象的な絵を好むか）」や，「ドット数の判断傾向（数を過大評価するか，過小評価するか）」などの，些細な基準により，実験参加者をその場限りの2集団に分け，実験参加者の所属する内集団と，もう一方の外集団を作り出す手続きである。このような手続きのもと，内集団メンバーと外集団メンバーに対する反応の差を見れば，単に内集団メンバーであるというだけで内集団びいきが発生することが検討できる。

　さて，このように，実験操作を導入し，各条件が設定されれば，実験参加者はそのどれかにランダムに割りあてられる。そして，操作の後に反応を測定し，

反応値を条件間で比較することにより，操作した要因が，反応の「原因」となっているかを検討する。こうして様々な社会的な場面の特徴と社会的な行動の間の因果関係が，実験により明らかになっていく。

　しかし，単に，操作した状況要因と行動とに関係があることをデモンストレートするだけでは十分ではないし，「よい研究」とは見なされない。重要なのは，なぜある状況要因が行動に影響するのかを説明することだ。説明は通常，状況が喚起する動機や目標，情報処理のなされ方や保持している情報の内容，生起する認知や感情など，私たちの心的機能を表現する概念を用いてモデルを構成することで行われる。また「個人要因」として，心的過程の「個人差」の効果，たとえば，個人のパーソナリティや価値観，動機の違い，保持している知識の違いなどがモデルの一部として組み込まれる。

　実際に，どのように動機や目標，個人差などが説明に用いられるかを，先ほど取り上げた内集団びいきを例に取って見てみよう。内集団と外集団が存在する状況に置かれると，私たちは内集団メンバーを高く評価するが，これはなぜなのだろうか。H.タジフェルの社会的アイデンティティ理論（social identity theory）は次のように説明する。そもそも，私たちは，自己評価をなるべく高く維持したいと動機づけられている。そのような動機を満たす方略の一つとして，劣った他者との比較がある。自分が他者より優れていると思えれば，自己評価は高くなる。そして，このような比較による自己評価の維持は，集団レベルでも可能である。自分が同一視している内集団のメンバーを外集団よりも高く評価すれば，「私って，こんなに素晴らしい集団のメンバーなのよね」と思える。つまり，望ましい内集団メンバーとしての自分の社会的アイデンティティを維持し，自己評価を高めるという目的が果せる。だからこそ，内集団メンバーを高く評価する。これが社会的アイデンティティ理論の考え方だ。

　実際の研究は，このような理論をもとに，心的過程に関するモデルを立てる。モデルは，特定の状況から行動に至る過程を示すが，その過程を，心的機能を表現する変数や個人差変数で埋めていく。その際，変数が特定の状況要因から行動に至る過程を媒介するなら「媒介変数」，状況要因の効果の程度を調整す

るなら「調整変数」となる。たとえば，社会的アイデンティティ理論が正しいなら，自己評価が脅かされるような状況に置かれると，自己評価を回復したいという動機が高まり，内集団びいきを起こしやすくなるはずだ（Karasawa, 1991）。このような過程を示したモデルにおいて，自己評価回復への動機は媒介変数である。また，内集団びいきは内集団への同一視が前提となっているので，同一視が低ければ内集団びいきも起こりにくい（Hinkle *et al.*, 1989）。したがって，内集団への同一視は調整変数となる。R. M. バロンと D. A. ケニーが述べているように，独立変数と従属変数を媒介している変数や独立変数の効果を調整している変数を明らかにすることが，「どのように」「なぜ」そのような行動が生起したのかという問いに答えるモデルの構築につながる（Baron & Kenny, 1986）。説明に用いる諸変数に媒介変数や調整変数の役割を割り振ることで，それらの関係をきちんと示すことが，社会的な行動を説明するモデルを作るということだ。

　このようなモデルの構築は，個人に焦点をあてた方法論と切り離せない。まず，個人要因としては，私たち一人ひとりの持つパーソナリティ，態度，動機，知識などの特性がある。これは，「個人差」を表現する要因となると同時に，個人に属する心的機能を概念化したものである。状況要因は，私たちに共通に影響を及ぼすものであると想定されたり，個人要因と交互作用を持つと考えられたりするもので，動機や目標など，そのときの心的状態に影響を与える存在である。これらから構成されたモデルは，ある社会状況に置かれたとき，心がどんな状態になるかを示すことになる。つまり，社会心理学の示すモデルは，「個人の心の中で，こんなことが起こっているから，こういう行動を起こす」ということを主張するものなのだ。

「心」のモデルを設定する

　もっとも，社会心理学の提出する主要な知見が，「ある社会状況に置かれた『個人』の心の中のありようを示したモデル」だとはっきり言われるようになったのは，社会的認知研究が確立して以降だ。社会心理学は，歴史的には，

「社会性」に重点を置く心理学の一分野として,「対人場面や集団場面での社会的行動」を主要なテーマとしてきた。人間関係や, 援助や攻撃などの他者に対する行動, 集団間葛藤, 集団極化現象や集団思考などの集団レベルならではの行動を説明する学問というのが, 公式見解だった。しかし, 現在の社会心理学では, これらの社会的な行動の背後にある, 知覚, 認知, 記憶, 動機, パーソナリティなど, 他の心理学の領域がターゲットとする様々な心的過程の解明に関心を向けている研究が多く見受けられる。もちろんそこには,「社会的な状況で」という但し書きがつくのだが。

このような社会心理学の研究動向について, D. M. ヴェグナーとD. T. ギルバートは, 社会心理学は「社会性 (sociability)」の科学ではなく,「経験 (experience)」の科学, さらには,「主観的経験の科学 (experimental subjectology)」であると述べている (Wegner & Gilbert, 2000)。認知革命から社会的認知研究が生まれて以来, 社会心理学は, ある社会的な状況に置かれた人の考えや感情, 動機など,「主観的な経験のありよう」を明らかにしようとする科学になったというのだ。心の中の経験を知るためには, 心のしくみ, つまりは, 情報処理過程やそれを表現するモデルを議論することになる。前述のように, 認知, 感情, 動機, 目標などの心的機能の点に着目し, 状況がこれらの機能にどう影響するかを示すことで, 心の中, つまりはこれら主観的経験がどうなるのかを論じる。

ところで, 本来, 主観は主体に独占的なものである。私の意識が自分だけのもので, 他者は経験できないのなら, 同様に, 他者の意識も私は経験できない。意識について知ることが, その経験者の特権だとするなら,「他者の心」に関する問いはどうあっても答えられないものになるだろう。しかしながら, 他者にも心があり, 私と同じような経験をするのかどうか, 問うことはできる。そして, 社会心理学で想定している心のモデルの持ち主は, 一般化された他者なのだ (もちろんそこには自分も含まれるが)。したがって, 社会心理学は, 社会的行動に至る心のモデルを構築することで, 他者の主観のあり方についての洞察を得てきたということになる。本来知りようがない「他者の心」を, 社会的行動につながる心のしくみを明らかにすることで, 知ろうとする試みなのだ。

ヴェグナーとギルバートの言い方を借りるなら，社会心理学は社会生活（social life）の研究をしているフリをしながら，人の「内的，主観的経験」，つまりは内的生活（inner life）の研究をしている。そしてそのことによって「他者の心」を知りたいという望みを叶えている。たしかに，よい社会心理学の研究は，実験場面に置かれた参加者が，そこでどんな気持ちになり，いったい何を考えているのかを明らかにすることで，社会的な状況が，私の，そして他者の主観的な経験のあり方をどのようなものにするのかを教えてくれる。もちろん，私たちは，他者の心について日常生活の中で考えるし，自分なりの洞察を持つという点では，「他者の心を知る」ことができるのかもしれない。また，優れた小説や映画などは，登場人物の内面を豊かに描き出すことを通して，私たちに「他者の心を教える」だろう。しかし，社会心理学は，それらとは異なる客観的な手法で他者の心のしくみを明らかにし，その知見を体系化して，主観的経験の「科学」として，「他者の心」を知ることに貢献してきたのである。

方法論と社会心理学の成功
　「一般化された他者」としての個人の主観が研究対象となっていることは，一つひとつの研究で明示的に述べられるようなことではない。しかし，各研究で測定されている変数を見れば，たしかに「主観」が対象になっていることがわかる。そして，主観的経験の科学としての社会心理学のあり方は，個人焦点の方法論を採用したことの当然の結果であると同時に，この方法論を強化してきた。個人焦点の方法論は，主観を対象にするという点において都合がよく，生産的に研究を生み出し，「成功した学問」として繁栄する道へと，社会心理学を導いてきたのだ。
　個人に焦点をあてるということは，データを個人単位で取り，それに基づいた分析を行い，個人の心的過程を議論するということだ。小集団から一つのデータを取る方法を採用している研究がないわけではないが，社会心理学研究の大多数は「個人」を単位としてデータを収集し分析している。このようなデータの取り方や分析の仕方は，社会心理学が数多くの「実証的」な研究を生み出

してきたという現状を支えている。多くの社会心理学研究は，実験や調査により得たデータを，統計的に分析することで様々な主張を行うが，統計的な検定を行うためには，それに耐えるだけのデータ数が必要とされる。適切な数の数値化されたデータを，あまり苦労せずに収集できることが，研究を生み出す上では都合よい。実験や調査を行う時，限られたリソースの中で，「参加者が何名必要か」という問いは，研究の現場では深刻なものである。多くの社会心理学者は，卒業論文を書く時に，必死で友達の友達の友達にまでお願いして，研究参加者集めに奔走した経験を持っているだろう。その点，個人を対象とすれば，もちろん集団を対象とするよりも多数のデータ収集が可能となる。そして，「主観」に焦点をあてる研究をすれば，他者や他集団，社会的な出来事などに対しての認知や感情を，質問紙を用いて測定できる。これは，行動をいちいち観察するよりも，効率よくデータを集めることができる方法だ。かくて，日夜，山のように新しい研究知見が生まれるという，生産的研究体制ができ上がる。

　……そういう揶揄はともかくとして，個人を対象とすること，加えて，質問紙で反応を測定するという方法を多用することは，当然のことながら，問題も含んでいる。集団現象を扱いたいのに結局のところ個人の反応の集積でしか集団の特性を把握できなかったり，質問として聞けること以外は検討の対象から排除されたり，そもそも，ウソの態度を回答される危険があったりする。これらの問題には，真剣に向き合う必要がある。その作業は第3章で行う。ここでは，社会心理学が，「個人の心のモデル」を志向すると開き直るならば，個人焦点の方法論は正当化され得ることを確認しておこう。社会心理学は，決して楽をしたいから個人焦点の方法論を採用してきたわけではなく，個人の心に対する興味関心が，この方法論を育てたのだ。また，よりよい研究を行うために，いろんな工夫と努力だってしてきた。たとえば，質問紙調査が問題になる場面では，反応時間などによる概念活性や潜在的な態度の測定などと併用することで，その限界を補うことを考えてきた。つまるところ，個人の主観に焦点をあてないで研究を行うことは，（多分ほとんどの）社会心理学者には不可能なことであり，持てる方法論，持てる道具をうまく使って，着実に研究を重ねてきた

のだ。社会心理学は学問の一領域として，継続的に数多くの，興味深い研究成果を挙げる体制を作り上げ，それを維持してきたし，それは，今後も続くはずだ。そういう意味で社会心理学は「成功」した学問なのだ。

4 方法論の再検討に向けて

さて，成功した学問という評価に対して，強い懐疑の目を向けている読者もいるかもしれない。私は，この評価はそれほど不当ではないと思うが，社会心理学が成功した学問であるという話はここまで。これが正当な評価だったとしても，第1章で問題提起したように，社会心理学の研究領域や，議論可能な問題を広げる可能性について，考える必要があり，そのためにも，さっさと方法論の再検討に向かわなければならない。社会心理学を取り巻く環境がそのことを要請する。環境問題や高齢社会，防災，情報化社会への対応など，現代社会の抱える様々な問題の解決には，学際的な対応が必要であることがよく言われるが，社会的な場面での人々の考え方や行動の分析のエキスパートとして，社会心理学に対して，他領域から協同的な研究への期待が寄せられる。また，複雑系科学やシステム情報学では，数学的解析を用いて社会的合意形成や意見分布推移などを議論している。社会心理学が扱いかねている話題である集団行動が，その射程に収められているのだ。このような状況の中で，社会心理学が，現状に満足して足踏みするなど許されない。個人焦点の方法論の背後にある問題点や研究上の可能性の制約について検討し，社会心理学の限界への批判的な評価と，新たな可能性に向けての試行へとつなげなければならない。ということで，第3章では社会心理学の問題，限界を考えていこう。

引用文献

Allport, F. H. (1924a). *Social psychology*. Houghton Mifflin.
Allport, F. H. (1924b). The group fallacy in relation to social science. *The American Journal of Sociology*, **29**(**6**), 688-706.
Allport, G. W. (1954). The historical background of modern social psychology. In G. Lindzey (Ed.), *The handbook of social psychology*. Vol. 1. Addison-Wesley. pp. 3-56.

Asch, S. E. (1946). Forming impression of personality. *Journal of Abnormal Social Psychology*, **41**, 258-290.
Asch, S. E. (1955). Opinions and social pressure. *Scientific American*, **193**, 31-35.
Baron, R. M., & Kenny, D. A. (1986). The moderator-mediator variable distinction in social psychological research: Conceptual, strategic and statistical considerations. *Journal of Personality and Social Psychology*, **51**, 1173-1182.
Cialdini, R. B. (2001). *Influence: Science and practice.* 4th ed. Allyn & Bacon.（社会行動研究会（訳）(2007). 影響力の武器 第2版 誠信書房）
Festinger, L., & Carlsmith, J. M. (1959). Cognitive consequences of forced compliance. *Journal of Abnormal and Social Psychology*, **58**, 203-210.
Fiske, S. T., Gilbert, D. T., & Lindzey, G. (2010). *Handbook of social psychology.* Wiley & Sons.
Fiske, S. T., & Taylor, S. E. (1991). *Social cognition.* 2nd ed. McGraw-Hill.
Fiske, S. T., & Taylor, S. E. (2007). *Social cognition: From brains to culture.* McGraw-Hill.
Freeman, D. (1983). *Margaret Mead and Samoa: The making and unmaking of an anthropological myth.* Harvard University Press.（木村洋二（訳）(1995). マーガレット・ミードとサモア みすず書房）
Heider, F. (1958). *The psychology of interpersonal relations.* Wiley & Sons.
Hinkle, S., Taylor, D., Fox-Cardamone, L., & Cook, K. F. (1989). Intragroup identification and intergroup differentiation: A multi-comparison approach. *British Journal of Social Psychology*, **28**, 305-317.
Hovland, C. I., & Weis, W. (1951). The influence of source credibility on communication effectiveness. *Public Opinion Quarterly*, **15**, 635-650.
Karasawa, M. (1991). Toward an assessment of social identity. The structure of group identification and its effects on in-group evaluations, *British Journal of Social Psychology*, **30**, 293-307.
北山忍（1998）. 自己と感情——文化心理学による問いかけ 共立出版
Lewin, K. (1947). Group decision and social change. In T. M. Newcomb & E. L. Hartley (Eds.), *Readings in social psychology.* Holt. pp. 330-344.
Markus, H., & Kitayama, S. (1991). Culture and the self: Implications for cognition, emotion, and motivation. *Psychological Review*, **98**, 224-253.
Masuda, T., & Nisbett, R. E. (2001). Attending holistically vs. analytically: Comparing the context sensitivity of Japanese and Americans. *Journal of Personality and Social Psychology*, **81**, 922-934.
Milgram, S. (1974). *The obedience to authority.* Harper & Row.
野村理朗（2010）. 社会的認知の神経基盤 浦光博・北村英哉（編） 展望現代の社会心理学1 個人の中の社会 誠信書房 pp. 14-36.
Ringelmann, M. (1913). Recherches sur les moteurs animés: Traveil de l'homme. *Annales de l'Institut National Agronomique*, **12**, 1-40.

Sherif, M. (1935). A study of some social factors in perception. *Archives of Psychology*, **187**.
杉本良夫・マオア, R. (1995). 日本人論の方程式　筑摩書房
Tajfel, H. (1970). Experiments in intergroup discrimination. *Scientific American*, **223**, 96-102.
高野陽太郎 (2008). 「集団主義」という錯覚──日本人論の思い違いとその由来　新曜社
Taylor, S. E. (1998). The social being in social psychology. In D. Gilbert, S. T. Fiske, & G. Lindzey (Eds.), *The handbook of social psychology*. Vol. 1. 4th ed. McGraw-Hill. pp. 58-95.
Triandis, H. C., McCusker, C., & Huim C. H. (1990). Multimethod probes of individualism and collectivism. *Journal of Personality and Social Psychology*, **59**, 1006-1020.
Triplett, N. (1898). The dynamogenic factors in pacemaking and competition. *American Journal of Psychology*, **9**, 507-533.
Wegner, D. M., & Gilbert, D. T. (2000). Social psychology: The science of human experience. In H. Bless & J. P. Forgas (Eds.), *The message within: The role of subjective experience in social cognition and behavior*. Psychology Press. pp.1-9.

第3章 個人の心を扱う方法論の限界と「集団心」の可能性

唐沢かおり

　社会心理学は，個人焦点の方法論のもと，社会的な場面での個人の主観——つまり，考えたり感じたりしたこと——がどのようなものかを明らかにしてきた。そしてそれは大変うまくいったとさ……というのが，前章のストーリーである。本章では，一転してその裏側，「個人焦点の方法論のもと，社会的な場面での個人の主観を対象としてきた」ことのダークサイドを考える。個人から収集したデータをもとに，社会的な場面での心の働きを記述するモデル構築を，社会心理学は進めてきた。このことにより，社会心理学はどんな限界を自らの中に引きこんでしまったのか。成功に導いた方法論は，社会心理学にどんな落とし穴を用意したのか。社会心理学の方法論的な問題点を暴いていこうというのだ。内部告発，いや，自虐的反省である。しかし，ココロある科学哲学者たちが，ともに「社会心理学はどうなったらおもしろくなるのか」を考えてくれるのである。自らの手の内をさらけ出さなければ，失礼にあたるというものだ。

　ということで，社会心理学を成功に導いた貢献者，しかし，ここでは反省の対象である「個人焦点の方法論」を俎上に載せよう。社会心理学は個人の主観に焦点をあてる作業を通して，独自の貢献を生み出してきた。しかし，個人に焦点をあてることは一方で，研究の対象として「集団心」の問題を回避することでもある。F. H. オルポートの主張した「集団心の否定」は，現在の集団研究にも少なからず影響を与えている。

　集団心の否定とは，個人には心があるが集団には心がないというオルポートの主張を指す（Allport, 1924）。この主張がグループ・ダイナミックス研究やその後の集団研究に与えた影響については第4章に詳述されているが，結論だけをまとめて述べると，次のようなことだ。すなわち，心的過程は「個人」に属するものであるという考え方のもと，集団そのものに心的機能を付与する議論

は否定されてきた。「集団研究」においても，個人に属する心的過程を対象としたモデル構築がなされてきた一方，「個人の和を超えた集団ならではのダイナミックス」は扱いづらいものとして遠ざけられてきたのである。

　もちろん，「心理学」なのだから，集団研究とはいえ，個人の心に焦点をあてたモデルの構築をしたってかまわない。いや，集団の中における個人の行動は，それでよく理解できるし，個人の行動が集まったものとして「集団の行動」だって語れるじゃないか……。たしかにその通り。しかし，個人焦点の方法論を反省するのが，今，課せられていること。そのためには，集団心を排してきたという社会心理学の「行動」を取り上げ，それに関与する要因を分析することが必要だ。「実体としての個人の心」を前提とし，集団心を排してきたことの背景には，何があるかを問わねばならない。

　さて，たいていの反省は，「なぜそんなことをしてしまったか」の言い訳から始まるものだ。本章もそれに倣い，データ収集の容易さと個人の心を概念化する時の容易さという言い訳を取り上げ，それらが個人焦点の方法論の促進に果たした役割を分析するところから始める。また，この分析は，問題の後ろ側に隠れていた「フォークサイコロジー」を，次の反省対象として引っ張り出してくることになる。フォークサイコロジーは，心を概念化するという社会心理学のオシゴトを支えてきた功労者でもあるのだが，それは言い換えれば，個人焦点の方法論とつるんできたということでもある。したがって，個人焦点の方法論とフォークサイコロジーの関係を，次に吟味しよう。そして最後に，これらの反省を土台に，じゃあどうするのかを考える。ということになるのだが……反省したからといって，個人焦点の方法論の問題を解決するような，思いもかけなかった新たな発想の方法論ができ上がるというものではない。新たな社会心理学のパラダイムを生み出すというのは，おそらく，反省点を意識した日常の研究の中から，徐々に形成されてくるものだと思う。たとえば第4章にはその試みが記されているが，試行錯誤の連続，ほんとに大変そうなのだ。とはいえ，本章を完全に反省点の記載のみにとどめて，あとはお任せ，というのも，無責任な気がする（そもそも，タイトルで「可能性」と言っているわけだし）。パラ

第3章　個人の心を扱う方法論の限界と「集団心」の可能性

ダイムを生み出すなどという大それたことはできないが，今後の方向性を語る責任はあるだろう。その責任を果たすために，本章の最後では，集団心へのアプローチのために，フォークサイコロジーができること，および，コラボレーションにより広がる可能性を自らの中に受けとめる社会心理学とはどのようなものかということ，この二つの問題を論じて，後の章につなげることとする。

1　なぜ個人焦点の方法論が促進されたのか

二つのメリット

　前章で，社会心理学が「成功した」学問であるという視点から，個人焦点の方法論の採用による成功への道のりを議論してきたが，ここではそのような方法論を採用した言い訳をしよう。と言っても，レトリックを駆使した大仰な言い訳などではない。個人焦点の方法論には，メリットがあった，というシンプルなことを述べるのだから。メリットの一つめは，個人に焦点を置くことによってもたらされるデータ収集の容易さである。集団を対象としてデータを収集する手間に比較すれば，個人を対象としたほうが，はるかに効率がよいということだ。そして，メリットの二つめは，個人の心を概念化する時の容易さである。個人の心に属する諸機能の概念化や心的過程のモデル化は，「主観的経験の科学化」に示されるように，「その場で人がどう感じ，考えるか」という問いを立てることでもある。その際，「心」に関する通俗的・常識的信念の集積であるフォークサイコロジーが，モデルの構成要素となる「個人」の心的諸機能を，直感的に理解しやすいものにし，結果として「個人の心のモデル」研究を維持してきたのだ (Ross, Lepper, & Ward, 2010)。

　これから，これら二つのメリットを分析していくわけだが，とりわけ入念な議論が必要なのは，二つ目の，心の概念化の容易さからくる問題だろう。これは，フォークサイコロジーがちょっと厄介な存在——問題があるけれども別れられない相手——だからだ。後で詳しく論じるが，社会心理学者が実際に研究を行う際，フォークサイコロジーからの直感は，しばしば仮説や検討する要因の操作を決める根拠となる。したがって，知見の解釈が，常識的な心の理解の

制約下に置かれてしまう可能性があったとしても、フォークサイコロジーに乗って研究を進める道を社会心理学が絶ってしまうことは、よい方略ではないし、そんなことをしたら、多分研究が立ち行かなくなるだろう。したがって、フォークサイコロジーとの関係がもたらす問題点に対して、十分な注意を払った上で研究を進めるという、常識的な道を行くしかない。つまりは、大人の対応をするということだ。しかし、大人なのだから、せめて「十分に注意すべきこと」の内容はきちんと把握しなければならない。心の概念化の問題については、この点に留意しつつ、議論を進めていきたい。

データ収集の容易さ

　社会心理学の基本的な手法では、収集したデータを統計解析にかけ、得たデータから母集団の性質に関しての推定を行う。実験や調査をした場合、そこから言いたいことは、データ収集の対象となった人たちに限定された何かではない。その人たちが代表する母集団について、研究を通して主張しようとしている（ちなみに、多くの研究は「人間一般」を母集団と考えている）。だから、限られたデータをもとに、母集団について論じてよいかどうか、統計的検定にかけて判断する。得たデータでは、条件間に差があるように見えても、検定の結果、「有意差がない」なんてことになれば、研究で言いたかったことがそのデータからは言えない……世界の終わりとは言わないが、「有意差」は社会心理学者にとって、死活問題なのだ。一方で、一般に社会的な反応は個人差が大きい。これは平均値の差の検定などで「有意差」を得るには不利である。個人のバラツキにもかかわらず、それを乗り越えて条件間で差があることを示すためには、シンプルな2×2（2要因、各要因2水準）の実験計画でも、数十人の参加者が必要となることが多い。社会心理学者は「有意な検定結果」を求めて、数多くの研究参加者を求めることになる。

　また、態度研究などでは、様々な変数間の関係を、構造方程式分析などを用いてモデル化することがよく行われる。増税に対する賛否を規定する態度の解明とか、外国人労働者の参入に関する態度構造の分析とかいうテーマで、社会

第3章　個人の心を扱う方法論の限界と「集団心」の可能性

的な問題に対する態度を分析するような研究を思い浮かべてもらえればよい。少し考えれば，このような研究では，多数の変数を対象とする必要があるとわかるだろう。たとえば，増税への賛否は，性別，年齢，収入，職業などはもちろん，政治への信頼，保守的かどうか，社会に対する責任感，生活で感じる豊かさなど，実にたくさんの要因で決まりそうだ。また測定の際，複数の質問項目を用意すべき変数もある。政治への信頼といっても，予算編成の公平さへの信頼，政策を実行する能力への信頼，政治家そのものに対する信頼など，多様な側面から測定する必要があるというように，である。検討する要因を絞ったとしても，きちんとした態度モデルを目指すなら，分析の対象となる項目数は10や20ではすまない。そしてその場合，数百人以上，時には千人単位でのデータが必要となってしまうのだ。

　したがって，効率よく数多くのデータが収集できることは，研究を推進する上で重要になる。この点に関して，個人が「主観」として心に抱く，認知的な判断に焦点をあてることの都合よさは，第2章で述べた通りだ。質問項目に回答させることでデータを得るというやり方は，収集が容易であるため，数多くの研究で「質問紙法」が用いられる。これに比べて，行動観察は，測定が困難であったり，データ収集のコストが高かったりというデメリットを持つがゆえに，どうしても敷居が高くなる。

　もちろん，「個人に聞けば答えてくれること」を対象にした研究へと流されてしまいやすいことは，大きな問題だ。研究の対象が，実際に遂行される社会的行動ではなく，態度や行動意図になりがちであったり，現実感の低い場面想定での回答に頼った知見の蓄積がなされたりしてしまう（Aronson, Brewer, & Carlsmith, 1985）。ただ，そうだとしても，「聞けば答が得られること」を手がかりにした知見の価値はもちろん否定できないし，数多くの研究がそれを求めているのも現実ではあるが。

　また，これも第2章で指摘したことだが，個人からのデータ収集が容易だというメリットは，当然，集団研究でも同様なので，ここで苦悩が生まれる。集団を一つの分析単位とする研究を目指すなら，実験的に集団を形成し，そこか

ら一つのデータを収集すればよいと言われても，なかなかそうは行かない。なぜなら，統計的検定に耐え得るのに必要な参加者の数は，個人単位の分析の何倍にもなるし，質問紙法も使用しにくく，数多くの変数を収集することも困難だからだ。また，実在する多数の組織にアンケートを送り，回答を求めるという方法もあるだろうが，何を集団の行動とするのかが問題になる。アンケートに答えるのは，多分その組織の誰か一人である。回答者個人の反応を，果たして「集団の反応」と見なしてよいものか，大変悩ましい。かといって，みんなでワイワイ相談して回答を作成されたりしたら，余計，何が何だかわからなくなる。つまるところ，集団内に置かれた個々人からのデータ収集のほうがはるかに効率がよく，かつ測定しているものが何であるかが明確なのだ。

　かくして，集団過程の研究においても，集団に属する個人の心的過程を対象としたものが優勢になる。もちろん，個人の心に焦点をあてた研究方法を取ったとしても有意義な知見が生み出される可能性は大いにあるし，現に多くの集団過程に関する研究はそれを実現してきた。とはいえ，集団のふるまいやグループ・ダイナミックスを対象とする研究において，「個人の和を超えたダイナミックス」と言われるものが把握しきれないことで，集団現象の核心に迫りきれないというもどかしさと不満が残り，それが社会心理学の限界として研究者を悩ませることになる（詳細は，第4章で山口が熱く語っている）。

心の概念化とフォークサイコロジーとの関係

　個人焦点の方法論が推進されたもう一つの理由は，心の概念化の容易さというメリットだ。これは，個人の主観的経験とも合致したフォークサイコロジーに支えられている。心のモデルを志向する社会心理学は，動機，意図，感情，態度など，様々な心的機能を表現する構成概念を用いて，特定の社会的な行動を説明する。これらの概念は，日常，私たちが自分や他者の気持ちを説明する時に使う言葉，つまり，フォークサイコロジーを構成する「概念」でもある (Griffin & Ross, 1991)。要するに，社会心理学のテクニカル・タームは，何やら訳のわからないものではなく，日常私たちが，自分や他人の気持ちを表現した

り，行動を説明したりする時に使う言葉と一緒だということだ。したがって，これらの言葉を用いて記述された社会心理学の知見は，一般にも理解しやすいものとなる（一方で誤解されやすいものになっている可能性も大いにあり，それもまた問題だが）。またそれに加えて，フォークサイコロジーの使用は，研究を行うにあたっての仮説構築を促進するという効果も持ち合わせている。日常生活の中で，他者や自分がどのように感じ，考えるかをふり返ってみること自体が，研究仮説を生み出すもととなるのだ。もちろん，実際に研究を行う際，これらの概念を，改めて他の言葉を用いて厳密に定義し直したり，操作的定義を明確にしたりすることは欠かせない。過去の研究での定義との整合性や，概念と操作の対応は厳しく吟味される。とはいえ，定義の妥当性自体が直感的な理解や主観的な経験に支えられているのも事実だ。竹村（2004）は，外延が特定されていない動機などの心的構成概念の利用を「アニミズム」であると批判しているが，主観に依拠する定義を用いているという点でこのような批判は正しい。

この心の概念化の容易さやフォークサイコロジーとの関係という問題は，単に社会心理学の手法が個人焦点の方法論へと進んだ背景要因にとどまるものではない。それ自体社会心理学が抱える本質的な問題にかかわるものだ。したがって，社会心理学とフォークサイコロジーの関係を丁寧に解きほぐしていきつつ，「本質的な問題」を分析していかねばならない。次にその作業を進めながら，さらに社会心理学の研究方法の特徴と問題点を考察しよう。

2　社会心理学とフォークサイコロジー

常識的・直感的な心の理解との関係

社会心理学の主な仕事は，人の社会的行動がなぜ，またどのように起こるのかを説明することだ。しかし，これは，社会心理学の専売特許ではない。私たちは，日常の社会生活の中で，他者の行動に接した時，「なぜそのようなことをあの人はしたのだろう」と問うし，自分の行動についても，「なぜ自分はこんなことをしたのだろう」と考える。また，それに基づき，人の心のあり方に関する個人的な信念や理論を組み立てていく。他者や自分の行動の原因を分析

しようとする点において，私たちは，L. ロス（Ross, 1977）が言うように，直感的な心理学者（intuitive psychologist）である。そして，フォークサイコロジーがその営みを支えている。

　もちろん，一般に人々が行う行動説明は，直感的な概念理解に基づいた，非系統的なものだ。「性格」「動機」「態度」といった，社会心理学者が用いる言葉を使うが，その概念は，使う人独自の理解に立脚している。科学的研究は，議論を健全に行うために，概念を厳密に定義するところから始めるが，日常の説明ではそんなことは必要ない。また，人は他者の心の状態を推論する時，自分の状態を基準とする方略を使うという自己中心性を持ち合わせている。この方略は，心の理論研究などでシミュレーション理論と呼ばれている。自分の心を手がかりに，他者の心をシミュレートしてみようというわけだ。これはたしかに，本来知りようのない他者の心を知るには，有効なやり方だ。しかし，このような自己に焦点があたった推論が他者にあてはまるとは限らないし，誤った判断を導く場合も多い。さらには，自分に都合のよいように他者の意図を解釈するなど，自らの動機を満たすための恣意的な概念使用をしてしまうこともある（Alicke, Dunning, & Kruger, 2005）。社会心理学が心的特性を表現する概念を言葉で定義し，さらに測定や実験操作という形で，少なくとも個々の研究の中では行動への関与の仕方を明確にしているのとは対照的である。加えて，説明はしばしばその場限りのもので，出くわした個別の事例が当事者に納得の行く形で説明されればそれでよしとされる（Hesslow, 1988）。また，行為者の属するカテゴリーに基づき，ステレオタイプ的な説明がなされがちだったり，状況要因が行動に与える影響を過小評価し，行動の原因を行為者の性格や態度などの内的な要因に求めたりする（Gilbert & Malone, 1995）。このようなフォークサイコロジーに見られる判断の特徴は，社会的判断にかかわる多くの研究が明らかにしている。

　一方で，社会心理学が提供する説明は，定められた「科学的方法」を用いて収集した知見に基づいている。新しく得たデータに対して行う説明と，過去の知見に基づいて行われている説明との整合性も問われるし，個別事例の説明で

第3章 個人の心を扱う方法論の限界と「集団心」の可能性

フォークサイコロジー
フォークな概念と理論によるメカニズム説明

- バイアスのかかった理解
- 状況要因の影響の分析的理解が下手
- 理解場面に特異な具体的内容の重視
- 直感的な理解

社会の中の個々人　　一般の人　　社会心理学者

評価

フォークな心の理解についての研究

"心"　　心

社会心理学
科学的な概念と理論によるメカニズム説明

- 客観的手法による理解
- 状況要因の影響を重視
- 一般化された過程モデルの重視
- 体系的理解

図3-1　個人の心をめぐる社会心理学とフォークサイコロジーの対比

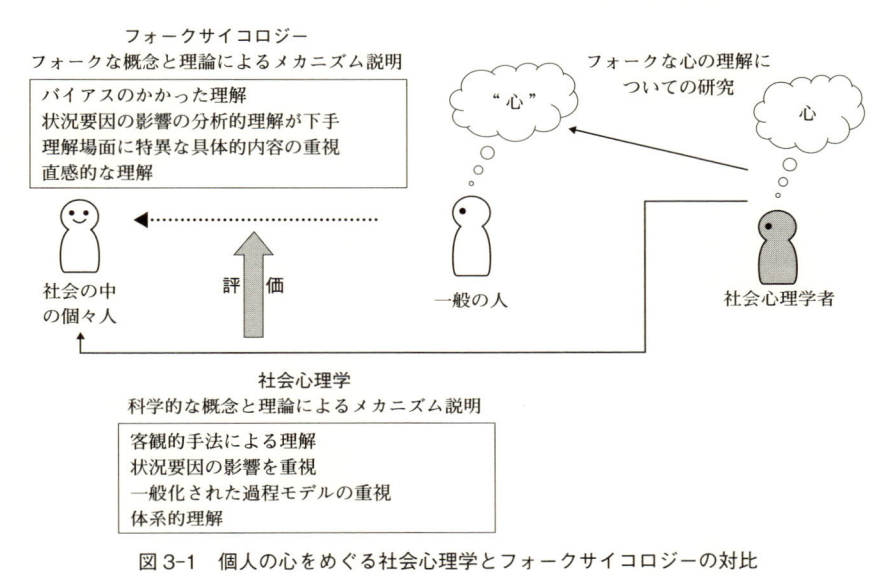

はなく，一般化可能なモデルや理論として体系化することも求められる。状況要因と個人要因，またそれらの交互作用に等しく目を向け，行動に至る心的過程とそれに関与する要因の関係を客観的に把握して，よりよい説明を構築しようとする。これらは社会心理学が提供する説明の特徴であり，日常の説明にはない価値である（Gilbert & Malone, 1995）。このような社会心理学とフォークサイコロジーの関係を示すと，図3-1のようになるだろう。

フォークサイコロジーの侵入

社会心理学もフォークサイコロジーも，心に着目しながら社会の中での人の行動を説明するという目的を共有している。しかし両者を比べれば，社会心理学はフォークサイコロジーよりも洗練された「科学的方法」に基づき，よりたしかな説明を行っていると言えるだろう。ただし，このことは，社会心理学が，フォークサイコロジーから切り離されていることを意味しているわけではない。

決して，「一般に人々が行う行動の説明を参照することなく，優れた説明を行っている」わけではない。フォークサイコロジーには大変お世話になっているのである。

　社会心理学の知見が，フォークサイコロジーと対照的な側面を持つとしても，研究において，それは基盤となる。社会心理学者自身も，「常識的な心の働きに対する理解」を社会心理学者以外の人たちと同様に持ち合わせており，社会的な行動を説明する心的過程を考える際にそれを用いる。仮説の構成において，また研究知見の解釈において，「常識的な理解」からかけ離れた突拍子もない議論を持ち出してきても，受け入れてはもらえない。日常の論理からかけ離れた議論は，結局のところ，論理的に妥当であるとは認められないのだ(Baumeister & Bushman, 2010)。もちろん，研究仮説はこれまでに提出された実証的知見や諸理論に基づいて作られるし，社会心理学が定義してきた諸概念は心のしくみをモデル化するにあたって，一般的なもの言いよりも正確で多様な表現語彙を提供する。ゆえに，説明は多角的なものになるだろう。さらには，一般に人々が見逃しがちであるとされる「状況要因の影響」に特に着目して分析することも得意だし，人々が通常は気づかない「自動的な情報処理過程」に言及することもできるだろう。しかし，だからといって，一般に人々が抱いている社会的行動に対する常識的な理解，ひいては人の社会的性質に関する理解とは根本的に異なる次元の理解を持ち，それに基づいて研究を進めているわけではない。

　この点について，実際に研究仮説を立てる時の作業の流れをふり返ることで吟味してみよう。個々の研究の目的は，特定の社会的状況や刺激が社会的な反応に与える影響を明らかにすることであり，その目的に向けて，研究仮説が構築される。仮説は社会的状況や刺激と反応との関係，そして，その関係を説明する心的過程の提案からなる。たいていの研究は，何かしら「新しいこと」の主張が求められるので，仮説は，新たに導入した要因の効果や，すでに提案されているモデルとは異なる心的過程の可能性を述べることになる。したがって，特定の状況に置かれた時，また，刺激に接した際，それらはどう認知されるの

か，どのような動機や感情を喚起するのか，こういうことを，あれこれ推測してみるというのが，実際の仮説生成の場でなされている具体的な作業だ。もちろんその推測は，論理的に妥当であり，過去の研究知見と整合することが必要とされる。しかし，それだけではなく，人の性質や心的過程のあり方に関しての常識的な理解と整合することも要求される。

　常識的な理解との整合は，人の心のあり方に関する暗黙の仮定が研究に導入されることでも図られる。私たちは，嫌な気分よりはよい気分でいたいし，自分をよりよいものとして評価したいし，損をするよりは得をしたい。また，満たされないことがあれば，それを得ようとする欲求が生じる。これらは，基本的な人の心のあり方に関する常識的な理解の一部を構成している。個人差はあるだろうが，おおむね人はこういうものだということである。そして，社会心理学の仮説は，これらの常識的な理解から合理的に推論されるところで成り立っている。私たちが「自分をよいものとして認め，高い自己評価を維持したい，周りの人にもよく思われたい」という「常識的な前提」から，自己評価維持のための行動に関する仮説が生まれるというように，である。たとえば，この前提に基づき，試験の成績が悪かったというフィードバックを与えるなど，一時的に自己評価が下がるような操作を加えれば，自己評価を回復しようという動機が高まると考えられる。その結果，その動機を満たす行動として，自分より不幸な他者と自分を比べようとするかもしれない（Taylor & Brown, 1988; Tesser, 1988）。このようにして，心的過程とその結果起こる行動に関する仮説を展開することができる。

　ところで，このように述べると，一方で，「私たちは，時として自分を低く評価することにつながる行動を取ることもあるじゃないか」という声も聞こえてきそうだ。たしかにその通り。そして，そのような現象は，「なぜ？」という疑問を引き起こし，説明が求められる。いったい何が嬉しくて，自分がわざわざ低く評価されるようなことをするのだろうか，その理由は何なのだろうか。この疑問に対する一つの説明は，「自分はこの程度」ということを知らせておくほうが安心な場面では，低く評価されるようなこともしてしまう，というも

のだ（Swann, 1990）。実際以上に優れていると見られ，現実がばれて幻滅されるより，最初からできない自分を知っておいてもらったほうが安心，ということだ。このような説明は，「人間は，結局のところ，その場で自分にとって必要だと思われることをするものだ」という常識的な理解の中に吸収される。仮に，反常識的な仮説や現象が社会心理学的検討の対象となったとしても，それがなぜ起こり得るのかという説明の段階において，反常識的なことも常識の中に取り込むような理屈を考え出すのだ。

侵入がもたらす問題

　社会心理学は，たしかに人の心的過程を表現する語彙や概念を多く持つし，それらの概念の定義を明確にし，測定における信頼性や妥当性を持たせた上で使用している（少なくともよい研究はそうしているはずである）。また，過去の知見に基づいて自分の研究仮説を構築することにより，過去の研究知見と新たな知見をつないでいく。この積み重ねによって，単なる一研究事例を超えた，体系化された社会行動に関する理解を生み出していく。とはいえ，その知見は，「常識的な人の性質に関する前提」にのっとっている。社会心理学は一般常識の理解とは不整合な，または常識では全く思いつかないような「人の社会的な性質や心的過程に関する言説」を生み出す装置にはなり得ない。科学として制度化された知の体系ではあるが，フォークサイコロジーが洗練されたものとしての性質をその一面に持つのだ。

　もちろん，こう述べたからといって，反常識的な前提に立って社会心理学の知見を構築するような無茶を勧めるつもりはない。得たデータの解釈や説明が，人に対する常識的な理解と合致することは，社会心理学の知見に対する納得感を支えている。そして，それは説明が正しいもの，妥当なものと判断される根拠にもなっている。私たちが日々経験している行動を対象としているのに，経験主体の私たちが，「えーっ？　それはちょっと違うんじゃないの？」と思うような説明は，多くの場合，おかしいということだ。フォークサイコロジーと矛盾しないように説明を組み立てることは，社会心理学研究の中に暗黙に埋め

第3章　個人の心を扱う方法論の限界と「集団心」の可能性

込まれた，妥当性保証のための基準である。しかしながら，この特性のゆえに起こる問題として，少なくとも次の三つが指摘できる。常識が心のモデルとして提案されるものに対して制約を加える可能性，常識からの差別化へのこだわり，そして確率に基づく実証的知見と提出する言説とのギャップである。以下に，これら三つについて順に考察する。

問題1：常識による心のモデルへの制約

　心のモデルの構築にあたって，常識的な理解が基盤になっているということは，モデルの構造が常識的な理解を洗練させたものにとどまる可能性を持つということでもある。「心とはこのようなものである」という理解の枠組みが，暗黙裡に研究に制約をかけてしまうのだ。この問題は，社会心理学が，個人の心のしくみを，認知，感情，動機など，主観的経験に裏づけられた心的過程の点から検討することに忠実であり，個人焦点の方法論から逸脱しなかったことともつながっている。個人には心があるが，集団には心がないというオルポートの主張は，心に対する常識と合致する。心の概念を常識から切り離し，科学的に構築するのであれば，この主張に従う必要はない。しかし，結果的に生み出された研究は，この常識と合致する主張に従ったものだ。1940～50年代に行われてきた，いわゆるグループ・ダイナミックス研究でさえ，そこで議論されてきた心的過程は「個人」に属するものであり（Asch, 1952; Lewin, 1947; Sherif, 1936など），集団そのものに心性を与えるような議論がなされてきたわけではない。グループ・ダイナミックス研究で，認知，感情，動機などが取り上げられる時，それは集団に属する個人の心の中に存在するもの，個人の主観的経験としての，認知，感情，動機である。「常識的・直感的な心の理解」に合致した個人の心の追究からの逸脱は，集団研究においても行われなかった。

　なぜなのか。もちろん，オルポート先生のご託宣ということもあるだろうが，なぜそのご託宣が力を持ったのか。そこに，フォークサイコロジーの影が見え隠れする。心は，そもそも生き物にしか備わっていない，主観を伴う個人の内部にある何かであるという直感的，常識的な理解が，私たちにはある。このよ

うな直感，常識が，まさしく「集団心」の否定を支えているという意味で。つまり，社会心理学は，集団心の実在そのものを問いとした研究の結果，集団心否定に至ったのではない。集団心は最初から「ないもの」とされた。なぜなら，心は生き物にしかないのだから。そもそも個人の心の実在を信じることすら，マジメに悩んだ結果かどうか疑わしい。「個人には心がある。だってほら，私は心で感じたり考えたりしてるじゃない？　人間には，みんなこのようにちゃんと心があるんだ」。……かくして，個人の心の存在は，直感的，内省的理解によりあっさり前提とされ，一方，集団にはそれがあてはまらないから，集団心はないとする。これが集団心否定の背後にある心の存在をめぐる理屈だろう。

　しかし，第6章で戸田山が論じるように，個人の心は実在するが集団の心は実在しないことを主張する哲学的議論は，おそらく存在しない（らしい）。社会心理学者は，個人には心があり，集団には心がないと言うが，それはおかしい，どちらもその実在を明確に論ずることができないという点では，同じようなものだというのだ。だとするなら，「心」の実在に関する常識的な理解に縛られていることは，社会心理学が自由に可能性を広げるという観点からすれば，デメリットになるように思える。より自由な「集団」研究を志向するのであれば，社会心理学は，フォークサイコロジーとの関係について改めて検討し，研究にどのような拘束をもたらしているのかについて考え直す必要があるだろう。

問題2：データへの依存
　社会心理学の特徴を論ずる従来の議論に見られる一つの「型」は，フォークサイコロジーと社会心理学を比べつつ，いかに社会心理学が常識を上回る知見を提供してきたかを強調することである（Gilbert, 1998）。これは社会心理学に特異なことだ。知覚心理学や認知心理学など，他の心理学の領域で，一般人の「知覚や認知現象に対する信念」が問題となり，それとの比較で学問の意義を語る必要は，ほとんどないだろう。幸か不幸か，社会心理学のオシゴト，すなわち社会的行動の説明は，私たちが日常的に行っている基本的な心の営みとカブるのだ。だから，社会心理学は「一般に知られている常識的なことを語って

第3章　個人の心を扱う方法論の限界と「集団心」の可能性

いるだけである」という批判にさらされやすく，一般常識的な社会行動に対する理解を参照点として学問の価値を議論することが避けて通れない。学問の価値に関する説明責任を果たさなければいけない場面で，常識的な理解との差異を明確にしておくことが常に求められてきたのが社会心理学の宿命なのだ。そしてその際，先に述べたように，科学的方法に基づいて得たデータから知見を体系化している点を強調することが，社会心理学を一般常識から差異化する最もわかりやすい主張の一つとなってきた（Schlenker, 1974）。たしかに，数値データを統計解析しているというと，「お，科学しているな」的雰囲気をまとうことができる。それには，「正しいこと」を述べていると思ってもらえるオマケもついてくる。いやいや，茶化すのはよくない。実際，きちんとした手続きでデータを取り，そこから論理的に推論可能なことのみを論ずることが，実証科学としての社会心理学が提出する知見の信頼性を保証しているのだから。

しかしながら，データを取っていること，つまり「実証的であること」自体に価値を置くことには，落とし穴がある。一つはデータの一般化可能性に十分な注意が払われないがゆえに，不正確な言説が広まる危険である。社会行動や社会現象は様々なパラメーターによって決まるので，特定の行動や現象のありようについて断言的な予測を行うことが難しい。一方，データを取れば，少なくともその研究の枠組み内では，行動や現象のありようが記述できる。したがって，一般の理解では「わからなかった」ことに対して決着をつけるかのごとくの知見を提供することになる。データから得られる結果は，そのデータが収集された刺激環境や参加者の特性に依存し，一般的な知見として述べることには問題があるにもかかわらず，である。「研究参加者に聞けばデータが取れる」手軽さについてはすでに述べたが，手軽に収集したデータからの安易な一般化は，むしろ「科学的」であることを装っているがゆえに，罪深い。

また，データによる現象の記述に満足してしまうことで，理論化，モデル化という展開を怠るという問題も生む。これは，社会心理学が果たすべき役割が何なのかという問いともかかわることだ。たとえば，どこかの市の居住者を対象に，様々な社会問題に対する態度をたずねる調査をしたとする。このような

調査結果は，妥当性・信頼性の高い測定がなされている限り，特定の時代や場所における特定のサンプルに対して，その状態を記述する役割を果たしている。記録的な価値はあるということだ。しかし，ただ記録として存在するのみで，意味づけられることなく放置されたデータは，現象を散漫に伝えるだけだ。データは，その背景にある心的機能に関する理論やモデルの観点から意味づけられてこそ，社会心理学の中で生きる。明示的に心のモデルを語るデータではなくても，少なくともその結果の解釈が，社会的動物としての人の心的特性について何かしらの示唆をもたらさなければ，社会心理学の知見としては物足りない。データそのものは理論やモデルの主張の客観性を保つ道具に過ぎない。「社会心理学はなぜすごいのか？ それはデータで結果を示しているからだ」などという，子どもだましの議論は通用しない。データが示す意味を言葉を用いて表現した「研究知見」の質こそが，研究の価値を決めるコアな部分だ。研究知見の価値づけを，データを取っていること自体に求めるのではなく，人と社会の関係に関して，さらには，心の社会性について，どれだけ意味のある議論を生み出すことができたのか，という点に求めていく必要がある。

問題 3：データと言葉による表現のギャップ

「人は自分と価値観が似ている他者に対して，そうでない他者よりも好意を抱く」「ポジティブな感情状態にある時のほうが，ネガティブな感情状態の時よりも直感的に判断する」「日本人に比べて欧米人は，自分を他者とは独立した自己であると考える自己観を持っている」などは，よく知られた社会心理学の知見である。このように社会心理学は，人の性質や，特定の場面，状態にある時の行動の特性について，また特定のカテゴリーに属する人の心的特性についての「知見」を主張する。これらの知見は，実証的なデータの裏づけがあるという点では「事実として」正しい。しかしながら，データがこれらの「言葉で述べられた知見」に変換される時の，変換のされ方には注意が必要だ。

データが提供するのは確率的な世界であり，また「他の条件が一定の場合に」という但し書きがついた条件下での結果だ。このことを，「価値観が似て

第3章　個人の心を扱う方法論の限界と「集団心」の可能性

いる他者に対して，そうでない他者よりも好意を抱く」ことを例に考えてみよう。この主張の正しさを検証する実験の典型は，次のようなものとなる。まず，実験参加者に対して，価値観が似ている他者と似ていない他者を「刺激人物」として用意する。あらかじめ実験参加者の価値観を測定しておき，それに合わせて，半数には「似ている他者」，残り半数には「似ていない他者」を提示するなどである。その上で，刺激人物に対する魅力度を 10 点満点などで評定するように求める。そして，それぞれに対して得られた評定値の平均を比較し，統計的検定により「似ている他者」に対する評定値が「似ていない他者」に対する評定値より大きいかどうかを検討する。

　さて，ここで重要なのは，平均値の差に基づいて議論が行われていることだ。実験参加者全体を見ると，「似ている他者」に対する評定と「似ていない他者」に対する評定は分布を持っており，似ている他者に対する評定値のほうが高い平均を中心として分布している。とはいえ，個々人の評定を見てみると，「似ている他者」に対して魅力を低く評定している一方で，「似ていない他者」に対する魅力を高く評定している人も，もちろん相当数存在する。

　しかし，日常の社会的な現象の理解に，このような現象の分布に基づく確率的な世界観を反映させるのは，かなり難しい (Nisbett & Ross, 1980)。研究で得た結果が，「人は自分と価値観が似ている他者に対して好意を抱く」という言葉に置き換えられた時，確率的な理解ではなく，「みんなそうする」という明快な決定論的理解へと傾きがちである。本来，「～である可能性が高い」「～になる傾向が強い」というように，確率（可能性）でしか語れないものであるにもかかわらず，決定論的な世界を構築することに用いられてしまう。このことに対する注意深さを失うと，知見として述べたことが，常に成立し得る現象であるという誤解を招くことにつながってしまう。研究知見が一人歩きしてしまい，私たちの社会的行動について，誤った理解を世間に流布させることにもなりかねない。

　さらに，決定論的なものの言い方自体が不信感を生じさせるという可能性もある。多くの社会的な行動や現象に対して，私たちは「人それぞれ」であり，

「時と場合による」という理解も常識として持っている。そして,「人それぞれ」や「時と場合による」ことを示す反事例の存在を思いつくことも,それほど難しくはない。したがって,社会心理学の知見を紹介する際,実験や調査結果を,断言的な表現を用いた言葉に置き換えることで,かえって言説そのものへの信頼を得られないという,皮肉な結果になってしまう危険もあるのだ。

しかし,フォークサイコロジーと離れることはできない

では,社会心理学はどのようにフォークサイコロジーとの関係を保てばよいのだろうか。一つは,社会心理学がもたらす知見の正当性を主張する一方で,フォークサイコロジーの妥当性を否定する方向である。社会心理学がフォークサイコロジーとは異なり,「科学」としての方法を採用している点を強調することは,これまでも行われてきた。知見を得るために,現象に関連する概念を妥当性・信頼性を維持しつつ操作・測定し,研究に導入された変数間の相関・因果関係を厳密に吟味しており,フォークサイコロジーとは異なる実証的な根拠のある主張を行っている,という主張だ。また,R. E. ニスベットと T. D. ウィルソンが述べるように,私たちは,自分の真の心的過程を,常に直接アクセスして把握しているわけではない (Nisbett & Wilson, 1977)。したがって,社会的な行動の基盤となる心的過程を正しく知ることは困難であり,実験などの方法を用いて「抽出」されて初めてわかるものであると主張することもできる。

しかし,このような防衛的な差別化は,あまり賢くはない。フォークサイコロジーを排した形で仮説を生成することがそもそも,不可能に近いのだから。既存の研究知見に加えて新たな心的過程を提案する時,それが社会の中での人の「気持ち」の動きに関する洞察に基づいている以上,フォークサイコロジーを排除することは難しい。また,研究で得た変数間の関係を,実社会への含意という観点から議論する時,社会心理学者以外の人たちに理解され,利用可能な知識となることが求められる。したがって,社会心理学の知見を表現する言葉が,人々がもともと持っている理解に溶け込む必要がある。つまり,フォークサイコロジーの中に,今一度知見を戻すところまで,社会心理学は責任を持

第3章　個人の心を扱う方法論の限界と「集団心」の可能性

って見届けなければならない，というわけだ。

　社会心理学は，フォークサイコロジーとの密接な関係から逃れられないのだ。フォークサイコロジーの中に表現されている心のメカニズムについての考え方が，社会心理学に影響を与えていることへの批判は可能であるし，またその批判を謙虚に受けとめ，研究をよりよいものにしていくことは必要だろう。しかし，そのことゆえにフォークサイコロジーを排除するのではなく，フォークサイコロジーとのよい関係を築く方向へと向かうべきであろう。だとするなら，それはどのようなものだろうか。社会心理学は，フォークサイコロジーをどのように用いていけばよいのだろうか。現状の，「私なりにうまくおつき合いしている」関係を超えて，研究の中で，この問いに対する答えを模索することが求められる。それは，個人焦点の方法論をいかに緩めるか，という課題を考えることとも表裏一体である。おそらく，冒険的な試行錯誤や，他領域とのコラボレーションという「未知」の領域に踏み込む中で，経験的に解決していくべき問いであろう。本書の第4章以降は，そもそもフォークサイコロジー的な直感に基づいて排除されてきた「集団心」へのアプローチを通して，この問題にも取り組む試みや，それを支援する科学哲学者の議論を紹介し，その中から社会心理学の研究の可能性を広げる道を示そうとしている。したがって，本章の最後に，「集団心」に切り込む糸口をフォークサイコロジーの利用という観点から考えた上で，他領域とのコラボレーションを受けとめる「プラットフォームとしての社会心理学」という考え方を提示することで，社会心理学の可能性を示し，次章以降の議論への「入り口」を整えたい。

3　集団心へのアプローチ

集団に心はあるのか
　前章で述べたように，個人焦点の方法論は，社会心理学を「成功した学問」にすることに貢献した。データ収集や心の概念化の容易さに支えられて，個人の心のモデル化に関する研究知見をたくさん生み出すことに成功したというわけだ。もっとも，その裏側では，「集団心」を対象としたような「非個人焦点」

の研究が抑制されてしまった。集団心を否定してしまったので，集団も個人の心と類似した心的機能を持っていると想定してそれをモデル化することも，もちろん進められてこなかった。これは不思議なことだ。なぜなら，個人の心と似た性質を持つような何かがグループの中で創発しているという可能性については，多くの社会心理学研究者が同意しているのだから（Hackman & Katz, 2010）。一方で，たしかに，集団には心がないと言われれば，直感的にその通りと思ってしまいがちである。心は個人に属するもので，主観的経験を持ち得ない「集団」には心がないのだという主張は，常識として私たちが持つ心に対する理解と合致するからだ。では，このような常識が集団心研究を妨げてきたということは，結局のところフォークサイコロジーは，「非個人焦点」の研究へと社会心理学を拡張していく際，障害にしかならない存在だということなのだろうか。

　それは少し悲しい。せっかく，社会心理学が愛用してきたフォークサイコロジーなのに。あっさり捨てるのではなく，「障害ではなく研究リソースとして利用可能な存在である」とするところから出発したい。障害と見なして排除したところで，代わりになる何かがあるわけでもないし，第一，もったいないから残しておくほうがよい？……いや，このような消極的理由によるのではない。集団心の否定には常識的な直感が寄与しているとはいえ，人々が集団のふるまいを説明する時，容易に集団に心性を付与する表現を用いることもまた行われており，それを研究リソースとして用いる可能性が考えられるからである。たとえば，「あの会社は消費者をだまそうとした。不誠実な会社だ」という言い方は，日常会話の中でも見られる。これは，だますという「意図」や不誠実という「内的特性」を集団に付与している表現だ。組織に対する特性推論研究や集団の行動説明の内容分析を行った研究は，私たちが個人の心を記述するのと同様の語彙を用いて，集団を理解しようとしていることを示している（O' Lauglin & Malle, 2002; Slaughter, Zicker, Highhouse, & Mohr, 2004）。もちろん，個人の心を記述するのと同様の表現が用いられているからといって，同じような「心」が想定されているのかどうかはわからない。これは，検討が必要な事項

だ。しかし，少なくとも「心的な何か」を想定し，集団の行動を理解しようとしており，それが私たちの日常の言語表現の中に反映されていることはたしかだ。ならば，この言語表現を手がかりに，「非個人焦点」の方法に向けてのアプローチを開始することができないだろうか。その際，個人焦点の方法論を支えてきたフォークサイコロジーと社会心理学との関係を，うまく利用することができないだろうか。

集団心とフォークサイコロジー

　個人の心を理解することに関する，社会心理学とフォークサイコロジーとの関係は，図3-1に示した通りだった。一方，私たちが日常の集団の行動を理解する上で，集団に心性を付与しているという点に着目するなら，「集団心」に対しても同じような概念図を描くことができる。図3-2にある通り，個人の心を集団心に置き換えて考えてみよう。集団の行動を説明する際にも，個人の行動の説明と同様，行動の背景にあるその集団固有の特性を用いる（O'Lauglin & Malle, 2002）。この過程については，すでに，対応推論や心の知覚研究を拡張して，集団の行動説明に関する研究で検討されつつある。一方，社会心理学者が直接，集団心を研究するというルートは，方法論的・概念的困難により阻害されてきた。だとすれば，これらの困難により阻害されているルートをいったん横に置いて，まずは集団対応推論研究の知見を蓄積した上で，それを手がかりに知見の洗練化を図る作業を進めるという提案ができる。フォークサイコロジーは，個人が日常生活の中で，他者の「心」を推論し，行動の説明を行った結果の集積だ。一方，社会心理学はフォークサイコロジーの洗練形であると同時に，フォークサイコロジーの中に見られる推論自体も研究対象としてきた。この関係を，集団心研究にも利用してみたらよいのではないか，ということである。これは，社会心理学とフォークサイコロジーの密接な関係を，そのまま「非個人焦点」の研究を推進する基盤を作るために適用することでもあるのだ。

　もちろん，このようなアプローチで見出された「集団の特性，心的な何か」が，すぐに「非個人焦点」の社会心理学として集団のふるまいを説明する体系

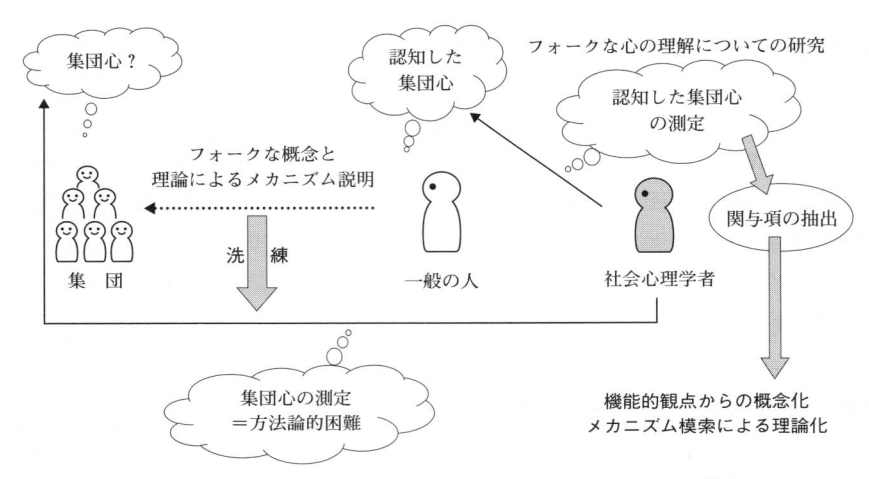

図中のテキスト:
- 集団心？
- 認知した集団心
- フォークな心の理解についての研究
- 認知した集団心の測定
- フォークな概念と理論によるメカニズム説明
- 洗練
- 集団
- 一般の人
- 社会心理学者
- 関与項の抽出
- 集団心の測定＝方法論的困難
- 機能的観点からの概念化 メカニズム模索による理論化

図 3-2　集団心をめぐる社会心理学とフォークサイコロジーの対比

へとつながるわけではない。残念ながら，それほどものごとは単純ではない。まずは，集団心とはどのような「心」なのか，個人の心と同等の「心」と考えてよいかどうかという疑問が出てくるだろう。これは，そもそも「心」がどういう形で存在するのか（またはしないのか）という問いを喚起するという点で，社会心理学者ではなく哲学者が議論するべきことかもしれないし（問題を押しつける），解答を見出せないことが，あらかじめ定められているのかもしれない（哲学者が論じることは，たいてい解答を見出すのがムリなことだったりする！）。もっとも，個人の心を対象にする際にも，社会心理学は，心の存在問題を回避してきた。だとするなら集団心についても，この問いを最初に解答すべき問いとして定める必要はないのかもしれない。むしろ，研究を進めながら，集団の心をどう概念化すべきかを探索していけばよいのかもしれない。

「かもしれない」が続いてしまった……。しかし，それは解決に向かう道が見出せないがゆえの，投げやりさの表れということではない。心の存在に関する問いをいったん横に置きつつも，社会心理学が心について語ることが可能になり，またそれについてみんなが納得していたのには，ちょっとしたトリック

第3章　個人の心を扱う方法論の限界と「集団心」の可能性

がある。それは，心そのものがどんな形で実在するかを問うのではなく，心の「機能」に着目するということ。これは，目新しい話ではなく，今までも述べてきたことだ。たとえばパーソナリティ，動機，意図，態度などを用いて，ある行動を生み出すメカニズムをモデル化してきたということは，これら様々な機能を持つ概念の関係として，心を表現してきたということだ。したがって，集団に関しても，機能に注目し，個人の心の性質と似た機能を果たす集団内の「何か」を概念化し，それらの関係を記述していくことを当面の目標とする研究を進めていくというストラテジーが提案できる。

　この点については，第5章でデータベースなどの人工物を含んだ機能の概念化が提案されている。私たちが「何かを知っている」という心の状態と，データベースに知識が保管されていることが機能的に同じであるなら，集団内にデータベースがあることをもって，「集団があることを知っている」と表現してもかまわないだろう。つまり，フォークサイコロジーが「集団は○○を知っている」という時，それに対応する操作可能な機能的実在の候補として，データベースがあり得るということだ。ならば，同じように「集団が意図している」「動機を持っている」という集団に対するフォークサイコロジーの表現を，集団の持つ目標や制度に置き換えることができるかもしれない。これらの「個人の心の外」にありつつ，しかし，心と似た機能を持つと思われる何かを概念化し，モデルに組み込みつつ，個人の総和を超える集団のふるまいを説明する作業を地道に進めていくことが，まずは目指すべき一つの方向だろう。たとえば，人々の行っている「説明」の構造を手がかりに，会社などの組織の行動を生み出す様々な「機能」として何があり得るのか，それが組織に所属している人々の心や組織の行動とどのように関係しているのかという問題を考えるなどである。集団心として創発している何かに関する洞察という点で言えば，集団を外から眺めている人だけではなく，内に所属する人の行う説明を手がかりにすることもできるだろう。これらの説明に含まれる「機能」に相当する部分を概念化していくことが，集団心へのアプローチのとっかかりとなる（その際，「概念」を測定や介入と関連づける必要については，第4章の試みや第6章の議論を参照。特に，

関連づけがきちんとなされていない概念の濫用は，第6章でかなり辛辣に批判されている）。

　心と同様の言葉をあてはめて集団の特性を記述する時，それが何に依拠しているのか──人工物なのか，制度なのか，それとも，人々の共有認知なのかなど──を丁寧に解き明かしていく作業を進めることを通して，本来存在しないはずの集団心を新たに見出す可能性に近づくことができる。それは，具体的には，これまで着目されていなかった「様々なレベルの変数」を導入すること，および，導入した変数を他の異なる変数と関連づけることでもある。別の表現をすれば，様々なレベルの変数を自由に導入しつつ，人の心にかかわる諸現象を重層的に関連づけることに，社会心理学が積極的に取り組むということになるだろう。これは一方では，今の個人焦点の方法を「緩める」ことでもある。フォークサイコロジーに支えられ，社会心理学は諸般の心の機能を表現する概念を，かなり自由に「構成概念化」し，それらの関係を「過程モデル」として記述することで，社会的な心のしくみをモデル化してきた。集団の心のしくみも，当面は同じようなアプローチが可能なはずだ。学問の持つ方法論を緩めることは，「諫められるべき危険な」ことでもあり，常にその試みが「どこまで機能しないのか」を見きわめる作業を伴わねばならないが，だとしても，自らの可能性を広げていく試みの中では冒険が必要である。そして，それを重ねていくことが，他領域からの期待に応える社会心理学を作るきっかけとなるのではないだろうか。

4　プラットフォームとしての社会心理学──コラボレーションに向けて

　社会心理学は，個人の内的過程・主観のありようについての科学的知見を提供してきた。様々な社会状況の中にある個々人の認知や感情，意図，動機などの内的経験にかかわるメカニズムを明らかにすることを通して，人の心を理解してきたのである。そして，社会的な行動を説明するという目的を，一般の人々と共有し，フォークサイコロジーで用いられている概念を採用しつつ，「現実の社会環境」が，いかに「個々人の持つ表象としての社会」に影響する

第3章　個人の心を扱う方法論の限界と「集団心」の可能性

かを明確にすることで，フォークサイコロジーを超えた「心」の働きに関するモデルを築いてきた。これは，フォークサイコロジーが現実の社会環境の影響を無視しがちであったり，またその環境内での自分の心を参照点として他者の行動の背景にある心を推測してきたりしたこととは，対照的である。

　このような方法論は，オルポート（Allport, 1924）以来，「集団心」を否定し，集団錯誤に陥ることを避けて個人の心的過程の解明に向かったことの必然的な帰結で，社会心理学の発展には有効であった。しかし，その一方，社会心理学が扱うことのできる問題の範囲を制約しているのもたしかである。もちろん，これまでの知見は，社会の中にいる私たちの心や社会の状態に関しての重要な洞察を提供するものであり，その価値については前章で述べた通りであるが，だとしてもなお，扱いきれていない課題が残っているのである。社会心理学があたり前のものとして受け入れてきた「心」に関する諸過程の探究においては，個人に所属する心が分析の単位であることがメインストリームだった。もちろん，「心理学」であるからには「心」に焦点をあてることは当然だ。とはいえ，「心」という概念に対する一般的な理解に拘束されているがゆえに，たとえば，個人の和では説明できない集団の機能や行動の解明という課題に対して，有効なアプローチとなり得る研究パラダイムの典型が出現しにくい状況が作られてきたのだ。したがって，社会と個人との関係を2項対立的にとらえて，個人に所属する心，そして，その心を持った個人の集まりとしての社会という枠組みが，果たしてどこまで有効なのかを，問い直す必要がある。そしてこの作業は，他領域とのコラボレーションを進めるためにも必要とされている。ここでは，その作業に向かうことを，「プラットフォームとしての社会心理学を作る」という言葉で表現してみたい。

　そもそも，社会心理学は，生理的反応や個人の認知，対人関係，集団，文化など，様々なレベルの現象をターゲットとし，また，これら様々なレベルで定義される変数を独立・従属変数として取り込んできた「重層的」な領域である。つまり，多様な変数を研究に取り入れ，その関係を考えることによって，扱い得る問題を拡張していくポテンシャルを持つ。このような，人の心にかかわる

諸現象を重層的に関連づけるための，概念，理論，方法論を持つ学問だという姿をもっと追究しよう，そして，他領域とのコラボレーションによる新たな研究の展開を受けとめる場となろうというのが，「プラットフォームとしての社会心理学」という提案だ。これは，社会心理学の知見が持つ二つの「意義」として前章で述べたこと，つまり，実践知としての役割と，人とは何かを語る役割の両方を，さらに追究することにもつながる。

　まず，実践知としての役割に焦点をあてるなら，このような姿を持った社会心理学は，社会心理学を様々な問題解決に役立てたいと思う他領域と，（今よりも）うまくコミュニケートできる存在となるだろう，ということだ。実践的貢献への要求にうまく応えられないのは，要求の無茶さにも責任があるが，社会心理学側の知の形成のされ方にも問題があるからだ。問題を持つ現象の現場は，重層的な変数が関係し合うことによって成立している。一方，社会心理学の研究は，「脳内過程の研究」であったり，「認知過程の研究」であったり，「対人関係の研究」であったり，「集団過程の研究」であったりする。つまり，変数の階層構造の中で，「横割り」に研究が行われており，重層的な構造を持つ変数を縦につなげていく志向が弱い。このようなところで，モデルや理論を現象にあてはめて問題の解決を……と言っても，実践知としての力は弱い。したがって，社会心理学内部で領域をまたがる知見を関連づける作業を進めること，さらに，他領域の（社会心理学にはない）概念を社会心理学研究に取り込む方略を考えていくこと，それらによって，多様な諸変数の重層的な関係を検討できるプラットフォームとなること。これはおそらく，実践知としていっそう進化した姿だ（行動を制御することが倫理的に正当化され得るかという問題が，ここで発生する。社会心理学の知を用いて，何を操作することが許されるのかは，倫理的な問いとして立てられなければならない。実践知としてのあり方を求めることは，この問いと不可分であることは言うまでもない）。

　また，プラットフォームとしての機能を追究することは，単に他領域との仕事をやりやすくし，実践知の提供に貢献するというベネフィットをもたらすだけではない。社会心理学が抱える基本的な問いを深化させることにも貢献する

はずだ。研究対象となる問題を考えるためには，プラットフォームの上にどのような変数を導入すればよいのか，それをどう適切に概念化・操作化すべきかを問い直すことが求められるが，それは社会と個人との関係の問い直しでもある。この問い直しは必然的に，社会心理学が描き出す人や社会とは何なのだろうという問いへとつながることになるだろう。社会心理学が持つ個人焦点の方法論のもとでは，人は情報処理の主体であり，また社会は情報処理により意味づけられ，人の心の中に表象される存在だった。しかし，このように個人の主観のあり方，そしてその主観の観点から社会を語ることにとどまるのではなく，個人と社会の別の概念化の可能性を探り，新しい研究の展開を考え続けていくことは人間観を創造することにつながるだろう。

　社会心理学は，厳密な研究手法を持つ。そのこと自体は誇るべきことである。したがって，それを「捨てる」必要はないし，その手法を守り，伝えること自体は，必要なことだ。一方，個人焦点の方法論から逸脱したり，プラットフォーム化を進めるために様々な変数を取り入れ，関係を論じたりすることは，きちんと作り上げられてきた社会心理学内部の変数の構造を，いったん崩すことでもある。しかし，社会心理学は，少しくらい崩しても，多分大丈夫だ。厳密さ自身が，ダメな崩し方を淘汰していく管理人として機能するだろうから。だからこそ，その厳密さを緩めるための試行錯誤を重ねる大胆さが生かされ，できること，見えることの可能性が広がっていくのだ。

引用文献

Alicke, M. D., Dunning, D. A., & Kruger, J. I. (2005). *The self in social judgment.* Psychology Press.
Allport, F. H. (1924). The group fallacy in relation to social science. *The American Journal of Sociology,* **29**(6), 688-706.
Aronson, E., Brewer, M. B., & Carlsmith, J. M. (1985). Experimentation in social psychology. In G. Lindzey & E. Aronson (Eds.), *Handbook of social psychology.* Vol. 1. 3rd ed. Random House. pp. 441-486.
Asch, S. E. (1952). *Social psychology.* Prentice-Hall.
Baumeister, R. F., & Bushman, B. J. (2010). *Social psychology and human nature.* Wadsworth.

Gilbert, D. T. (1998). Ordinary personology. In D. T. Gilbert, S. T. Fiske, & G. Lindzey (Eds.), *The handbook of social psychology*. Vol. 2. 4th ed. McGraw-Hill. pp. 89-150.

Gilbert, D. T., & Malone, P. S. (1995). The correspondence bias. *Psychological Bulletin*, **117**, 21-38.

Griffin, D. W., & Ross, L. (1991). Subjective construal, social inference, and human misunderstanding. In M. P. Zanna (Ed.), *Advances in experimental social psychology*. Vol. 21. Academic Press. pp. 319-359.

Hackman, J. R., & Katz, N. (2010). Group behavior and performance. In S. T. Fiske, D. T. Gilbert, & G. Lindzey (Eds.), *The handbook of social psychology*. Vol. 2. 5th ed. Wiley & Sons. pp. 1208-1251.

Hesslow, G. (1988). The problem of causal selection. In D. J. Hilton (Ed.), *Contemporary science and natural explanation: Commonsense conceptions of causality*. Harvester Press. pp. 11-32.

Lewin, K. (1947). Frontiers in group dynamics. *Human Relations*, **1**, 5-41.

Nisbett, R. E., & Ross, L. (1980). *Human inference: Strategies and shortcomings of social judgment*. Prentice-Hall.

Nisbett, R. E., & Wilson, T. D. (1977). Telling more than we can know: Verbal reports on mental processes. *Psychological Review*, **84**, 231-259.

O'Lauglin, M. J., & Malle, B. F. (2002). How people explain actions performed by groups and individuals. *Journal of Personality and Social Psychology*, **82**, 33-48.

Ross, L. (1977). The intuitive psychologist and his shortcomings: Distortions in the attribution process. In L. Berkowitz (Ed.), *Advances in experimental social psychology*. Vol. 10. Academic Press. pp. 173-220.

Ross, L., Lepper, M., & Ward, A. (2010). History of social psychology: Insights, challenges and contributions to theory and application. In S. Fiske, D. T. Gilbert., & G. Lindzey (Eds.). *Handbook of social psychology*. Vol. 1. 5th ed. Wiley & Sons. pp. 3-50.

Schlenker, B. R. (1974). Social psychology and science. *Journal of Personality and Social Psychology*, **29**, 1-15.

Sherif, M. (1936). *The psychology of social norms*. Harper & Row.

Slaughter, J. E., Zicker, M. J., Highhouse, S., & Mohr, D. C. (2004). Personality trait inferences about organizations: Development of a measure and assessment of construct validity. *Journal of Applied Psychology*, **89**, 85-103.

Swann, W. B., Jr. (1990). To be known or to be adored: The interplay of self-enhancement and self-verification. In R. M. Sorrentino & E. T. Higgins (Eds.), *Handbook of motivation and cognition*. Vol. 2. Guilford Press. pp. 408-448.

竹村和久（2004）．社会心理学はどんな可能性のある学問か　竹村和久（編）社会心理学の新しいかたち　誠信書房　pp. 3-29.

Taylor, S. E., & Brown, J. (1988). Illusion and well-being: A social psychological perspective on mental health. *Psychological Bulletin*, **103**, 193-210.

Tesser, A. (1988). Toward a self-evaluation maintenance model of social behavior. In L. Berkowitz (Ed.), *Advances in experimental social psychology*. Vol. 21. Academic Press. pp. 181-227.

第4章 「集団錯誤」の呪縛からの解放への道標

山口裕幸

　社会心理学が心理学である以上，個人の「心」，すなわち内的世界の探究はこれからも社会心理学の歩みの中核であり続けるだろう。他方，「心」を持つ個人が複数集まって相互作用しながら作り上げている集団や社会には，「心」的な特性は宿っているのであろうか。もちろん，答えは「YES」だ。集団規範や組織風土，あるいは地域文化などはその代表である。また，法体系や社会制度，芸術や芸能にも，その社会を構成している人々の「心」の特性を反映した要素が多種多様に見出される。このようなとらえ方を代表するのが，W. マクドゥーガルの提唱した「集団心」の概念である（McDougall, 1920）。

　しかしながら，そうした集団レベル，社会レベルに見出される「心」的な特性について社会心理学的に検討する取り組みは，活発に行われてきたとは言いがたい。むしろ，社会心理学の世界では，「集団心」的な観点を持つことは長きにわたって間違いであるとされてきた。むろん，集団や社会の中で，個人がいかに感じ，思い，考え，行動するのかについては膨大な研究の蓄積がある。しかし，あくまでもそれらの研究の焦点は個人にあって，集団や社会は環境変数として扱われてきた。あるいは，集団や社会が保持する「心」的な特性は，個人の「心」の集合体であって，個人の心理や行動に関するデータを集計することで把握され得るものとして扱われてきている。

　こうした還元主義的な，あるいは個人焦点の方法論によるアプローチは，社会心理学の研究にとって十分なものとは言いがたい。なぜなら複数の個人による相互作用は，個人には還元できない全体的特性を創発することがあるからである。個人の相互作用が生み出す社会特性を研究の対象外としてしまうことは，社会心理学を矮小化することに他ならない。このことは複雑系科学の台頭を待たずとも，かなり以前から多くの研究者が気づいてきたのだが，客観的測定を

伴う実証研究の遂行に際しては消極的であり続けてきた。そこには，それなりの理由があり，歴史的経緯がある。

本章では，まず，社会心理学の実証研究において，集団や社会の全体的な心理学的特性を対象とすることが消極的にしか行われてこなかった理由を確認する。そして，個人焦点の方法論に陥っている現状を克服して，集団や社会の全体的な心理学的特性を研究するには，具体的にどのようなアプローチがあり得るのか，実証活動に基づきながら議論していく。

1　集団の「心」をめぐる論争

社会有機体説と集団心

20世紀初頭の社会心理学の黎明期には，多くの有力な研究者たちが，集団や社会に心の存在を想定した主張を展開していた。その代表は，マクドゥーガルによる「集団心（group mind）」の主張である（McDougall, 1920）。彼は，集団や社会は個人の生活の総和ではなく，それ以上のものであると論じ，集合的精神の実在性を仮定した論を展開している。他にも，近代社会学の先導者であるE. デュルケムが，集団や社会に共有された心性の存在を論じて，「集合表象（représentation collectives）」という概念を提示している（Durkheim, 1897）。さらには，近代心理学の父と称されるW. ヴントも，精神は個人だけでなく，それを超えて民族にも宿ると考え「民族心理学（völkerpsychologie）」の研究を行っている（Wundt, 1900-20）。また，群衆心理学の研究で社会心理学の先駆者として著名なG. ル・ボンが，群衆におけるヒステリーの伝染（精神性の伝播）を主張した根底にも，集団心的な視点が存在していると考えることができる（Le Bon, 1985）。

集団や社会に心の存在を想定する主張の根底には，集団や社会をまとまりのある一つの生命体のような存在であるととらえる社会有機体説（social organism metaphor）の視点がある。社会有機体説は，組織科学におけるオープン・システム・アプローチ（Katz & Kahn, 1978）に代表されるように，社会や集団の特性を研究する時の有力な視点の一つである。社会有機体説の視点は，「集団に

も心がある」とする考え方と結びつきやすい。20世紀初頭においては、「精神や意識は偏在し、あらゆるものに存在している」とするプラトンの汎心論の影響はまだ深く浸透していた。その観点に基づけば、「生命体である以上、そこに何か心のようなものが宿るだろう」という結論は容易に導かれる。そもそも人間は他者やものが心を持っていると素朴に信じ想定する「心の理論（theory of mind）」を持っていることが指摘されており（Premack & Woodruff, 1978)、この認知様式は多くの人々にとって違和感のないものだったと思われる。

集団錯誤の批判

心理学で主流となりつつあった集団心の考え方に対して、F. H. オルポートが、1924年に *American Journal of Sociology* に発表した論文 'The group fallacy in relation to social science' の中で、鋭い批判を加えた（Allport, 1924）。彼は、集団や社会において観察される行動や現象を、集団や社会が保持する心によって説明することは非科学的であると指摘したのである。この論文におけるオルポートの主張は以下の4点に集約される（傍点は山口による）。

① すべての科学では、（ある現象が発生した原因の）説明は、より原初要素的な〈elementary〉レベルへと科学の概念を近づけることによってのみ可能になる。

② 説明の原理として、個人ではなく集団を代理的に用いることに錯誤の本質がある。

③ 社会学の真の基盤は、社会化された個人の社会行動にあって、それは換言すれば、社会心理学にあると言える。

④ 社会学がやるべきことは、個人の社会行動の集合と、それに起因する社会変化を記述し、個人の見地からそれを説明することである。

オルポートのこの主張は、「集団錯誤（group fallacy）」の批判と呼ばれている。①および②の指摘を見れば、彼の主張が、全体的現象の発生原因をより細密で根源的な要素の働きに求めようとする、還元主義に偏った科学観に基づいていることがわかる。しかしながら、この集団錯誤批判は、社会心理学研究が科学

として成立するための要件を論理的に指摘したものとしてインパクトを持って受け入れられ，その後も長きにわたって影響を及ぼし続けることになった。その結果，マクドゥーガルが唱えた「集団心」に代表される集団や社会に心性を想定する考え方に基づく研究は，非科学的なものとして位置づけられることとになった。心の科学を標榜する心理学の一領域である社会心理学にとって，非科学的であると批判された集団心を研究の対象とすることは，ある意味でタブーとさえ表現できる行為に等しくなったのである。

　「集団錯誤」の批判以降，K. レヴィンによるグループ・ダイナミックスの提唱（Lewin, 1947, 1951）まで，一時的にせよ，集団を対象とする心理学的研究は衰退した。この衰退の期間は，心理学全般についてより原初要素的レベルに原因を求める還元主義を追求する姿勢が徹底され，人間の心理の探究でありながら動物実験を中心とする研究が主流となった時期と重なっている。

　もちろんオルポートの主張に反論を加えることは可能だろう。たとえば，彼が集団心批判の第一に掲げている還元主義的な科学観は，視点が狭隘に過ぎる。還元主義的なアプローチは自然科学の基盤であり，素晴らしい科学の発展を支えてきたことは間違いないにしても，還元主義的なアプローチだけでは，われわれの身の周りで起こっている出来事は説明しきれない。大局的・全体的特性の創発を視野に入れた複雑系アプローチの重要性と有効性は，今ではほとんどの科学者が認めるところである。

　ただ，集団過程において創発される全体的特性を「集団心」と呼ぶのがふさわしいのかと言われると，答えは「No」であろう。心は個人内に宿るものであるという認識が広く共有されている今，集団が宿す全体的な創発特性は，心の概念とは区別しておくことがふさわしい。これは，集団の創発特性を「集団心」と見なすために陥りがちな，構成概念の濫用を避ける意味でも注意が必要である。構成概念の濫用の問題については，社会心理学における今後の研究方法のあり方を考える時に重要であり，後ほど詳しく議論する。

グループ・ダイナミックスの発展とその後の社会心理学

　集団錯誤の批判以降，心理学研究は還元主義的傾向を強めた。心理学の中核を担う記憶や思考，認知や学習に関する研究では，人間の知能は高度すぎるために，より原初的な認知のメカニズムを解明する目的で，ネズミなどの動物を使った実験研究が主流を占めるようになっていった。動物を使った実験研究は優れた研究成果を数多く生み出してきており，その意義は言うまでもなく高い。とはいえ，心理学研究の多くが人間ではなく動物を対象として行われることへの疑問は，とりわけ人間の社会行動の特性解明に関心を寄せる研究者たちにとっては閉塞感とも呼べるような状況を生み出していた。

　そんな状況を打破したのが，レヴィンが提唱したグループ・ダイナミックス研究である。ナチスの迫害から逃れて1933年8月にドイツからアメリカに移住してきたレヴィンは，集団とは複数の個人が互いに影響力を及ぼし合って作り上げる「心理学的場（psychological field）」であると指摘し，集団のもとでの人間の心理と行動の特性を明らかにする，実験的手法に基づく斬新な実証研究を行った。彼は，実験室での理論的研究に終始するのではなく，現実の問題解決にその理論的研究の成果がいかに役立つのかを現場で実証的に検討し，そこで明らかになった問題について，また実験室で理論的に研究し，現場の改善にリンクさせていくアクション─リサーチ（action-research）の方法論を提唱して，社会心理学発展の基礎を築いた。その功績を讃えて，レヴィンは社会心理学の父と称されることもある。

　グループ・ダイナミックスが突破口になって，社会心理学の研究は一気に活性化した。S. E. アッシュの同調行動実験（Asch, 1951, 1955）や R. K. ホワイトと R. リピットよるリーダー行動研究（White & Lippitt, 1960），M. シェリフによる集団規範の生成過程に関する研究（Sherif, 1936）など，小集団を対象にした研究が次々に発表され，注目を集めていった。自己の意思に反する命令であっても，権威者からの命令に対しては，人間は服従してしまいやすいことを実験室実験によって明らかにしたS. ミルグラムの服従行動研究（Milgram, 1977：アイヒマン実験と呼ばれることもある）のように，広く社会から関心を集める研

も生まれた。

　ただ，研究の関心は，集団場面における個人の心理や行動を明らかにすることに集中しており，集団全体としての特性である「心理学的場」の特性を直接検討する研究はさほど活発には行われなかった。他方，個人の社会的認知に関する研究はさらに活性化し深化していった。レヴィンの同僚であったF. ハイダーのバランス理論や原因帰属理論に関連する研究 (Heider, 1944, 1958)，さらにはレヴィンの教え子であったL. フェスティンガーによる認知的不協和理論や社会的比較理論に関連する研究 (Festinger, 1954, 1957) など，理論的にも実証的にも優れた研究が発表されていった。それらの研究が刺激となり，さらにはコンピュータの発展とともに，認知革命と呼ばれる学術研究の強大な潮流とも相まって，多様な社会的認知研究が行われた。社会心理学と言えば社会的認知の研究を意味すると言っても，あながち的外れではない状況を作っていったのである。

　これらの研究の関心は，あくまでも個人の社会認知過程の解明にあって，集団や社会は，その過程に影響を及ぼす変数に位置づけられている場合が多い。したがって，心理学的場が個人に及ぼす影響の特性についての解明は進んでも，どのようにしてその特性を複数の個人が作り上げていくのかについての検討はなかなか進まなかった。個人の心理や行動というミクロ・レベルの特性に，社会や集団というマクロ・レベルの特性がいかに影響するかを検討する，いわばワンウェイの研究に重心が偏った状態へと，社会心理学が陥っていったと見ることもできる。

社会心理学が直面する課題

　マクロ・レベルからミクロ・レベルへのワンウェイの影響過程のみならず，その逆の方向の影響過程を検討して，ミクロとマクロの相互作用ダイナミックスの特性を検討することが，社会心理学にとって重要な課題になっている（亀田・村田, 2010）。その鍵を握る取り組みの一つとして，個人間の相互作用が生み出す社会や集団の全体的な心理学的特性を検討する活動が挙げられる。マク

ロ・レベルの変数は，全体的な心理学的特性にこだわらなくても，集団の生産性や意思決定の結果など，客観的に測定し得る特性も多様に取り上げることが可能である。とはいえ，集団規範や組織風土，あるいは地域文化などを研究対象の枠外に置いたのでは，社会心理学研究としては深まりに欠けるものになってしまう。やはり，集団や社会の全体的な心理学的特性をターゲットにした研究をも取り込んだ研究アプローチが不可欠であろう。

　もちろん，これまでにも集団全体としての特性を検討する研究が行われなかったわけではない。R. B. キャッテルは，集団内部の相互作用によって個人を超えて集団が持つようになる行動様式や個性をシンタリティ（syntality）と呼んで関心を寄せている（Cattell, 1948）。また，シェリフやI. D. スタイナーは，集団には，それを構成する個人の合計を超えた特性が備わることに言及して，その研究の必要性を指摘している（Sherif, 1936; Steiner, 1974）。

　より具体的な検討を行った研究としては，異なる意見を持つ者たちが合議して集団として一つの結論を出していく集団意思決定の研究が挙げられる。I. ジャニスによるグループシンク研究（Janis, 1972）やJ. A. F. ストーナーやN. コーガンとM. A. ワラックのリスキーシフト研究（Stoner, 1968; Kogan & Wallach, 1967），それに続くS. モスコビッチとM. ザヴァロニによる集団分極化の研究（Moscovici & Zavalloni, 1969）など，個人間の相互作用の特性を議論して注目を集めた研究は多い。とはいえ，ここでも関心を持って検討された主なことがらは，異常な集団決定を生み出す相互作用過程における個人の心理と行動の特性であった。

　集団全体の心理学的特性を検討した研究としては，集団規範の研究をその最も代表的なものに挙げることができるだろう。先に紹介したようにシェリフは集団規範の生成過程を実験室実験によって明らかにしている。また，J. M. ジャクソンは，リターン・ポテンシャル・モデル（return potential model）を開発して，集団規範を客観的に測定する方法について検討している（Jackson, 1960）。レヴィンが指摘したように，集団や社会の心理学的場は，それを構成する複数の個人が各自及ぼす影響力の相互作用のあり方によって，デリケートに変動す

るものである。規範は，その変動が緩やかになり，ある程度安定した結果，集団の全体的な心理学的特性として認知されるようになったものと言えるだろう。

　これらの研究の他にも，集団全体の心理学的特性に関心を寄せた研究は存在する。しかし，繰り返しになるが，まとまりのある知見を導くだけの実証研究は十分になされてこなかったのが実情である。ここで言えることは，レヴィンをはじめとして幾多の研究者たちが，集団や社会を構成する個人間の相互作用が生み出す全体的な心理学的特性に関心を寄せてきたものの，その具体的な検討は思いのほか困難であったということであろう。その困難さを十分に認識しつつ，いかにして打開するかを考えることが，社会心理学の重要課題になっている。次節からは，その具体的な方法論をめぐって論を進めることにする。

2　集団の全体的な心理学的特性の可視化に向けて

集団の全体的な心理学的特性を構成概念で終わらせないことの重要性

　レヴィンは，集団の心理学的場を，トポロギー（位相力学）を基盤に各個人が授受する影響力が相互作用してでき上がるものとして理論化した。それは，われわれが日常，集団で生活するときに経験的に感じ取る，集団の雰囲気や風土などをイメージすれば，概念的に理解可能なものである。明瞭に目に見えるわけではなくても，集団に宿ることが感じられる特性を，言葉を使って定義した構成概念と言えるだろう。

　可視化を図ろうとすれば，結局のところ，集団の全体的な心理学的特性として実際に何を測定しているのかが重要になってくる。トポロギーの世界では，個々の磁石が持つ磁力の強さを客観的に測定し，それらの相互作用がいかなる磁場を形成しているのか，量的に把握し，可視化することが可能である。しかし，受け手の認知次第で強さが変動する個人の影響力は，握力計や体重計で測るようなわけにはいかない難しさを伴っている。そうした難しさは，実際のところ何を測定しているのかという測定の妥当性の点で，集団の全体的な心理学的特性を可視化する取り組みに，超えるべき高いハードルをもたらす。それと同時に，目には見えない特性であっても，概念的に定義して，個人の主観的認

知を通して測定してしまおうとする傾向を助長してしまう。

　集団の全体的な心理学的特性を表す概念は，心理学的場のみならず，集団規範や集団基準，組織文化，組織風土，共有メンタルモデルなど，多様に存在する。特に心理学は，目に見えない個人の内的世界を明らかにするために，心の中にそうした要素が存在すると仮定する，構成概念を駆使して発展してきた。それゆえ，社会心理学の研究も構成概念に依存しがちである。たしかに抽象的な構成概念としては，集団の心理学的場は理解可能なものである。しかし，それを言うなら，マクドゥーガルの「集団心」とて，理解可能な概念であった。多様に構成概念を生み出しても，それを的確に客観的に測定できなければ，集団の全体的な心理学的特性の可視化にはつながらず，過去と同じ議論を繰り返すだけに終わってしまう。

　そこを超えるためには，安易に構成概念に依存することなく，今一度，とらえようとする集団の全体的な心理学的特性の本質について検討してみる必要がある。多様なものを一括してとらえるために，集団の全体的な心理特性と呼んで議論してきたが，ここからは，少し具体的で明確な議論を目指して，集団の全体的な心理学的特性の代表格である，集団規範を題材にして議論を進めていくことにする。

集団規範の実存を考える

　集団規範は，集団の成員たちが，集団の一員として取るべき行動や判断に関して共有している基準であり，共有された価値観なども含む概念である。集団全体ができるだけ斉一な状態になるように，成員の言動に影響を及ぼす特性を持つもので，集団の中で暗黙のルールの役割を果たすものである。複雑系科学の観点に立てば，集団成員たちの相互作用によって創発された集団全体の特性であり，個々の成員の特性には還元できないものである。社会心理学の課題であるミクロとマクロの相互作用を視野に入れた研究を目指す時，真っ先に検討すべき集団特性と言えるだろう。

　ただし，規範が集団のどこにどのような形で存在するのかを考えると，慎重

な検討が必要である。というのも，規範そのものは目に見える形で存在するわけではなく，成員たちの取る言動のパターンを観察したり，集団で共有されている判断や行動の暗黙のルールについて成員たちが感じ取っていることをたずねたりすることで確認できるものだからである。成員によって，認知している集団規範の性質にバラツキが見られることもよくある。考えようによっては，集団規範は外在するものではなく，成員個々の認知に内在するもので，個人レベルの特性と考えるべきだという主張も成り立つ。

　われわれは，実際には存在していないものであっても，存在するように認知してしまうことがある。霊魂や幽霊などはその代表的なものである。本人が「存在する」と認知するときに立ち現れるのである。その考え方を取れば，集団規範は，本人の認知の中に存在することになる。物理的存在であれば，目に見えずとも，試薬で染めてみたり，光線を照射してみたり，プリズムを通してみたりすることで目に見えるようにすることが可能である。それは，個人の認知の外側に，何らかの客観的な対象として存在しているからこそ可能になる。集団規範のような心理学的特性については，どのように考えるべきか。測定し可視化しようというのであるから，この問題は安易に通り過ぎるわけにはいかない。

　具体的に考えてみよう。入社2年目の社員が忙しく立ち働いている中で，会議の開始時刻が迫ってきた時に，多少会議に遅刻しても現在着手している仕事を完了させることを優先するか，逆に，何はさておき会議に遅刻することなく出席することを優先するか，どちらを選択したものか迷ったとしよう。そんな時，その社員は，どの程度の遅刻なら許されるかとか，言い訳をすれば許されるかなど，これまでの経験を通して感じ取ってきた社内の規範を思い起こし，判断していくことになる。この時の社内の規範は，その社員が入社以来の経験を通して感じ取ってきたものであり，少なくとも最初はその社員にとって外在していたものであると考えられる。目に見えないために，測定においては個人の認知に依存せざるを得ない場合があるとしても，規範は個人の認知内に存在するわけではなく，集団の中に個人を超えて存在するものだと考えることがで

きる。したがって，集団の中にまとまりとして存在する規範を客観的に測定して可視化する試みは，科学的に妥当性を持った取り組みであると言えるだろう。とすれば，次なる課題は，具体的で効果的な測定方法の考案にあることになる。

集団規範の測定方法

集団規範の測定については，ジャクソンのリターン・ポテンシャル・モデルが成果を上げてきた（Jackson, 1960）。この測定方法は，集団を構成する個人に，集団で生活・活動する時に，ある行動（遅刻や休憩時間の取り方など）が受容あるいは拒否される程度を評価して集計するものである。出勤時刻に関する規範を例に取って説明しよう。

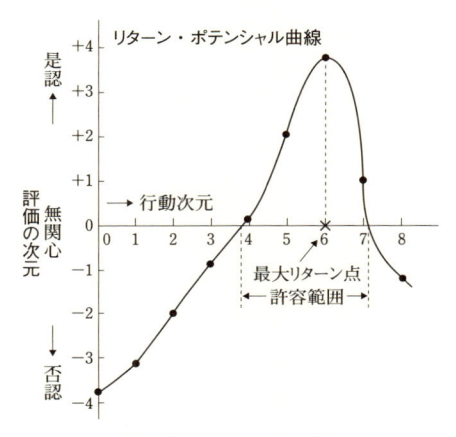

図4-1 集団規範のリターン・ポテンシャル・モデル（Jackson, 1960）

遅刻しないほうがよいに決まっているとはいうものの，始業の1時間前に出勤というのは早過ぎて，多くの社員に拒否的に評価されてしまう。1時間前から10分刻みで始業に近い時刻について評価を求めると，受容的評価が高まっていく。会社によって違いはあるが，始業時刻10分前なり5分前なりで，受容的評価が最も高まるポイント（最大リターン点）が表れる。そして，そこを過ぎると評価は一気に拒否的方向へと反転する。この様子をグラフ化（図4-1参照）すると，反転の生じるポイントや，その前後の評価の高まりと低下の仕方が集団によって異なっており，集団それぞれの個別の特性を表すものになる。

集団を構成する個人の一人ひとりの認知に基づきながら集団規範の特性を把握する方法として，リターン・ポテンシャル・モデルは優れたツールである。集団に存在する独特の全体的な心理学的特性はそのメンバーでなければ詳細に把握できないという観点に立てば，妥当な方法であると考えられる。しかし，個人の認知，すなわち主観を集計したものであって，個人の主観に基づく特性

把握にとどまっている。この壁を越えるにはどうすればよいだろうか。

3 認知の「共有」に注目するアプローチ

　集団の全体的な心理学的特性がメンバーの相互作用によって形成されていく過程は，メンバー間で認知が共有されていく過程を抜きにして論じることはできない。初めて会った者どうしでも，相互作用を繰り返すうちに認知を共有するようになることは，シェリフによる自動光点運動を利用した実験室研究で実証されている（Sherif, 1936）。また，既存の集団や社会への新規参入者は，そこに存在する全体的な心理学的特性である規範や文化を認知して，それを自己内に取り入れ，今まで自己が保持してきた認知体系との食い違いやズレを調整して，次第に自分の認知体系の一部に同化していく行為を，多かれ少なかれ行っている。この行為は，自覚的にせよ無自覚的にせよ，環境への適応行動としてごく自然に行っていることであり，周囲の他者との認知の共有を意味している。認知の共有は，集団が形成され，メンバーたちが相互作用することによって生まれる状態として，多くの研究者たちが注目してきた（Thompson, Levine, & Messick, 1999 など）。では，そうした認知の共有状態やその程度を客観的に測定するための方法はいかなるものなのだろうか。

　この問題について議論する時に，測定の対象を明確にすることと関連して留意しておくべきことがある。それは，これまでの社会心理学の研究において使われてきた「共有（share）」という言葉が，微妙に異なる複数の状態の総称になってしまっていることである。山口（2007）は，共有（share）は大別して，異なる三つの状態を指して使われてきたと指摘している（図 4-2 参照）。すなわち，①字句通りに，メンバー個々が保持する認知や行動に共通する部分がある状態，②メンバー個々に考えは異なるのだが，話し合って集団の総意として決定したことがらや，集団全体で保持されている決まりごとについて受け入れている状態，③集団全体で保有する情報をメンバーで分担して保持（分有）するとともに，「それに関する情報なら A さんが知っている」という具合に，誰がどのような情報処理を担当しているのかについてのメタ知識を全員が共通に保

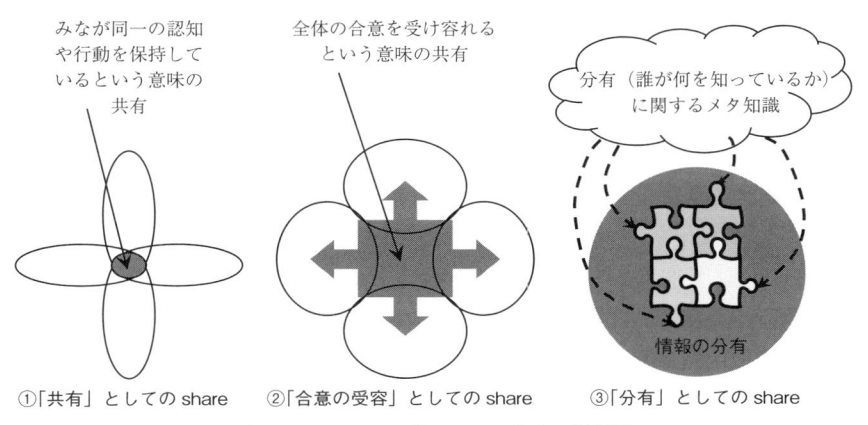

第 4 章　「集団錯誤」の呪縛からの解放への道標

①「共有」としての share　　②「合意の受容」としての share　　③「分有」としての share

図 4-2　"share" の持つ三つの意味の概念図

持している状態の三つである。これら三つの状態は，類似したものではあるが，測定の方法を考える時には，その違いを明瞭に意識しておく必要がある。

さて，それぞれに共有の概念に違いがあることを念頭に置きつつ，どのような測定方法が採られているのか概観していこう。これまでの社会心理学研究の中で，①を扱った代表としては，共有メンタルモデル（shared mental model）の研究が挙げられる（Cannon-Bowers, Salas, & Converse, 1993）。メンタルモデルとは，ある場面に直面した時に心に湧き上がるイメージであり，心的表象の総称である。共有メンタルモデルの研究では，チームのメンバー一人ひとりに，複数の対応行動があり得る事態を提示して，取り得る行動の選択肢の中から，自分が適切だと考えるものを回答させ，チームメンバー間での選択の共通度を算出する方法が採られている。

②を扱った研究の代表は，リターン・ポテンシャル・モデルの方法を用いたものになる。たとえば，講義を受けるために教室に着席する場面を想定させ，授業開始予定時刻の 20 分前から 20 分後まで，5 分刻みで着席時刻を示して，それぞれの時刻の着席行動に関して，自己の所属する集団で受容／拒否されると思う程度を回答させるのである。この時，自分自身の受容／拒否の程度を回答させれば，①に該当する概念を測定することも可能である。リターン・ポテ

ンシャル・モデルでは，単なる回答の平均値のみならず，回答の一致度を計算して結晶度を算出することが試みられてきており，汎用性の高い方法と言える。

③に関しては，トランザクショナル・メモリー（transactional memory）研究が挙げられる（Wegner, 1987）。ここでは，集団の自分以外のメンバーがどのような情報を保持しているのか回答させ，そのメタ知識の正確さや共有度が測定されている。これは集団メンバーによる情報保持に関するメタ知識の共有性に特化して検討するのに適した方法になっている。

ある行動に対する自分自身の主観的な受容あるいは拒否の程度を回答させて，集団全体で集計して分析すれば，集団の中で共有度の高い態度を知ることは可能である。また，自己の所属する集団全体の受容あるいは拒否の程度を推定させることで，メンバーが客体視している集団規範の共通性を知ることもできるだろう。ただ，ここで気がかりなのが，メンバーの主観的な認知を集計する方法が，依然として個人焦点の方法論に基づく取り組みに他ならないことである。つまりは，メンバー個々の認知の中に存在する集団の全体的な心理学的特性を測定することはできても，外から集団を客観視する時に，集団が一つのまとまりある存在として保持している全体的な心理学的特性の測定には至っていないのである。だとすれば，観察に基づく客観的な測定を取り入れた取り組みが重要になってくる。そうした観点から，次に，行動観察によるアプローチについて見てみよう。

4 観察可能な特性に注目するアプローチ

観察は科学の最も基本的な方法である。集団が活動をする過程をつぶさに観察することで，その集団にどのような全体的な心理学的特性が生まれつつあるのか，あるいは備わっているのかを推定することが可能である。ここで留意しておかねばならないのが，推定の過程で不可避とさえ言えるほど発生してしまう認知バイアスの影響である。代表的なものとして，他者の行動を観察して，なぜそのような行動が取られたのか，その理由を考える時，環境や状況などの外的特性よりも，個人の性格や能力などの内的特性のほうに理由を求めてしま

う,「基本的帰属錯誤のバイアス」がある。こうした認知バイアスの存在は,われわれが,他者の行動の原因を素朴にその心に求める傾向を強く持っていることをうかがわせるものである。

　集団が行う意思決定や行動を観察して,その理由を考える時にも,多くの人々が集団の心の存在を素朴に想定してしまうがゆえに,かつて集団心の主張は受け入れられたのであろう。「心の理論」が示すように,われわれは,人間や動物だけでなく,人形やおもちゃのような無機物にさえ心が備わっていると思ってしまうところがあるのである。ましてや,人間が形成している集団に心を想定することは無理からぬことなのかもしれない。しかし,ここで集団心を再主張しても,議論は堂々めぐりを繰り返すだけで終わってしまう。集団の全体的な心理学的特性の研究へと歩を進めるには,集団で取られる行動を観察する際,メンバー個々の行動だけでなく,集団全体で構成される特性にも注目して測定を行うことが大事になってくる。

　集団規範や組織風土,地域文化などは,集団あるいは集合レベルの全体的な心理学的特性の代表であるが,第三者が客観的に観察できる現象そのものが,直接的にそれらの特性を表すものであることは稀である。また,観察可能な現象は全体的な心理学的特性の一部分に過ぎず,観察できない部分にこそ,その本質的特徴が隠れていることも多い。したがって,単に第三者として外部から観察するだけでなく,集団や組織の中に入り込んで一緒に活動する中で,内側からの観察を行う取り組みも大切になってくる。そうした参与観察に基づくアプローチは,レヴィンがアクション―リサーチを標榜することによって発展したグループ・ダイナミックス研究では,古くから行われてきた。参与観察による検討は,仮説生成の取り組みとして位置づけることができるだろう。実証に値する意味のある仮説を生成することは,さらに質の高い研究を進めていく上で重要である。

　とはいえ,参与観察で得られる知見は,観察者の主観に依存する程度が高く,どうしても認知バイアスの影響も強く受けたものとなる。参与観察の結果だけでなく,質問紙法を用いて集団成員の認知を測定し,さらには外から観察し得

る特性を科学的に測定した結果を照らし合わせ，そこから見えてくる関係性を吟味することが大事である．これは，外からの観察に基づいて推定されることの妥当性を，内側から参与観察したり質問紙法による調査を行ったりして得られる結果に基づいて評価することである．また，逆に内側から参与観察したり調査したりして得られる結果は，外からはどのような全体的な現象として観察されるのかを確認する両方向の作業となる．さらには，集団や集合に対して，操作された刺激を与えてみて，そこで示される反応を観察し，測定する実験的な手法をも取り入れて，集団に生成され保持されている全体的な心理学的特性を把握し，その影響性を検証することにつながる．

　社会心理学を個人の内的世界の検討を中心とする矮小化された存在から解き放ち，集団レベル，社会レベルの全体的な心理学的特性の研究をも活性化させていくには，還元主義的方法論，個人焦点の方法論に拘泥せずに，集団そのものを観察し，そこで見られる現象の背景にあるメンバー間の認知と行動の相互作用のダイナミクスとの関係性を検討するアプローチも取り入れるべきである．そのことは長きにわたって社会心理学に絡みついてきた「集団錯誤」の呪縛からの解放につながるだろう．

5　客観と主観を統合するアプローチ――可視化への挑戦的取り組み

　集団を外部から観察して，集団の全体的な心理学的特性を測定し，内部でメンバーが認知している集団の全体特性や，メンバー間の認知の共通性である共有メンタルモデルとの関係性を検討することは，集団の客観と，集団を構成するメンバーたちの主観とを結びつける統合的なアプローチと言えるだろう．まだ試行錯誤のさなかではあるが，こうしたアプローチの研究が進行中である．ここではその概要を紹介して，このアプローチの有益性と課題について議論してみたい．

　集団の全体的な心理学的特性の一つに，集団内のコミュニケーション構造が挙げられる．メンバー間のコミュニケーション行動は，活動が続く中で一定のネットワーク形態を取り始める．代表的なものとしては，一人が中心にいて，

第4章 「集団錯誤」の呪縛からの解放への道標

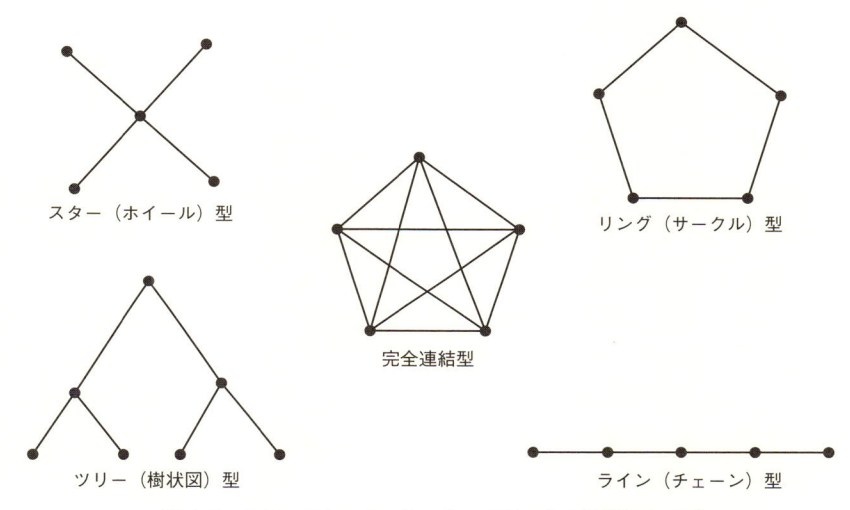

図4-3　コミュニケーション・ネットワークの代表的タイプ

スター（ホイール）型
リング（サークル）型
完全連結型
ツリー（樹状図）型
ライン（チェーン）型

　他のメンバーはこの中心人物を介することで他のメンバーとコミュニケーションを行うスター（ホイール）型や，全員が一列に並んでつながる（両隣の者とだけつながる）ライン（チェーン）型，そのライン型の両端の者がつながることでできるリング（サークル）型，全員が他のメンバー全部とつながっている完全連結型などがある（図4-3参照）。この集団内コミュニケーションのネットワーク構造は，メンバー個々の行動によって構成されるものであるが，集団全体の持つ特性であり，集団に存在する「心理学的場」の特性を何らかの形で反映するものと考えられる。
　対話行動は外部からも観察可能なものであり，メンバーの対話行動を観察して詳細に記録することができれば，それをベースに，集団の中でどのようなタイプのコミュニケーション構造が成り立っているのかをネットワークの形態で可視化してとらえることが可能になる。ただし，素朴に観察すれば測定できるとはいえ，集団のメンバー一人ひとりについて，いつ，誰と，どれくらい，どんな内容の会話を交わしたかを細かく測定し，記録する作業は，きわめて多大

な労力を伴うものであり，また長時間にわたる観察となると，正確な測定を行うことも難しくなる。

　これらの問題を克服して，集団メンバー全員のコミュニケーション行動を，正確に緻密に測定し，記録する装置が開発されている。日立製作所中央研究所が開発し，日立ハイテクノロジーズが提供する「ビジネス顕微鏡」と名づけられたシステム（http://www.hitachi-hitec.com/jyouhou/business-microscope/solution/index.html）がそれである。「ビジネス顕微鏡」は，メンバー一人ひとりに，名刺サイズのセンサー・ノードを装着してもらい，各人のコミュニケーション行動をつぶさに測定するツールである。

　筆者は，ある企業組織の研究協力を得て，実際に測定に携わってみた。センサー・ノードは，全員に一つずつを割りあてて，多くの企業で見られるような社員の身分証明書として，首からかけるペンダント・タイプにして装着してもらった。メンバーは出社してくると充電器からこのセンサー・ノードを外して自分の首にかけ，退社時には外して充電器に戻す。装着している間，センサー・ノードからは，各人の体の向きや誰と向かい合っているかなどの情報が1秒ごとにホスト・コンピュータに送信されていて，誰とも話さず単独で仕事をしていたのか，誰と話をしていたのか，その人が話していたのか，それとも聞き手に回っていたのかを，逐一記録するシステムになっている。このデータを解析することで，組織全体として，メンバー間コミュニケーションはどのようなネットワーク構造を持つのかを把握することができる。グラフ理論を用いて図式化するとともに，多様な定量的分析も可能になる。

　この「ビジネス顕微鏡」を使った測定を3か月にわたって行うとともに，さらに組織現場の協力を得て，次のような測定内容の質問紙調査を実施した。質問紙の中でたずねたのは，チームの対人関係の円滑さや目標達成への意思の強さ，管理職のリーダーシップ，またチーム内の連携や相互支援，情報のフィードバック，仕事の相互調整などのチームワーク変数，さらには職務満足感などの心理変数について，自己の所属するチームはどのくらい優れていると感じるかの評価である。加えて，組織上層部管理職たちに依頼して，以上の変数につ

第4章 「集団錯誤」の呪縛からの解放への道標

いて，外部から（上層部から）各チームに対する評価を行ってもらった。併せて，各チームの目標達成度などのパフォーマンス変数も客観指標として提供してもらった。この研究の詳細については，田原ら（2010）が学会で発表している。

　データの分析結果は，予想したものとは一部で異なっていた。これまでの社会心理学の研究では，コミュニケーションが活発で，メンバー全員が相互作用するような（完全連結型ネットワークの）集団は，そうではない集団に比べて，集団内の対人関係は円満で，職務遂行に対する使命感やモチベーションも高く，チームワークも優れているものと想定されてきた。しかし，この研究の結果では，メンバー間のコミュニケーションが少なく，相互作用は特定の他メンバー（特に管理職）とのやりとりに限られている集団ほど，集団内の対人関係や職務モチベーション，そしてチームワークの評価は高いことが示された。さらには，そうした集団は，客観評価の指標である上層部からのチーム評価，およびチームの目標達成度も高いことが明らかになった。

　「優れたチームほど活発なコミュニケーションを行っている」という事前に持っていた予測とは異なる結果が得られたが，集団の課題特性と課題習熟度を顧慮すると，納得の行く結果と言える。調査対象の集団は，職務遂行と目標達成を目指してメンバーが集められている集団であり，チームと呼ぶべき性質を強く持っている。そのため，優れた集団ほど，効率的な職務遂行を可能にするコミュニケーション行動を取るようになると考えられる。他メンバーとのコミュニケーションについては効率的に必要最低限の時間を取ることで，自分自身の職務遂行に集中する時間をより多く確保することが可能になる。また，自己の遂行した職務がチーム全体の成果として統合されることを念頭に置けば，全体を見渡して仕事を進めている管理職とのコミュニケーションが中心になる。管理職以外の他メンバーとのコミュニケーションは，前述したように必要なものにとどめることになる。

　もっとも，チームが形成された初期時点から，そのような効率的なコミュニケーションが成立していたとは考えにくい。実際には，初期時点では，従来から指摘されてきたような全員が相互作用する活発なコミュニケーションが行わ

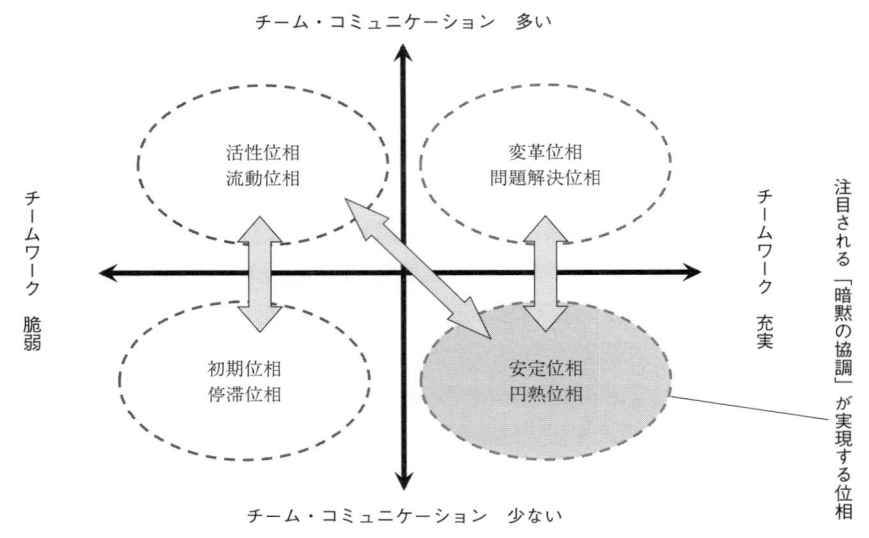

```
                    チーム・コミュニケーション　多い
                              ↑
         ┌─────────┐   │   ┌─────────┐
         │ 活性位相 │   │   │ 変革位相 │
         │ 流動位相 │   │   │問題解決位相│
         └─────────┘   │   └─────────┘
                ⇕   ⇖  ⇕
 チームワーク ←──────────┼──────────→ チームワーク   注目される「暗黙の協調」が実現する位相
    脆弱                │                  充実
         ┌─────────┐   │   ┌─────────┐
         │ 初期位相 │   │   │ 安定位相 │
         │ 停滞位相 │   │   │ 円熟位相 │
         └─────────┘   │   └─────────┘
                              ↓
                    チーム・コミュニケーション　少ない
```

図 4-4　チームの発達段階とチーム・コミュニケーションの様相に関する仮説のモデル
チーム・コミュニケーションの多さとチームワークの充実度は直線的関係ではなく，チームの発達過程および直面する課題の性質に応じて四つの位相間を移動する関係にあるだろう。

れていたのが，業務に習熟するにつれて，今回の調査結果で見られたような様相を示すようになるものと思われる。

　質問紙法による調査を実施した時期は，課題プロジェクトの開始から3か月近く経過しており，すでにチーム・コミュニケーションの基盤となる形が整った後だったと推測される。視点を逆転させれば，チーム形成から十分な時間と業務経験が経過した段階になっても，多くのメンバー間でコミュニケーションを盛んに取っているようでは，チームワークもチーム・パフォーマンスも，それほど優れたチームにはなっていないということなのかもしれない。ここで提示した考察は，図4-4に示すような次なる研究の仮説導出につながる。

　もちろん，方法論としては大雑把で荒っぽいところが残っており，さらに精緻化が必要である。また質問紙調査によって得た結果は，あくまでも回答者の主観に存在する認知バイアスの影響を排除できない。質問項目は，回答者が調

査者の期待に応えるような回答をしようとする傾向（実験者効果）ができるだけ起こらないように構成する必要もある。さらには，行動観察とは言っても，どんな内容のやり取りが交わされたのか，そのコミュニケーションの中身の性質については測定できていなかった。質問紙調査の時期は職務プロジェクトの終盤に1回だけであったが，開始時期から複数回の調査を実施して，時系列的な検討を加えることも重要課題である。

　集団を対象とする心理学的研究は，グループ・ダイナミックスのブレイク・スルーはあったものの，その後も，集団錯誤の批判による個人焦点の方法論の呪縛に深くとらわれてきた。心理学である以上，個人の内的世界の探究は社会心理学の中心命題であり続ける。しかし，終わらない宗教紛争や民族紛争などの社会的紛争，地球温暖化をはじめとする世界中に広がる環境問題，経済的互恵主義がやすやすと国境を越える一方で国民どうしの感情には敵対心や差別が渦巻く国際関係など，世界が混沌とした様相を呈する中で，ミクロ・レベルの要素である個人の心理や行動が，どのように相互作用して，前述のようなマクロ・レベルの社会現象を作り上げているのかを検討する研究の必要性も一段と高まっている。

　社会心理学研究に期待されていることの一つに，そうした社会問題の解決に向けた処方箋（prescript）を提供することがあるだろう。正しくて効果的な処方箋を提供するための取り組みを進めるためにも，ミクロとマクロのダイナミズムを探究する取り組みは不可欠である。集団に関する社会心理学研究も，集団錯誤の自己呪縛を解き放つべき時を迎えている。そのための方法論は一つに限定するのではなく，複数のアプローチを組み合わせ，統合させていく工夫が大切になってくるだろう。

引用文献
Allport, F. H. (1924). *Social psychology*. Houghton Mifflin.
Asch, S. E. (1951). Effects of group pressure upon the modification and distortion of judg-

ments. In H. Guetzkow (Ed.), *Groups, leadership, and men*. Carnegie Press. pp. 177-190.
Asch, S. E. (1955). Opinions and social pressure. *Scientific American*, **193**, 31-35.
Cannon-Bowers, J. A., Salas, E., & Converse, S. (1993). Shared mental models in expert team decision making. In N. J. Castellan, Jr. (Ed.), *Individual and group decision making: Current issues*. Lawrence Erlbaum Associates. pp. 221-246.
Cattell, R. B. (1948). Concepts and methods in the measurement of group syntality. *Psychological Review*, **55**(**1**), 48-63.
Durkheim, E. (1897). *Le suicide: Etude de sociologie*. (宮島喬（訳）(1985). 自殺論　中央公論社）
Festinger, L. (1954). A theory of social comparison processes. *Human Relations*, **7**, 117-140.
Festinger, L. (1957). *A theory of cognitive dissonance*. Stanford University Press.
Heider, F. (1944). Social perception and phenomenal causality. *Psychological Review*, **51**(**6**), 358-374.
Heider, F. (1958). *The psychology of interpersonal relations*. Wiley.
Jackson, J. M. (1960). Structural characteristics of norms. In G. E. Jensen (Ed.), *Dynamics of instructional groups*. University of Chicago Press.
Janis, I. (1972). *Victims of groupthink*. Houghton Mifflin.
亀田達也・村田光二 (2010). 複雑さに挑む社会心理学——適応エージェントとしての人間　有斐閣
Katz, D., & Kahn, R. L. (1978). *The social psychology of organizations*. Wiley.
Kogan, N., & Wallach, M. A. (1967). Risky-shift phenomenon in small decision-making groups: A test of the information-exchange hypothesis. *Journal of Experimental Social Psychology*, **3**(**1**), 75-84.
Le Bon, G. (1895). *Psychologie des foules*. (桜井成夫（訳）(1956). 群衆心理　角川書店）
Lewin, K. (1947). Frontiers in group dynamics. *Human Relations*, **1**(**2**), 143-153.
Lewin, K. (1951). *Field theory in social science: Selected theoretical papers*. Harper.
McDougall, W. (1920). *The group mind: A sketch of the principles of collective psychology with some attempt to apply them to interpretation of national life and character*. Cambridge University Press.
Milgram, S. (1977). *Obedience to authority: An experimental view*. Harper & Row.
Moscovici, S., & Zavalloni, M. (1969). The group as a polarizer of attitudes. *Journal of Personality and Social Psychology*, **12**(**2**), 125-135.
Premack, D., & Woodruff, G. (1978). Does the chimpanzee have a theory of mind? *Behavioral and Brain Sciences*, **1**(**4**), 515-526.
Sherif, M. (1936). *The psychology of social norms*. Harper.
Steiner, I. D. (1974). Whatever happened to the group in social psychology? *Journal of Experimental Social Psychology*, **10**(**1**), 94-108.
Stoner, J. A. F. (1968). Risky and cautious shifts in group decisions: The influence of widely

held values. *Journal of Experimental Social Psychology*, **4**(**4**), 442-459.
田原直美・三沢良・荒宏視・矢野和男・山口裕幸 (2010). チーム・コミュニケーションとチームワークとの関連に関する検討――チームレベルの分析 日本グループダイナミックス学会第57回大会発表論文集.
Thompson, L. L., Levine, J. M., & Messick, D. M. (1999). *Shared cognition in organizations: The management of knowledge*. Lawrence Erlbaum Associates.
Wegner, D. M. (1987). Transactive memory: A contemporary analysis of the group mind. In B. Mullen & G. R. Goethals (Eds.), *Theories of group behavior*. Springer-Verlag. pp. 185-205.
White, R. K., & Lippitt, R. (1960). *Autocracy and democracy: An experimental inquiry*. Greenwood Press.
Wundt, W. (1900-20). *Völkerpsychologie: Eine Untersuchung der Entwicklungsgesetze von Sprache, Mythus und Sitte,* 10 Bde. (平野義太郎 (訳) (1938). 民族心理より見たる政治的社會 民族學研究, **5**(**2**), 226-227.)
山口裕幸 (2007). 集団過程におけるメタ認知の機能――メンバー間の認知, 感情, 行動の共有過程に注目して 心理学評論, **50**(**3**), 313-327.

第5章　社会心理学によそから期待したいのだが……

戸田山和久

　現代のココロある哲学者（つまりワタクシ）がぜひとも成し遂げたいと思っているプロジェクトを遂行するには，社会心理学の助けが不可欠なのだが，「集団心」を忌避する現行の社会心理学ではちと足りない。社会心理学の対象と方法の拡張が切に望まれる。……こういったことを示すのが本章の目的だ。

　ここで取り上げる哲学的プロジェクトは，第一に，認識論・科学哲学の分野にかかわるもの，第二に，技術者倫理・企業倫理の分野にかかわるものの二つである。先回りして述べてしまえば，前者では集団知，後者では集団的意思決定が本質的に重要な要素になる。だから，社会心理学との連携が期待されるのだが，困ったことに，現在の社会心理学は集団を正面から扱っていないように見える。これが本章の表題に込められた意図だ。

1　自然化された科学哲学は集団心の社会心理学を待っている

　まずは，認識論・科学哲学の分野において社会心理学との連携が望まれる事情から説明しよう。「認識論」あるいは「知識論」と呼ばれる分野は，形而上学，価値論と並ぶ哲学の三本柱の一つで，次の二つの問いを扱ってきた。①知識とは何か，つまりある何かが「知識」であるためにはどういう条件を満たしていなければならないか。②よりよい知識をもっとたくさんもっと効率的に手に入れるためにはどうすればよいか，つまり知識獲得のための方法論はどういうものか。認識論は古代ギリシアの昔から続く二千数百年の歴史を持つ哲学の老舗なのだが，認識論の進歩がひどくゆっくりしている一方で，それよりはるかに速い勢いで知識のあり方自体が変化してしまった。17世紀に近代科学が生まれ，19世紀にそれが技術や国家体制と結びつき，20世紀には「科学技術」が人間の持ち得る知識の最も重要なものであり，また知識の典型とされるよう

になったのである。このため，古典的な認識論は賞味期限が切れてしまった，と私には思われる（戸田山, 2002a）。

古典的認識論の知識観とその特質

ここで私が「古典的認識論」と呼んでいるものによると，典型的には知識は次のように定義される。

【定義】AさんがPということを知っている⇔
① AさんはPだと思っている（信じている），かつ
② Pということが実際に成り立っている，かつ
③ AさんはPだと信じるに足る理由（正当化）を持っている

このように定義された知識は，「正当化された真なる信念」と言われる。②の条件が必要なのは，明らかに間違っていることについては「知っている」とは普通言わないからだ。われわれは「彼は水が炭素でできていることを知っている」とは言わない。「彼は水が炭素でできていると思っている」と言う。一方，③の条件は，まぐれあたりの信念を知識から排除するために置かれている。私が，何となく冷蔵庫にビールが入っているように思って（①が満たされる），実際に開けてみたらビールが入っていた（②が満たされる）としても，「私は冷蔵庫にビールがあるのを知っていた」とは言えない。まぐれあたりに過ぎないからだ。「知っていた」と言えるためには，冷蔵庫にビールがあると思うための何らかの証拠・根拠が必要である。たとえば，さっき家族がビールを冷蔵庫に入れているのを見たとか，家族が「冷蔵庫にビールがあるよ」と言うのを聞いたとか。

古典的認識論は，おおむねこのように知識を定義した上で，認識論の第二の課題に取り組む。自分の知識体系がよりよいものであるためには，知っていると思い込んでいるものの中に，証拠や根拠で十分に正当化されていないものが混ざっていてはいけない。そこでまず，知っていると思っていることがらを一つひとつ取り上げて，それがどのような証拠に基づいているかをチェックしよう，ということになる。「冷蔵庫にビールがある」と思っているけど，それに

第5章　社会心理学によそから期待したいのだが……

証拠はあっただろうか。あるある。さっき，息子がビールを冷蔵庫に入れているのを見た。いやしかし，私は「息子がビールを入れているのを見た」と思っているだけだ。これにも証拠があるだろうか。あるある。私は寝ぼけていなかったし，私の視力に異常はない。いやしかし，私はそう思っているだけかもしれない。これにも証拠があるだろうか……。とまあ，こんなふうにどこまでも続けていく。基本的には，あの有名な R. デカルトの「方法的懐疑」というやつも，こうしたプロセスの変種の一つだ。しかし，こんなことが本当にできるのだろうか。

　古典的認識論は，知っていると言えるためには，①信念を正当化する根拠をその本人が持っていること，そればかりか，②その正当化根拠を本人が自分の意識に上らせることができること，を要求している。①を個人主義，②を内在主義と呼んでおこう。しかし，どちらもありそうもない想定ではないだろうか。こうした知識の内在主義と個人主義をそれぞれ疑うことから，現代の認識論，あるいは古典的認識論の解体・再構築の作業は始まったのである。

認識論の外在主義化
　まずは，知識の内在主義を疑ってみよう。先ほどのチェック作業で，「私の視力に異常はないはず」という信念のところで止めておいたが，この信念の根拠を私は持っているだろうか。とりわけ，心に抱かれる信念として持っているだろうか。「私の水晶体にはにごりがないし，網膜剥離もないし，視神経も異常なし，脳の視覚野も大丈夫……」なんてことを私は知らない。こうしたことを知りたかったら，人間ドックに行かないとダメだ。でも，こうしたことを知っていて，それを根拠にして初めて「冷蔵庫にビールが入っている」ことを知っていると言ってよい，というのが内在主義なのである。どこかおかしい。
　内在主義は，私たちが自分の心の中をのぞいて，自分の思っていることの根拠はこれだ，その根拠の根拠はこれだ，という具合に見つけ出してチェックできること（哲学では反省能力と言う）を要求する。つまり，私たちは自分の心の中をすみずみまで意識に上らせることができるという前提を置いているのであ

97

る。これこそ，近年の心理学研究によって，と言うより，心理学研究が存在するという事実そのものによって否定されてきたことがらではないだろうか。私たちにとって自分の心で何が起きているのかほど見えにくく，また誤解しやすいものはない。それを知るには科学の力が必要なのだ。

認識論の自然化

知識についてこうした内在主義の立場を放棄すると，知っているために持つべき正当化を，本人が意識できる形で持っていなくてもよいことになる。こうした立場を知識の外在主義と言う（cf. Armstrong, 1973; Goldman, 1967, 1979）。水晶体ににごりがなく，視神経も異常なく，脳の視覚野も大丈夫，ということを私が知らなくても（私が幼児だったり，大昔の人だったら知りようもない），事実として，私の視覚系がちゃんとしていれば，私は視覚を通していろいろなことを「知っている」と言ってよい，という立場だ。

このことは，とりわけ動物の知識についてはよくあてはまる。動物行動学や霊長類学では，当然のように動物が知識を持つことを前提する。「この猫は，あそこの家に怖い犬がいることを知っている」などと，私たちは普通に言う。これは擬人法なのだろうか。そうではない。その猫の感覚系や記憶メカニズムがちゃんと働いているならば，その猫はこうしたことを知っていると言ってよいはずだ。猫には，証拠を挙げたり思い浮かべたりする能力や，そもそもあることがらが別のあることがらの証拠になるという概念がなかったとしても。私たちは，知識を人間特有の現象としてではなく，まずは，動物とも共有する自然現象として理解すべきなのだ（Kornblith, 2002; 戸田山, 2007a）。

さてそうすると，誰かがしかじかを知っていると言ってよいかどうかという問いに答えるには，その誰かさん（人間でも動物でも）の知覚や心理的情報処理のしくみがどうなっているかについての理解が不可欠になる。つまり，認識論をするには科学の知見が必要になるというわけだ。しかし，このことこそ，認識論哲学者がずっと抵抗してきたことなのである。なぜだろう。

それは，認識論は科学に基礎づけを与えるためにやるものだと考えられてき

たからだ。哲学による科学の基礎づけという課題は，17世紀つまり近代科学がまさに生まれようとする時代にはリアルな課題だった。なぜなら，自然の奥底にある数理的構造をとらえようとか，科学上の命題は議論して決着がつくものではなく実験や観察で確かめなければならないといった考え方は，今では常識かもしれないが，当時はちっとも常識ではなかった。したがって，科学を始める前に（というより始めつつ），自然についての知識を得るためには，なぜ数理的方法や実験・観察が必要かつ有効なのかを明らかにしておく必要があった，というわけだ。その役割を期待されたのが，認識論に他ならない。このような，認識論が科学に先立つという考え方を「第一哲学の理念」と呼んでおこう。

　第一哲学の理念によれば，認識論に科学の知見を使うなど，あべこべでお話にならない，ということになる。でも，近代科学はとにもかくにも始まってしまった。そして，数百年を経た現代では，いろいろ問題はあるものの，自然界について体系的な知識を獲得する活動としては，とてつもなく成功した知的伝統になっている。このようなご時世に，認識論が科学の基礎づけをしますよ，というのは時代錯誤も甚だしい。

　こうして現れたのが，「自然化された認識論」というプロジェクトだ (Kornblith, 1994)。最初に言い出したのは，W. v. O. クワインというアメリカの哲学者である (Quine, 1969)。要するに，認識論の役割を変えてしまえ。そして，科学の助けを借りて認識論をやろう，というわけだ。クワインによれば，認識論の課題は，感覚という「貧弱な入力」から，いかにして科学的世界像という「奔流のような出力」が生まれるのかを明らかにすることにある。こうして，「認識論は心理学の一章になる」。

　私は，認識論の自然化というアイディアには全面的に賛同しているが，認識論が心理学の一章になるとは思っていない。むしろ，認識論は心理学を重要なパートナーとする，もっと学際的な営みになるべきだと考える。その理由は次の二つだ。第一に，クワインが考えていたような「知識がどのように生まれるのか」という課題に加えて，認識論にはもう一つの課題がある。つまり，よりよい知識を得るにはどうすべきか，という方法論的問いである。この問いは，

どんな知識が「よい」のか，どう「すべき」なのかにかかわるので，価値や規範についての問いだと言える。これは哲学独自の問いに見える。たとえば「すでに知られていることがらを説明するだけの理論より，新奇な予言をする理論を採用すべし」という科学の方法論的規則は，命令の形をしているため，真とか偽になれるものではない。一方，科学は事実（真偽）にかかわる。だから，科学が明らかにしてくれる事実についての知識をいかに使っても，命令に保証を与えるという課題は果たせそうにない，と思われてしまう。

　しかし，私も含め，ある種の自然主義者は，こうした方法論的規則の正当化にも科学的知見の助けが必要だと考える。科学の方法論的規則は，見かけは「xすべし」という形（定言命法）をしているが，本当は「yを目的とするのならxすべし」という形（仮言命法）をしたものと理解すべきである。このように仮言命法の形式に書き改めると，方法論的規則は，「xすることはyを促進する」ということを前提していることになる。したがって，もしこの前提を危うくする強い証拠があれば，それは同時にもともとの方法論的規則を斥ける強い根拠にもなる。ここで重要なことは，xすることがyを促進するかどうかは，事実の問題だということだ。これは，自然界や人間の認知のつくりが，xがyを促進するような具合にできているかどうかによって決まる。このように，規則がまともかどうかは，この世がどうなっているかについての科学的知見に依存する。方法や規範にかかわることがらだからと言って，科学を超えた特別な領域に属する知識ではない。こうした考え方は，規範的自然主義と呼ばれている（ラウダン，2010）。とは言うものの，現実の心理学は規範的問いを問うことにそんなに熱心ではないので，規範的問いは心理学の助けも借りながら問うべき学際的問題ということになるだろう。

　認識論が心理学の一章になってしまうことはないだろうと考える第二の理由は，「貧弱な感覚入力から，科学的世界像という奔流のような出力が生まれる」（Quine, 1969）という科学観ってどうなの？　という疑問と結びついている。これについては次項で扱うことにしよう。

認識論の社会化

　先に，古典的認識論の第二の特質として，信念を正当化する根拠をその本人が持っていることを求める「知識の個人主義」を指摘した。しかし，こうした個人主義は知識の最も重要な例である科学的知識にはあてはまらない。実際，科学における正当化の構造はきわめて集団的だ。単純化したモデルで示すならば，科学的知識は典型的には次のように正当化される。

① 　科学者Aはmを知っている。
② 　科学者Bはnを知っている。
③ 　科学者Cは，科学者Aがmを知っているということと，mならばoであることを知っている。
④ 　科学者Dは，科学者Bがnを知っているということ，科学者Cがoを知っているということ，nかつoならばpであるということを知っている。
⑤ 　科学者Eは，科学者Dがpを知っているということを知っている。

　この5人の科学者の知っていることをすべて合わせると，pが帰結する。しかし，pを正当化する四つの証拠（mであること，nであること，mならばoであること，nかつoならばpであること）をすべて持っているメンバーは誰一人としていない。こうした状況を認識論的依存と言う。このような時，pという知識を持っているのは誰か。まあ，DとEだ，と言ってよいかもしれない。しかし，だとしても，pの正当化はどこにあるのだろうか。DもEも自分の知っていることを正当化する証拠を，他の人に頼っている。ここでは，知っているからには，その知っている本人がその正当化を持っていなければならないという，個人主義的な前提が成り立たない（Hardwig, 1985）。

　明らかに，少なくとも正当化については知識の個人主義を捨てる必要がある。近代科学は，きわめて集団的・社会的な営みである。その傾向は現代に近づくにつれ，いっそう加速した。科学は，他の人が明らかにしたことをとりあえず疑わずに受け入れることによって進んでいく。自分の使っている統計手法や観測機器が信頼できるものだという正当化は，統計学者や開発技術者に任せて，物理学者や心理学者たちはそれらの手法や機器を使う。これらをユーザーたる

個々の科学者が一から正当化し始めたら，科学の進歩は止まってしまう。

　ところが，古典的認識論はこうした科学の社会的分業に無関心だった。そうなってしまった原因の一つには，デカルトの議論があったろう。デカルトは『省察』で，科学的知識の基礎づけ作業に乗り出す。その際に彼が用いた手段が「方法的懐疑」だった。科学知識の全体を支える不可疑の基盤を探すために，ちょっとでも疑いを差し挟むことができるものは信じないことにしよう，という方法である。この方法によって，他人の存在が，疑い得るものとして真っ先に科学の基礎から排除されてしまったのである。こうして，古典的認識論は個人の知識の分析にのめり込んでいった。そのため，認識論は最も扱いたかった科学的知識をうまく扱えないという皮肉な結末になってしまう。

　古典的認識論，つまり近代哲学の中核的部分が，科学の社会性を隠蔽しつつ科学的知識を基礎づけるために案出したものが「主観」という摩訶不思議な概念装置である。哲学に入門したばかりの学生が自然に抱きがちな疑問は，「主観」って何なのか，「主観」って一人の心のことなのか，という問いである。しかし，この疑問に満足の行く答は決して得られない。主観は，心理学が研究対象にしているような「経験的な心」ではないと言われるのが落ちである。じゃ，何なのさ。

　「主観」がこのようなよくわからないものになるのはなぜか。その原因を推測するなら次のようになる。近代の認識論が相手にしたかった知識の典型は科学的知識だった。そして，科学は徹頭徹尾，集団的・社会的な営みである。一方で，認識論は個人の心をモデルにしてスタートした。「主観」は，科学者共同体を，あたかも個人の心のようにモデル化したものであり，集団的科学と個人主義的認識論のアマルガム（合成物）だと見なせる。

　たとえば，I. カントがやっていたことは，ニュートン力学という科学的認識が可能になるためのタスク・アナリシスだったと言えるだろう（戸田山，2007b）。科学的認識は，本当は個人の心の中で起こるプロセスではないのに，カントはそれをあたかも一つの心の中のプロセスであるかのように描いた。それが超越論的主観である。

第5章　社会心理学によそから期待したいのだが……

　重要なのは，現代の認識論者も基本的には個人の知識を分析する傾向が強く，たとえ認識論を外在主義化・自然化してもその傾向は変わらない，という点だ。認識論の自然化の行き先である心理学も，認識論に負けず劣らず個人を単位とした研究に傾きがちだからである。たとえば，クワインのように，単に認識論を認知心理学の一部とする方向で自然化しただけでは，科学の社会性・集団性を十分に扱うことはできない。「貧弱な入力からどのような認知メカニズムで奔流のような出力が生み出されるのか」という問いの形式は，二次元の網膜像を入力としてどのようにして三次元の知覚像が出力されるのか，というような個人単位の視覚認知の場合にはぴったりあてはまる。しかし，科学的知識の生産はおそらくこのようなものではない。個人が「科学的思考法」や「発想法」を身につけても，それで科学的知識が生み出されはしない。その人は科学者の集団，つまり認識論的依存のネットワークに組み込まれねばならない。

　近年では，心理学どころか，神経科学と科学の認識論とを接合する試みが生まれてきているが，これはある意味で当然のことながら，むしろ個人主義的傾向を加速させている。P. M. チャーチランドのコネクショニズム的科学哲学がその典型例だ。チャーチランドは，科学理論を，神経回路網におけるシナプスの重みづけパターンが実現する，高次元活性化空間内のベクトルと同一視する (Churchland, 1989)。その上で，これまでの科学哲学で論じられてきた「よい理論・説明とは何か，科学はどのような方法によって進めるべきか」，すなわち認識論的規範を，プロトタイプ活性化モデルの枠組みで解釈し直そうとする。たとえば，「新しい経験的データを得る手段として競合する理論を増やすべし」という方法論的戦略が，プロトタイプ活性化モデルの帰結として正当化される (Churchland, 1992)。この意味で，チャーチランドの神経科学的科学哲学は，規範的自然主義の最もラディカルな変種の一つだと言えるだろう。どんな規範が有効か，そしてなぜ有効なのかについての説明が，神経回路網の構造とふるまいについての科学的知見に依存しているからである。

　にもかかわらず，チャーチランドは，科学が集団的な営みだということを無視ないし軽視している。そこでは，科学的説明も科学的推論もすべて一人の科

学者の脳の中で起こる話であるかのように叙述される。この意味で，きわめて強い方法論的個人主義の色彩を帯びていることは否定しがたい（戸田山, 1999）。

　というわけで，認識論・科学哲学を自然化しただけでは足りない。それらは同時に社会化されねばならない。個人をノード，あるいはモジュールとするような，集団全体での知識生産過程を扱う認識論が必要だ。そこで，社会心理学に期待を寄せることになるのだが……。現行の社会心理学はこの期待に応えてくれるだろうか。個人が社会・他者をどのように認知しているか，あるいは，社会がどのように個人の認知に影響するのか，という研究主題は，たしかにそれ自体興味深いし，科学者集団における個人のふるまいを理解するためには重要な知見をもたらすだろう。私はそれを否定しない。しかし，科学哲学の十全な自然化・社会化のためには，これだけでは明らかに不足なのである。それはなぜか。

認識論の脱心理主義化

　前項で扱った認知的依存の例では，正当化の持ち主は5人の誰とも言えず，集団全体が分散的に正当化を所有しているとしか言いようがないが，pという知識はDあるいはEのもの，と言えそうに思われた。つまり，正当化については認識論の社会化が必要だが，知識の持ち主はやっぱり個人，ということでよさそうに思えた。この限りでは，個人はどのような条件が満たされた時，他者を信頼するか，とか，盲目的な信頼・服従はどのようなメカニズムで生じるか，といった従来型の社会心理学的知見でも，十分に認識論の社会化に寄与し得ることになる。しかし私は，知識の持ち主に関しても，もう個人主義は捨てたほうがよい，と考える。知識は個人の心に宿る心理状態の一種であるという考え方そのものがどうも怪しくなってきているからだ。

　例を挙げよう。2003年にヒトゲノム計画が終了し，ヒトDNAの全塩基配列が決定された。これは人類にとってきわめて貴重な知識である。しかし，ヒトDNAの全塩基配列についての知識が，誰かの頭の中にあったことが一度もあるだろうか。そんなことはない。この貴重な知識は，データベースの中に

第5章　社会心理学によそから期待したいのだが……

ある。個々の生物学者の頭の中には，そのデータベースの利用法や，DNA分子の構造と機能についての一般的な知識があるだけだ。それにもかかわらず，ヒトDNAの塩基配列は，「人類が新しく知ったこと」ではないだろうか。そして，人類はその知識を，遺伝病の治療や人類の進化の解明など様々なことに活かすことができるのではないだろうか。

　古典的認識論では，知識は「正当化された真なる信念」と定義された。この「信念」は個人の頭の中に宿る心理状態である。塩基配列についての知識の事例が意味するのは，このように知識を「ある条件を満たす心理状態」と考えることがいかに的外れであるかということだ。信念は，おそらく知識を実現する一つの形に過ぎない。知識は，もちろん個人の心に宿ることもあるが，集団にも宿ることができるし，データベースや書物や制度や工業製品といった人工物にも宿ることができるものとしてとらえるべきだろう。つまり，知識の概念は脱心理主義化される必要がある。

　また，現在多くの研究でSPSSなどの統計解析ソフトが使われている。このソフトを使えば，因子分析などお茶の子さいさい。因子分析って何だっけ，どうやるんだっけ，という心理学の学生でも，SPSSを使えば，因子分析によるデータ解析に基づく論文が書ける（これがよいことか悪いことかは別として。きっと悪いことなんだろう）。このとき，因子分析という方法が，頭の中に入っている必要はない。ソフトウェアの中に置いておけばよい。

　コネクショニストの科学哲学者，W. ベクテルは，理論をまずもって脳内に位置づけ，説明的理解を内的な認知活動に局所化するチャーチランドを批判している（Bechtel, 1996）。その際にベクテルが典型例に挙げるのは筆算だ。私は3桁かける3桁のかけ算を暗算で行うことはできない。だから紙の上の数字という外的表象を使う。複雑な計算はこのようにして初めて人間にとって可能になる。ここで次の三つの点に注意しなくてはならない。まず第一に，問題を解くということは外的表象との相互作用を含む。第二に，外的表象の助けを借りることで，作業をいくつかのより単純なサブタスクに分けることができる。それが可能なのは，外的表象には，時間が経っても消えたり変わったりしないと

いうような，心的表象にはない都合のよい特質があるからだ。第三に，外的表象によって，作業を行う主体が頭の中に持っていなければならないものはわずかなものですむ。かけ算を行う時に，かけ算の理論の全体を頭の中に入れておくことは必要ない。むしろ，外的表象をどのように操作するかということのスキルがあればよい。

　ベクテルは，自然言語で述べられた理論，あるいは図示されたモデルもこうした外的表象の一種だと考える。それは頭の中にある心的表象を写し取ったものなのではない。むしろ紙の上に数字を書くことが計算という活動の一部であるように，外的表象としての理論やモデルの操作は，現象の説明的理解を獲得する認知活動の一環なのである。そうすると，説明とは，認知主体と外的表象の双方を含むインタラクティブな活動であり，脳の中で生じる出来事とは限らないことがわかる。

　以上のことが示唆しているのは，知識だけでなく，知識を生み出す方法も，知識の表象も個人の頭の中にあるとは限らない，ということである。とりわけ，知識生産では人工物が大きな役割を果たしている。これまで，人工物は人間の頭の中にある知識を外に出したもの，あるいはそういう知識を使って作られた最終産物と位置づけられてきた。そうではなく，人工物は，時には知識を生み出すものでもある。私たちは，知識の担い手と知識生産の主体を，科学者個人ではなく，まずは多数の個人からなる集団，それどころか，人間集団と外部表象，制度や機械などの人工物との複合体と見なすべきだろう。十全に自然化・社会化された科学認識論のためには，こうした「複合体の心」による認知プロセスを正面から扱える科学が必要である。「集団心」を正面から扱えるよう方法論的に強化された社会心理学は，そうした科学の中核部分をなすことになる。少なくとも，科学が完全に機械化・自動化されず，人間が科学にかかわり続ける限りは。

2　現実に有効な技術者倫理は集団心の社会心理学を待っている

　前節では，哲学者とはいえ，いささか大風呂敷を広げすぎた感がある。そこ

で，社会心理学とのコラボレーションが期待される，第二の哲学的プロジェクトへと話題を移そう。こちらのほうがより地に足のついた話になる。

技術者倫理の本質と現状

「技術者倫理」ないし「工学倫理」と呼ばれる分野がある。これは単に技術者やその卵に対して「人の道」を説くことを意味するのではない。技術者の仕事にはある特殊性があって，それゆえに個人が個人に対して何かをする（約束する，嘘をつく，暴力をふるう）といった状況をデフォルトとした通常の倫理学がうまく妥当しない。そのため，技術者の役割と機能，社会との関係に特化した倫理学分野の必要性が認識され，生まれてきた分野である。その特殊性は，次の二点にまとめられる。第一に，技術者は彼らがデザインした人工物を介して，不特定多数の顔の見えない公衆に影響を及ぼす。しかも，科学技術の影響はきわめて広い範囲に及ぶ。技術者は，社会や人間関係や未来世代のあり方までも根底的に変えてしまう可能性のある製品を生み出す。それがどのようなリスクを社会にもたらし，社会はどの程度のリスクを受容し得るかということを，個々の技術者はその場その場ではほとんど判断できない。原子力発電所とその事故のことを思い浮かべればこのことは明らかだろう。第二に，技術者が個人で重要な意思決定を行うことはそれほど多くない。通常は，複数の技術者がチームを作って仕事し，設計上の意思決定も集団的になされることが多い。したがって，個々の技術者がどんなに「よい人」であっても，集団としては愚かで非倫理的なふるまいをすることが十分にあり得る。「個人対個人の倫理」と対比させて表現するなら，技術者倫理は，本来は「集団対公衆の倫理」なのである（黒田・伊勢田・戸田山, 2012）。

したがって，技術者倫理の目的は，技術者にお説教を垂れて「よい人」に改造することにあるのではない。そんなことの片棒を担げと言ったら，良識的な心理学者は尻込みするだろう。むしろ，技術者倫理は，技術が公衆の安全と福利への貢献という本来的な機能を果たせるような，組織や制度を設計することを目的としている。つまり，技術者倫理自体が一種の工学なのである。自然化

された科学哲学が「科学の科学」を目指すのと類比的に，技術者倫理は究極的には技術をコントロールする技術を目指す，「工学の工学」と言えるだろう。

　本来は集団対公衆の倫理である，と限定をつけたのは，技術者倫理が置かれている現状を理解するための一つの重要なポイントと関連する。それは，現行のスタンダードな技術者倫理が，アメリカ産で，しかも，技術者の社会的地位向上運動の一環として発展してきたという事実だ（杉原, 2002; 戸田山, 2007c）。技術者の地位向上運動とリンクしてきたという歴史的事情を反映して，アメリカにおける技術者倫理は，技術者を，医師や弁護士のような倫理綱領を持った個人経営的専門職に準ずる存在としてとらえる。つまり，公衆の安全と福利という技術者の大きな社会的責任の根源を，教育機会や社会的尊敬，業務の独占権，自由裁量の余地などの「よきもの」を社会から与えられた代償として，通常の職業には要求されない高度な社会的責任を自ら引き受ける，という互恵的社会契約モデルによって説明する。この社会契約は，基本的には，倫理綱領を己の信条（creed）として受け入れる個々の技術者と公衆との間で結ばれるものと理解される。

　こうした出自は，スタンダードなアメリカン技術者倫理に二つのバイアスを刻印している。まず，本来は「集団対公衆の倫理」であるはずの技術者倫理が，「技術者個人対公衆の倫理」として表象されがちになる。結果として，一人ひとりの技術者の意思決定にかかわる個人倫理という色彩が強くなってしまう。たとえば，設計を通じて，個々の技術者が直接にどのような責任を社会・公衆に対して負うのかという具合に問題が立てられる。こうして，技術者はどのように人類全体に対する倫理的考慮を設計に反映させるべきか，製品の危険性に気づいた技術者は内部告発をするべきかどうか，といったことが主要テーマになる。第二に，技術者の専門職化を通じた地位向上への動きと結びついているために，技術者を職能集団として見なす傾向が強く，技術にまつわる倫理的コンフリクトが，往々にして技術者の良心と経営者の利潤追求との対立として表象されがちになる。これを「経営者悪玉モデル」と呼んでおこう。典型例は，全米プロフェッショナル・エンジニア協会（NSPE）が会員の倫理教育のため

第5章 社会心理学によそから期待したいのだが……

に作成したビデオ教材『ギルベイン・ゴールド』である。この教材では，自分の勤める会社が有害な廃棄物を垂れ流していることを知った技術者が，ついに内部告発に踏み切る。だが，この技術者はどうもチームで仕事をしているようには見えないのである。また，経営陣は利益に目がくらみ，彼の訴えに耳を貸さない人々として描かれる。そして，彼は，外部の独立したコンサルティング・エンジニアや大学教授に相談するものの，社内の技術者たちとはほとんど相談しない。基本的には一人で仕事をし，一人で悩んで一人で解決しようとして，破局に至る。

　準備作業は以上で終わり。以下では次の2点について論じよう。社会心理学がどのように技術者倫理の中で現に使用されているか，技術者倫理がここで指摘したようなバイアスを払拭して，その「本来」のあり方に立ち戻ろうとする際に，頼りになる社会心理学はどのようなものになるはずか。

社会心理学の使われ方── その現状

　事例として，1986年1月28日に発生したスペースシャトル，チャレンジャー号爆発事故の扱いを取り上げよう。初め，この事故は，良心的な技術者対利潤優先の経営者という典型的な経営者悪玉モデル的なセッティングで扱われた。爆発したチャレンジャー号のブースターを開発していたサイオコール社の技術者たちは，ブースターの継ぎ目部品であるゴム製のOリングが，低温下では硬化し遮蔽能力が落ちることから，低温下でのシャトル打ち上げはリスクが高いことに気づいており，様々な仕方で1月28日の打ち上げに反対していた。にもかかわらず，政治的理由で打ち上げにこだわったNASAと，利益を優先してNASAの姿勢に追従したサイオコール社経営陣の「ごり押し」により，打ち上げが強行され，事故を招いた。……こうしたシナリオに沿って事故は記述される（ハリス・ラビンス・プリチャード，1995）。

　ここで注目されたのが，唯一の技術者として最終的に打ち上げが決定されたテレビ会議に出席していたB. ランドである。会議の当初，ランドは少なくとも華氏53度になるまでは打ち上げを延期するべきだと提言していた。しかし，

サイオコール社のシニア・マネジャーであるG. メイソンが「技術者の帽子を脱いで経営者の帽子をかぶりたまえ」と発言したのをきっかけに，ランドは態度を変え，打ち上げを容認するに至った。これは，技術者倫理学史上最も有名な台詞なのだが，後に，ランドは事故調査委員会のロジャーズ委員長の質問に答えて次のように述べている。

委員長：帽子をかぶり直した時，あなたは考えが変わったようですが，そのことについて，今はどのように説明しますか？

ランド：……私たちはずっと，打ち上げ体制は万全だとする自分たちの立場を擁護する立場に置かれていました。で，多分あの会議の後，何日か経った後になって初めて，私たちは自分の立場がかつてとは全く違ってしまっていたということに気づいたんです。つまり，打ち上げはうまく行かないということを彼らに何とかして証明しようとするという思考回路にはまってしまっていたということです。そしてその証明が私たちにはできなかったのです。

委員長：言い換えれば，あなたは，打ち上げは失敗すると証明する義務があると心の底から思ってしまったということですか？

ランド：ええと，それがあの晩，私たちが陥った状態みたいなものでした。かつて私たちは，ずっと正反対の立場にいたように思います。それに気づくべきでしたが，できませんでした。だけど，何というか，役割が逆転してしまったんです。

これまでは，挙証責任が打ち上げ側にあるとされていたのが，いつの間にか，打ち上げ反対側にあることになってしまい，ランド自身，なぜか打ち上げ中止を証明する責任が自分たちにあると思ってしまった（いつもと逆になってしまった）。その結果，「その証明はできない」と判断してしまった。これが「帽子のかぶり換え」の正体だというわけである。ここから，技術者固有の判断を歪めることは，公衆の安全を脅かし結局は会社の利益も損なうとか，技術者の企業における役割は，技術者の帽子を脱がずに公衆の安全という視点を意思決定の中に持ち込むことにある，といった「教訓」が引き出される。

重要なのは，技術者の倫理を論じるためのパラダイム的な事故の直接的原因が，一人の技術者の「心変わり」に局所化して語られているという点だ。このようなセッティングでは，従来型の社会心理学の成果も，十分に重要な関連性を持つように思われる。事実，いくつかの技術者倫理の教科書では，S. ミルグラムの服従研究や，S. E. アッシュの同調研究が言及される。また，C. E. ハリスら（1995）による標準的教科書では，技術者が責任を果たすことを妨げる心理学的要因として，私的利益の追求，自己欺瞞，意志の弱さ，視野狭窄，盲目的服従と並んで，I. ジャニスの集団思考（Janis, 1982）が挙げられており，集団思考に陥ることを避けるには，リーダーが常にチェックする，批判者を排除しない，外部者を招く，リーダーは時々欠席する，などの実践的指針が導き出される。たしかに，技術者はチームで仕事をするため，よいチームプレイヤーであることが望まれ，それにより，集団思考に陥りやすくなる，ということはあるだろう。集団の圧力により，個人の合理的判断がどのようにゆがめられるのかについての社会心理学的知見は，技術者倫理に有益なヒントをもたらしてくれるように思われる。

チャレンジャー号の事例の見直し

　しかし，これまで紹介してきたような個人主義的で経営者悪玉モデル的な事例の分析方法は，次第に批判されるようになってきている。チャレンジャー号爆発事故も例外ではない（コリンズ・ピンチ, 2001）。どのような技術不祥事にも多かれ少なかれあてはまる傾向だが，事故当初は，原因をある特定のセクションの判断ミス，規則違反に求めてしまいがちだ。チャレンジャー事故では，NASAのごり押しとランドの心変わり，東海村JCOの臨界事故（1999年9月30日）では，現場作業員の無知による判断ミスに事故原因が求められた。

　しかし，「事故原因」の調査研究が進むと，いささか違った側面が浮かび上がってくる。D. ヴォーンは，チャレンジャー号事故を仔細に検討してNASA悪者説に対する反論を展開する中で，サイオコール社の技術者集団においても，長期にわたるリスク受け入れ幅の漸次的拡張が見られるとし，それを「技術的

逸脱の常態化」と呼んだ（Vaughan, 1996）。つまり，リスクが受容可能な範囲内にあると判断して，再設計などの変更を行わずに逸脱例を容認することを繰り返すうちに，容認されるリスクがいつの間にか非常に大きなものになってしまう事態を指す。

　サイオコール社でも，すでに1970年代後半に，ブースターからの燃料ガス漏れの原因になり得るジョイント・ローテーションという現象が気づかれていた。しかし，実験の結果，Oリングによる密封が可能であることがわかったため，ジョイント・ローテーションは受容可能なリスクと見なされた。1981年には，そのOリングの腐食が見つかるが，あらかじめ腐食させておいたOリングを使った密封実験の結果が良好だったため，この腐食も受け入れ可能なリスクになる。さらに，1985年の打ち上げ時にも，燃料ガスが第一Oリングを通り抜けて第二Oリングに到達していることがわかった。この時も，第二Oリングが密封機能を果たすだろうという予想と，打ち上げ当日の気温がフロリダでは稀に見る低気温だったということから，ガスの通り抜けも受容可能なリスクと見なされるようになってしまった。

　JCO臨界事故でも，質量制限されている沈殿槽（ずんぐりした形をしているので，臨界が起きやすい）に，制限を超える量のウラン溶液をいっぺんに注ぎ込むという「考えられないこと」は，いきなり行われたわけではない。事故の10年以上前の1986年ごろから，微細な違反ないし逸脱が積み重ねられていき，ある意味で「自然な流れとして」事故に至ったことがわかっている。

　現場の技術者には，技術的逸脱の常態化は避けがたいし，悪いこととは限らないという見解もある。技術開発というものは，本質的に，少しずつリスクを取って技術の限界を広げていく営みであるからだ。そうすると，リスク幅の拡大が合理的かつ健全に行われるケースもあるし，「技術的逸脱の常態化」と呼ばれるような病的なケースに陥る場合もあるというのが正しいだろう。ポイントは，「考えられない」大事故の背景には，きわめて長期にわたる逸脱の常態化がある，ということだ。これがどのような組織では起こりやすいのか，それを早めに突き止めるにはどうすればよいか，逸脱の常態化を防ぐ一方でイノベ

ーションを促進するような組織・コミュニケーションをどう設計するかが，技術者倫理の実質的な内容であるべきだ。

技術者倫理から社会心理学への新たな期待

　このためには，個人焦点の方法論に依拠する現行の社会心理学では，やはりやや力不足だと思われる。というのは，重大な技術的不祥事につながる長期間にわたる逸脱の常態化や不合理な集団的意思決定は，特定の個人の不始末や非倫理的行為に還元できない場合があるからだ。組織ないしチームのメンバーは入れ替わる。メンバーが入れ替わっても，逸脱の常態化や不合理な意思決定を生み出しやすい組織はそのような組織として継続する。そうすると，そのような逸脱や意思決定の主体はまず第一にその組織と考えるべきだし，その組織の逸脱傾向や意思決定の非合理性はその組織の属性（民間理論的には，大雑把に組織風土とか，組織の病とか，コミュニケーション不全などと呼ばれてきたもの）によって説明されるべきだし，それを改善する際にも，メンバーの心持ちを変えるのではなく，組織の構成原理やコミュニケーション様式を改善するべきだろう (cf. French, 1984; 戸田山, 2002b)。

　つまり，①メンバーとなる個人の心理的属性の平均値や最頻値ではなく，②個人のそれに還元できるかどうかは今のところわからない，何か創発的な，③集団のふるまいを説明するメカニズムとして利用可能な，集団の何らかの意味で「心理的」な属性を，理論的概念として召喚するタイプの社会心理学が必要なのである。

　以上で明らかにしようとしたのは，まず第一に，自然化・社会化された認識論が，科学的知識を射程に収めるような「科学の科学」の原型になるためには，そして，技術者倫理学が，技術者のふるまいを公衆の安全と福利につなげるための組織・制度設計の指針をもたらすような「工学の工学」になるためには，それらはともに，社会心理学とのコラボレーションを必要とする，ということだった。しかし，ここで言う「社会心理学」は現状の社会心理学ではない。そ

れは,「人間—人工物複合体の心」や「集団心」を扱えるように,ある仕方で拡張されたものである。もはや「心理学」と呼ぶことがふさわしくないものかもしれない。

　社会心理学は,現状のままでもやるべき仕事はたくさんある。外部からの需要もある。いくらでも「問題」を生み出し,成果を生み出すようなサイクルが円滑に機能するように発展してきたという意味で,きわめて成功した通常科学のパラダイムである。問題は,それでもあえて方法論や対象を広げ,新しい科学や工学を生み出すために,ひょっとしたら自分の分野の解体につながるかもしれない冒険に乗り出す,「おっちょこちょい」の研究者がどれくらいいるのか,ということだ。

引用文献

Armstrong, D. M. (1973). *Belief, truth and knowledge*. Cambridge University Press.
Bechtel, W. (1996). What should a connectionist philosophy of science look lile? In R. McCauley (Ed.), *The churchlands and their critics*. Blackwell. pp. 121-144.
Churchland, P. M. (1989). *A neurocomputational perspective: The nature of mind and the structure of science*. The MIT Press.
Churchland, P. M. (1992). A deeper unity: Some Feyerabendian themes in neurocomputational form. In R. N. Giere (Ed.), *Cognitive models of science*. University of Minnesota Press. pp. 341-363
コリンズ,H.・ピンチ,T.　村上陽一郎・平川秀幸（訳）(2001). 迷路のなかのテクノロジー　化学同人
French, P. A. (1984). *Collective and corporate responsibility*. Columbia University Press.
Goldman, A. (1967). A causal theory of knowing. *The Journal of Philosophy*, **64**, 357-372.
Goldman, A. (1979). What is justified belief? In G. Pappas (Ed.), *Justification and knowledge*. Reidel. pp. 123.
Hardwig, J. (1985). Epistemic dependence. *The Journal of Philosophy*, **82**(**7**), 335-349.
ハリス,C. E.・ラビンス,M. J.・プリチャード,M. S.　日本技術士会（訳編）(1995). 科学技術者の倫理——その考え方と事例　丸善
Janis, I. (1982). *Groupthink*. 2nd ed. Houghton Mifflin.
Kornblith, H. (Ed.) (1994). *Naturalizing epistemology*. The MIT Press.
Kornblith, H. (2002). *Knowledge and its place in nature*. Oxford University Press.
黒田光太郎・伊勢田哲治・戸田山和久（編）(2012). 誇り高い技術者になろう（第2版）名古屋大学出版会

ラウダン,L. 小草泰・戸田山和久(訳)(2010). 科学と価値 勁草書房
Quine, W. V. O. (1969). Epistemology naturalized. *Ontological Relativity and Other Essays*, **13**(**3**), 69-90.
杉原桂太(2002). 米国における技術業倫理学の成立とその現在 表現と創造, **3**, 1-13.
戸田山和久(1999). 科学哲学のラディカルな自然化 科学哲学, **32**(**1**), 29-43.
戸田山和久(2002a). 知識の哲学 産業図書
戸田山和久(2002b). 企業倫理と工学倫理に倫理学はいかなる貢献がなしうるか 大貫徹・坂下浩司・瀬口昌久(編)工学倫理の条件 晃洋書房 pp. 123-131.
戸田山和久(2007a).「知識を自然の中に置く」とはいかなることか──自然化された認識論の現在 野家啓一(編)シリーズヒトの科学6 ヒトと人のあいだ 岩波書店 pp. 143-174.
戸田山和久(2007b). カントを自然化する 日本カント協会(編)日本カント研究8 カントと心の哲学 理想社 pp. 49-69.
戸田山和久(2007c).「技術者倫理教育」とは何か また何であるべきか 名古屋高等教育研究, **7**, 289-299.
Vaughan, D. (1996). *The Challenger launch decision*. The University of Chicago Press.

第6章　集団心に形而上学的問題はない，あるのは方法論的問題だけだ

戸田山和久

　本章では，集団心をマジに扱おうとする「拡張された社会心理学」の理念と，ついでに現行の社会心理学一般の方法論を，ともに検討・擁護するための哲学的議論を行う。まずは，集団心にまつわる形而上学的・存在論的問題を解消し，次に，拡張された社会心理学（と社会心理学一般）の方法論的問題に一定の見通しを与えることを目指す。

　ここで問題にする集団心とは何かについて，暫定的な定義を述べることから始めよう。ただし，集団心という概念をそれだけ取り出して明示的に定義すること，つまり「集団心とはかくかくしかじかである」というタイプの定義は望めない。集団心でない個人の心についてですら，そのような定義は存在しないし，必要でもない。そのような定義をせずとも心理学や心の哲学は展開できるのだから。というわけで，定義は文脈的になる。

　集団心の定義：ある心理学理論がある集団に集団心を理論的概念として帰属させていると言えるのは，以下の条件が満たされた時である。
　その心理学理論が，①集団のメンバーとなる個人の心理的属性の平均値や最頻値ではなく，②個人のそれに還元できない（創発的な），③何らかの意味で個人の心理的属性・状態に類比的な属性や状態を帰属させて，その集団のふるまいを予測・説明している。

　たとえば，「タヨト自動車（株）はケチだから……」という具合に，ある企業のふるまいを説明したとしよう。この会社の社員の誰をとってもケチではないとしても，会社全体のふるまいとしては「ケチ」としか言いようのない傾向性を示しているということはあり得る。この会社のこれまでのふるまいを「ケ

チだから」と言って説明したり，ある状況においてどのようにふるまうかを同様に予測したりする営みが継続的に行われ，それに成功している限りにおいて，私たちはタヨト自動車（株）に集団心を帰属させている。

1　集団心の形而上学

集団心をアプリオリに排除する心の哲学はない

さて，社会心理学はこうした集団心をその理論的概念から排除して，個人焦点の方法論を採用することによって今日の繁栄を築いてきた，というのが本書の著者たちの一致した見解だ。集団心を排除しようとする際には，しばしば，「集団心は存在しない」，とか，「たかだかフィクションだ」とか，「集団に心理的属性を帰属させるのはカテゴリー錯誤だ」というような，存在論的ないし形而上学的な言い回しがなされる。

しかし，個人の心は実在するが集団の心は実在しない，ということを示す哲学的議論はおそらく存在しないのではないかと思われる。以下では，現代の「心の哲学」における有力な立場を順に取り上げ，それぞれが集団心の形而上学的地位について何を言うことになるはずかを考えていこう。

哲学的行動主義（G. ライル）

行動主義者はそもそも個人の心についても，それが実体として存在することは認めない。実体としての心はカテゴリー錯誤の産物だからだ。にもかかわらず，私たちは，「痛みを感じている」とか「怒りを感じている」といった心的述語を自他に帰属させている。こうした心的述語は，実体としての心の状態を指すのでないとしたら，何を意味するのだろう。行動主義者はこの問いに，心的述語は行動の傾向性を述べる述語の省略形だと答える。「怒りを感じている」は，テーブルを叩く，わなわなと震える，怒鳴り散らすなどの行動への傾向性を短く述べたものに過ぎない（Ryle, 1949）。

（個人の）心はないと考えるわけだから，集団心もない，ということになる。両者はその意味で対等だ。心はなくとも心的述語は有意味なものとして残るの

と同様に，集団に対する心的述語の帰属も，その集団の行動への傾向性を述べるもの，下請け会社に厳しい条件を提示する，福利厚生施設に投資しない，などの行動への傾向性をコンパクトにまとめた表現として，「あの会社はケチだ」は有意味なものとして残るだろう。こうした理由で，行動主義は，いかなる意味でも，個人の心は実在するが集団の心は実在しないという主張にコミットすることはない。

消去主義（たとえばP. M. チャーチランド）

消去主義者はフォークサイコロジー的な心的述語はいずれ消えてなくなると考えている（Churchland, 1981）。なぜなら，フォークサイコロジーは間違った，あるいは劣った理論だからだ。科学的心理学や脳神経科学が発展してくれば，「悪霊」や「かみなりさま」が消え去ったように「痛み」や「信念」「怒り」も日常言語から消えてなくなるだろう。この考え方が正しいなら，やはり，個人の心も集団心も同等である。今の人々は集団にも心的述語を帰属させているが，科学的集団心理学なるものが発展すれば，それらは使われなくなる。集団の心についての語りはなくなるが，個人の心についての語りは残る，とは言わないのだから，この立場も両者を平等に扱っている。

機能主義

機能主義は，心の状態は多重実現可能であるというテーゼと，心の状態は機能的状態であるというテーゼを二本柱としている（Lewis, 1972; Putnam, 1973）。まず，心の状態は様々な物理システムで多重に実現できる。ヘンな臭いのものを食べると腹痛を起こすという知識ないし信念は，人間の脳でも，コンピュータでも，猫の脳でも実現できる。これらは物理的には異なるシステムだ。さて，心の状態が多重に実現できて，それゆえ人間の脳の特定の状態と同一視することができないものだとするなら，そのアイデンティティはどこにあるのか。つまり，ある心の状態を痛みなら痛み，ビール飲みてぇという欲求ならビール飲みてぇという欲求にしているものは何なのか。この問いに答えるには，多重実

現可能なものの典型例を考えてみればよい。それは機能である。ハサミは，鋼鉄，セラミックなど様々な素材で作ることができる。また，形もいろいろあり得る。つまり，物理的には様々な仕方で実現できる。これらをすべて「ハサミ」にしているのは何か。紙を切るという機能である。だとすると，心の状態のアイデンティティもその機能で同定することができるだろう。ある心的状態を痛みにしているのは，それが心というシステムで果たす因果的機能・役割だ。どのような入力があった時に，他の心的状態との関係において，どんな行為を出力するかによって，ある心的状態の因果的機能は特定できる。外傷や内臓の異常という入力によって生じ，鎮痛剤が薬箱にあるという信念があれば薬箱探索行動を出力し，今は満員電車の中にいるという信念があればガマン行動を出力する，それが痛みだ，ということになる。

　さて，機能主義がこのような考え方だとするなら，集団に帰属させている状態を多重実現可能な機能的状態として理解することは可能だ。ある会社が工場を海外移転させたいと欲求している，というのは，しかるべき条件が入力されたなら，その会社は，それが持っている他の信念（たとえば，どこそこは治安がよいとか，地価が安いといった信念）と合わせて，しかるべき行動を出力する，ということに他ならない。

　それどころか，機能主義は，個人の心と集団心とを最も区別しないで扱う立場だとも言える。というのは，それは多重実現可能性のテーゼにコミットしているからである。しかじかの欲求がしかじかの欲求であるのは，それが果たす機能で決まる。それがどのような物理的システムで実現されようが，機能が同じなら同じ欲求である。だとするなら，一つの脳で実現されても，複数の脳（集団）で実現されても，機能が同じなら同じ心的状態だと言える。つまり，個人の心も，集団心も同じ状態を持てるわけだ。

昔の D. デネット

　デネットは，行動主義とも消去主義とも機能主義とも一部を共有するが，そのどれとも同一視できない独自の見解を提案している（Dennett, 1987）。機能主

第6章 集団心に形而上学的問題はない，あるのは方法論的問題だけだ

義者は心的状態，とりわけ信念や欲求などの命題的態度が因果的力能を持つリアルな内的状態だと考えるが，デネットはそれを否定する。命題的態度に対応する脳状態は存在せず，命題的態度はリアルな状態ではない。ここまでは行動主義や消去主義と軌を一にしているのだが，デネットは命題的態度に依拠するフォークサイコロジーが将来の神経科学によって取って代わられ消滅するだろうということは認めない。なぜなら，フォークサイコロジーは理論ではなく道具だからだ。理論だったら，間違いが明らかになったり，もっとよい理論が現れたりしたら捨てられるだろう。しかし，道具は使い勝手がよい限りはずっと使い続けられる。心的述語を含む文の有意味性を認めつつ，内的因果的作用者としての心的状態の存在は拒否するわけだから，その点ではデネットの考えは行動主義に近い。

デネットによれば，フォークサイコロジーは行動を予測するための道具である。信念や欲求などの心的状態は，行動を引き起こす原因となるような実在的な状態ではない。それは，行動を生み出す因果過程とは全く無関係に，行動を体系的に予測することができるようにする計算のために導入された単なる計算手段に過ぎない。彼はこの点を三つのスタンスの違いを導入することで説明しようとする。たとえばチェスを指すコンピュータの行動を予言しようとする際，私たちは次の三つのスタンスを取ることができる。

① 物理的スタンス（physical stance）

この場合，予言は，システムが実際に持っている物理的状態に基づいており，自然法則についての知識を適用することによって得られる。システムの機能不全を予言できるのは基本的にはこのスタンスだけだ。「そのボタンを押すとビリッとくるよ」というような予言だ（ただし，感電させるのが目的の機械でないものとする）。というより，システムがうまく行っている時には，このスタンスに訴えることはほとんどないのであって，うまく行かなくなった時に登場する。だから，コンピュータに対してこの構えを取ることは，原理上は可能だけれど，システムの複雑さのゆえに事実上は不可能であり，チェスを指すコンピュータに関して言えば，的外れでもある。

人間の行動の予測に関しても同様だ。
② 　設計的スタンス（design stance）
　　コンピュータのプログラムがどのように設計されているかを知っていれば，コンピュータの反応を予言することができる。コンピュータが設計通りにふるまう限りにおいて，われわれの予言は当たる。また，回路図を見ただけで，それがどのようなふるまいをする機械であるかを知ることができる。「そのボタンを押すと，AM から FM に切り替わるよ」。この場合，予言は，当のシステムの設計についての知識にのみ基づいており，その内部の物理的機構についての知識を前提とはしない。このスタンスのキーワードは「機能」である。これは目的論的な概念と言える。
③ 　志向的スタンス（intentional stance）
　　現在のチェス・コンピュータは物理的スタンスでも設計的スタンスでも予言を導くには複雑過ぎる。人間がそのようなコンピュータに勝とうとする時に最も適切なのは，志向的スタンスだ。コンピュータの指し手を予測しようとする場合，私たちはコンピュータが現在の局面について持っている知識に照らして，どの手が合理的であるかを思案する。この時私たちは，そのシステムがうまく機能するだけではなく，合理的でもあると見なしている。要するに，コンピュータは勝ちたいと欲求していて，私がしかじかという戦法を取っていると思っている，だから，次はこのように打ってくるはずだ（それが合理的だ），と予測するのである。信念や欲求という命題的態度はこのスタンスに現れる。

　対象を志向的システムとして記述する時，私たちはそのシステムの内的物理的なしくみについても，その設計についてもいかなるコミットメントもしていない。一つの志向的記述はいくつもの設計によって多重に実現できるし，いくつもの物理的システムによってさらに多重に実現できる。この点では，デネットの考えは機能主義に近い。
　このように述べると，志向的システムであるかどうかは，私たちがどのようにそいつを見なしているかによって決まるわけだから，鰯の頭も信心からでは

第6章 集団心に形而上学的問題はない，あるのは方法論的問題だけだ

ないが，どんなシステムも志向的システムと見なそうと思えば見なせてしまうのではないか，という疑念が生じる。しかし，デネットは志向的スタンスを取ろうとする決断は自由だが，その構えを取った時に，それが成功するか失敗するかについての事実は完全に客観的である，と言う。路傍の石に志向的スタンスを取ってもよいが，それはうまくいかない。石のふるまいは志向的スタンスを取って予言しなければならないほど複雑なものではないからだ。

こうしたデネットの道具主義は集団心を排除するだろうか。明らかにそうではない。ある集団のふるまいを予測するのに志向的スタンスを取ることが有効であるなら，その集団に信念や欲求を帰属させるのに何の問題もない。

心脳同一説

心脳同一説は，心的状態は脳状態とタイプ同一であると主張する（Place, 1956; Smart, 1959）。痛みという心的状態のタイプは，c 繊維の興奮という脳状態のタイプに他ならないとするわけだ。個人の心は認めるが集団心は許さないという立場を支持する哲学的立場があるとすれば，この考え方だけだろう。というのも，個人は脳を持つが，集団や会社には脳はないからだ。脳状態を持たない「集団」は端的に心を持たないことになる。

とはいえ，もう少し丁寧な分析が必要だ。心脳同一説の変種として，集団の心的状態のタイプを，その集団を構成する個人の脳状態のアンサンブル（のタイプ）と同一視するという，「心（脳×n）同一説」とでも呼ぶべき立場が考えられる。この立場が正しければ，ある意味で集団心は存在しないことになる。冒頭で，集団心を暫定的に定義した際，集団心の心的属性に，個人のそれに還元できない創発的なものであることという要件を課しておいた（②）。「集団心」の心的属性が，メンバーの脳状態のアンサンブルとタイプ同一であるとすることは，集団心の心的属性を，メンバーの脳状態の集合に結びつける還元的法則を認めることに他ならない。だとするならば，その時の集団心の心的属性なるものは，個人の心的属性に還元可能であり，この要件を満たさない。つまり，もともと集団心の属性ではなかったことになる。「心（脳×n）同一説」は，冒

頭で定義した限りでの集団心は存在しないことを含意する。

しかし，重要なのは，心脳同一説もその変種も，哲学説というより，実は経験的仮説だという点である。とりあえず集団心の属性として措定されたものが，メンバーの脳状態のアンサンブルに還元できるかは，探究を進めてみないことにはわからない。それまでは，「心（脳×n）同一説」も，集団心にコミットする拡張版社会心理学も，経験的仮説という意味では同等のライバルにとどまる。決着をつけるのは探究の成り行きに他ならない。

「集団心」が嫌われるホントウの理由——方法論的困難の存在論への転嫁

さて，以上の考察が正しいなら，導き出される結論は一つだ。集団心だけをアプリオリに否定し，個人には心があるが集団にはないという見方を支持する哲学的立場はない。どの哲学的立場も，両方とも排除しないか，両方とも排除するか，である。個人の心と集団心の間に非対称性を主張する哲学的根拠は今のところない。

ただし，ここで「アプリオリ」という限定をつけたのには意味がある。集団心を排除しないということと，集団心があるということは違う。集団に心的状態を帰属させて研究を進めるうちに，それがうまく行かなくなって，やっぱり集団に心を帰属させても無駄だった，ということが経験的にわかる，ということはいくらでもあり得る。現時点で言えるのは，哲学的議論によってあらかじめ，個人の心はあるが集団心はあり得ないと結論することはおそらくできない，ということである。

さてそうなると，集団心はなぜこんなに嫌われるのだろうか。二つの理由があると思われる。一つは非専門家の素朴な直感であり，一つは心理学者側の事情だ。集団心を認めることに抵抗がある最大の理由は，私たちには集団の心を体験することができないし，その「体験」がどのようなものであるか想像もつかないということだろう。私たちは，自分の心には特権的な，第一人称的アクセスを持つ。つまり，直にそれを体験する。真夏の昼間に道路を歩いていると，真っ青な空と，蟬の鳴き声，照りつける太陽の熱，噴き出す汗のじっとりした

第 6 章　集団心に形而上学的問題はない，あるのは方法論的問題だけだ

感じがいっぺんに押し寄せてくる。これらを体験することが，心を持つということだ，と私たちは思う。それが爽快なものであれ不快なものであれ，心を持たない街角のブロンズ像は，こうした体験はしていないはずだ。そして，同じような体験を，隣に歩いている友人もしているはずだ。ちょっと違ったところがあるかもしれないが，友人の連れている犬もだいたい似たような体験をしているだろう。私は，友人に成り代わって友人の体験を体験するわけにはいかないが，彼も私と同じような体験を持つと想像できる。しかし，私たちは会社やチームがどのような体験をするのか，そもそも体験というものを持つのかもわからない。ある意味で会社も体験をするとは言える。会社は不況に苦しむことがある。でも，不況に苦しむ，その苦しさが「会社にとってどのような体験なのか」私たちには想像もつかない。集団には心なんてない，と言いたくなるのはこうした時だ。

しかし，これは心理学者が集団に心を帰属させることを禁じる根拠にはならない。なぜなら，心理学者は心を内側からの体験可能性とは無関係に帰属させるからだ。私たちは，超音波でロケーションをするコウモリが外界をどう体験しているのか想像できない（Nagel, 1974）。しかし，コウモリに心を認めない心理学者はおそらくいないだろう。

それでは，心理学者はなぜ集団心を認めることをためらうのだろう。おそらくその真の理由は，集団心について心理学的研究を行う際の方法論的困難，特に集団に帰属させた心的属性を測定する際の困難にあるだろう。個人の心はまだ研究しやすい。これに比べて，集団心なるものはたとえあったとしてもきわめて研究しにくい。

すでに見たように，集団心を認めることに，形而上学的・存在論的困難はほとんどない。集団心が嫌われる本当の理由は，存在論的ないかがわしさにあるのではなく，方法論的な困難にある。しかし，こうした認識論的・方法論的困難は，しばしば存在論に転嫁した形で語られることになる。つまり，「集団心は測定しにくいから研究するのはやめておこう」のはずが，「集団心など存在しない」「集団心はカテゴリー錯誤である」となる。

このように集団心排除の原因が，集団心（あるとすれば）の側ではなく，心理学のリソースの側にあるのだとすると，やるべきことは，その方法論的困難の本質を見きわめた上で，それを乗り越える方策を模索することだろう。第4章はその模索の作業として位置づけられる。方法論的困難をいかに乗り越えるかの具体的詳細は第4章に譲ることにして，次節では，個人の心の研究と類比的に集団心研究の方法論を構想し，それを正当化するための一般的枠組みについて論じよう。

2 集団心の研究方略をスケッチする

集団心は科学的に研究可能である

まず，集団心について，現実的な困難はいろいろあるにせよ，少なくとも原理的には，個人の心と同程度に科学的研究が可能だということを言ってみよう。それは，個人の心を研究する心理学が何をやっているのかについて，単純化したモデルを構築することから始まる。社会心理学のような「高次の」心理学は，欲求，態度，信念，感情，報酬，態度，意図といった，フォークサイコロジーに由来するカテゴリーを使っている。私たちはフツーに日常生活を営むフツーの人（folks）として，これらのカテゴリーを，他人や自分の行動を説明したり理解したり予測したりするのに用いる。フォークサイコロジーからカテゴリーを借用しているからこそ，心理学は「私たちの心の研究」のように見えるわけだし，「私たちの心」について何かを教えてくれるように思えるわけだ。

しかし，心理学には，一方で常に，「常識を超えることを何も明らかにしていないのではないか」「心理学に教えてもらわないでもそんなことはとっくに知ってたもんね」と言われてしまうという危険がある。フォークサイコロジー由来のカテゴリーに依存しつつ，科学である，というのはいかにして可能なのか。おそらく以下のような仕掛けによってだろう。

① フツーの人はフォークサイコロジーの概念と理論（経験的一般化）を使って，自分や他の個人の行動を予測・説明している。たとえば，「性格」という概念を使って，あの人はこういう「性格」だから……，と他者を理

第 6 章 集団心に形而上学的問題はない，あるのは方法論的問題だけだ

解しようとしている。
② 心理学者は，そのフツーの人の使っているフォークサイコロジー（フツーの人による心の理解）を対象にして，その構造や機能について研究を進める。たとえば，フツーの人が持っている「性格」概念はどんな因子で決まるのかを調べたりする。
③ 一方で，心理学者はフォークサイコロジーの概念と理論（経験的一般化）を科学的に洗練させることによって，個人の行動を予測・説明する科学理論を構築する。そこにもたとえば，〈性格〉という概念が現れる。これはフォークサイコロジーでの「性格」と連続しているが，むしろそれを洗練させたものである。
④ フォークサイコロジー的概念の「性格」と科学的概念の〈性格〉との違いは，次の二点にある。科学的概念の〈性格〉は，個人の心についてのメカニズムモデルに組み込まれている。さらに，〈性格〉は客観的・間主観的測定によって操作的に定義し直されている。
⑤ したがって心理学者は二重の研究に携わる。フォークサイコロジーを対象とする研究と，フォークサイコロジー由来の概念を科学的に洗練させて行う個人の心のしくみについての研究である。この二つの研究は相互参照しながら進む（第 3 章，図 3-1 参照）。

私は，このストラテジーは，大枠において集団心の心理学的研究のストラテジーにもなり得ると考えている。なぜなら，すでにフツーの人は，集団に心理的属性を帰属させて，集団のふるまいを説明・予測することを現にやっているからだ。「〇〇課がまた社長賞を獲ったよ」「ああ，あの課はチームワークがよいからなあ」……これを「フォークグループサイコロジー」と呼ぼう。そうすると，先のストラテジーは次のように集団にも拡張できる。
① フツーの人はフォークグループサイコロジーの概念，たとえば「チームワーク」という概念と理論（経験的一般化）を使って，集団のふるまいを予測・説明している。
② 心理学者は，そのフツーの人の使っているフォークグループサイコロジ

ー（フツーの人による集団心の理解）を対象にして，その構造や機能について研究を進める。たとえば，フツーの人が持っている「チームワーク」概念はどんな因子で決まるのかを調べたりする。
③　一方で，心理学者はフォークグループサイコロジーの概念と理論を科学的に洗練させることによって，集団の行動を予測・説明する科学理論を構築する。そこにも〈チームワーク〉という概念が現れる。これはフォークグループサイコロジーでの「チームワーク」と連続しつつ，それを洗練させたものである。
④　民間概念の「チームワーク」と科学的概念の〈チームワーク〉との違いは，次の二点にある。科学的概念の〈チームワーク〉は，集団心についてのメカニズムモデルに組み込まれている。さらに，〈チームワーク〉は客観的・間主観的測定によって操作的に定義し直されている。
⑤　したがって心理学者は二重の研究に携わる。フォークグループサイコロジーを対象とする研究と，フォークグループサイコロジー由来の概念を科学的に洗練させて行う集団心のしくみについての研究である。この二つの研究は相互参照しながら進む（図3-2参照）。

このフレームワークが正しいなら，集団心研究の困難は，出発点とすべきフォークグループサイコロジーそのものの研究②の立ち後れと，科学的概念〈チームワーク〉を操作的に定義し直す際の，客観的測定手続き構築の現実的困難さに煮詰められる。しかしながら，集団心の研究が原理的な困難を抱えたものであるわけではないことは示されたと思う。

フォークサイコロジーの二重の使用とその条件

以上のフレームワークは，科学的心理学においてフォークサイコロジーが2種類の使われ方をしていることを踏まえていた。1995年に社会心理学者のG.フレッチャーは『フォークサイコロジーの科学的信頼性』というモノグラフを著し，こうしたフォークサイコロジーの二重の役割を，むしろ批判的なトーンで指摘した（Fletcher, 1995）。その二つの使用法を次のように整理しよう。

第6章　集団心に形而上学的問題はない，あるのは方法論的問題だけだ

［使用1］科学的心理学の研究対象（人々の心）における因果的構成要素の一つとして措定するという使い方。

［使用2］科学的心理学の理論を作っていく際のリソースとしての使い方。

［使用1］は，要するに，フォークサイコロジーは心理学の研究対象として使われる，ということだ。これは，フォークサイコロジーはフツーの人々の判断や行動に因果的影響を与えているという想定に基づいている。人々は，フォークサイコロジーの枠組み（信念・欲求）を，他者や自己を理解する枠組みとして現に使っている．そして，フォークサイコロジーの内容，つまり，人間の心についての日常的な帰納的一般化（こんな人はこんなことをするもんだ）を現に使って，他者・自己を理解している。これらが，人々の社会的判断や行動を左右する。だからこそ，フォークサイコロジーという認知構造の説明は心理学の一つの課題になる，というわけだ。

社会心理学はフォークサイコロジーに関心を払わざるを得ない。たとえば，物理学者は民間物理学(フォークフィジクス)を研究したり参照したりしないですむ。民間物理学は物理学者が対象としている物理現象で因果的役割を果たしていないからだ。これに対し，社会心理学者が関心を持つ現象を生み出すのにフォークサイコロジーは因果的役割を果たしている（と少なくとも想定されている）。したがって，社会心理学はフォークサイコロジーを少なくとも［使用1］せざるを得ない。

一方，フォークサイコロジーが科学的心理学の包括的理論を作るためのリソースとして用いられる，つまり［使用2］される仕方には，次のようなものがある。

① フォークサイコロジーの大枠が科学的心理学によっても暗黙裡に共有される：たとえば，心的状態ないし傾向性は行動の原因になり，それは心の中にあるとか，外の世界の表象が心の中にあるといった想定が，表立って正当化されることなく科学的心理学にも引き継がれる。

② フォークサイコロジーの使っているカテゴリーや概念，帰納的一般化が一定の洗練を経て科学的心理学でも使われ続ける：性格心理学や社会心理学ではこの傾向が著しい。

③　フォークサイコロジーが「規範的モデル」の供給源になる：これはもともとフォークサイコロジーが規範的性格を持っているからだ。フォークサイコロジーは，人はこういう時にはたいていこういうことをする，という帰納的一般化の集積ではない。こういう時にはこういうことをするのがま︎ど︎も︎だ，という合理性や正常さについての規範的判断を含んでいる。

　さて，フォークサイコロジーの［使用1］と［使用2］には大きな違いがある。それはフォークサイコロジーがそれぞれの仕方で使用可能であるための条件にかかわっている。まず，［使用1］の場合は，フォークサイコロジーが正しいことは前提とされない。仮にフォークサイコロジーが大間違いでも（欲求や信念など存在しないということがわかったとしても），フツーの人々の判断や帰属を因果的に説明してくれるなら，［使用1］し続けることができる。第二に，フォークサイコロジーの［使用1］は，実際にフォークサイコロジーが存在して因果的に働いている領域に限定されるべきだ。つまり，社会心理学には［使用1］できるが，知覚や言語習得の領域では［使用1］できない。私たちは知覚する時に，民間知覚心理学を使ったりはしないからである。第三に，フォークサイコロジーを［使用1］して研究対象とする時に，研究に使う科学理論はフォークサイコロジーを超えたものであってもいっこうにかまわない。フォークサイコロジーを成り立たせているミクロな認知過程を研究したってよい。このことがあるから，フォークサイコロジーを［使用1］しても，フォークサイコロジーにもともと含まれない知見をもたらし得るわけだ。

　しかし，フォークサイコロジーの使っているカテゴリーや帰納的一般化を借用・洗練して科学的心理学でも使うという，［使用2］は要注意だ。やっていけないわけではないが，［使用1］には課されない重要な条件がある。というのも，どんな民間概念やフォークな理論も科学で［使用2］できるわけではないからだ。次のようなカテゴリーは科学のま︎と︎もな概念として採用することはできない。

　①　自然種でないカテゴリー：たとえば「金」とか「ウラン」は人間が勝手に区別したものというよりは，自然の側であらかじめ分かれている。こう

いうものを「自然種」と言う。これに対し,「おいしい貝類」というカテゴリーは人間の勝手で分類したものだ。こういうものは科学のまともな概念にはなりにくい。

② いくつかの区別すべきものが混同されているカテゴリー：たとえば民間概念の「勢い」は,物理学的には慣性,運動量,運動エネルギーを区別なく指す。

③ 存在しないことが明らかなもの:「第五元素」「気」。

したがって,すでに見たようにフォークサイコロジーを［使用1］するためにはフォークサイコロジーの正しさは問題にならないが,それを［使用2］するためには,フォークサイコロジーが大幅に間違っていると問題が生じる。フォークサイコロジーは,おおむね正しいか,少なくとも何らかの科学的信頼性を持っており,科学での使用が正当化可能でないと,［使用2］することはできない。もちろん,フォークサイコロジーがピカピカの真理である必要はない。第一,だとしたらわざわざ科学的心理学をする必要はないだろう。ではどの程度の「正しさ」あるいは「正当化」の必要があるのだろうか。それは,真理から「現象を救う」道具的有効性まで様々な強弱があるだろう。これらのうち,どれを要求するかは,心理学の目的をどう考えるかによる。これは,心理学の哲学の問題だ。

私は次のように考える。科学的心理学が行動の予測と制御のみを目的とするのであれば,科学的心理学がフォークサイコロジーから借用して［使用2］するカテゴリーは,単に予測のための計算道具として有用ならそれでよい。この場合,科学的心理学は,デネットの言う志向的スタンスの洗練されたものと見なせる。科学的心理学のカテゴリーは,フォークサイコロジーのカテゴリーより予測の精度が高いという点で洗練されている,ということになるだろう。しかし,現実の心理学はもう少し踏み込んだ目的を持っているように思われる。心理学者はしばしば「心のメカニズム」を探究していると公言する。つまり,心理学は単なる行動予測ではなく,行動を生み出す因果的メカニズムを突きとめることによって,行動に因果的説明を与えることを目標にしている。このよ

うな探究においてフォークサイコロジー由来のカテゴリーを［使用2］するためには，それらが何らかの意味で，「実在的」である必要がある。つまり，非常に緩やかな意味でよいから，信念や欲求は心の中にあって，それが因果的に作用して行動を生み出していると言えないといけない。要するに，フォークサイコロジーを［使用2］したいなら，フォークサイコロジーについてのある程度実在論的な解釈を正当化する必要がある。そうでないとフォークサイコロジー由来のカテゴリーは「周転円」と同じ便宜上の計算道具ということになる。

［使用1］と［使用2］の混同

　しかしながら，現状の社会心理学は，フォークサイコロジーのカテゴリーを［使用2］する際の「正当性」つまり「実在性」の吟味が薄弱ではないかと思う。それには二つの事情が絡んでいる。第一に，研究対象もフォークサイコロジーを構成要素として含み，研究のための概念装置もフォークサイコロジー由来のものを含むという社会心理学の特殊性（フォークサイコロジー使用の二重性）により，［使用1］と［使用2］の混同が起きやすいこと。第二に，「構成概念」という言い抜けの方法を持っていることである。第二の論点は心理学一般にあてはまる問題点なので，項を改めて論じよう。

　［使用1］と［使用2］の混同を厳しく批判したのが，先述のフレッチャーだ。フレッチャーは混同の具体例をいくつか挙げているが，ここではそのうちの二つを取り上げて紹介する。

　人格心理学の領域から取られた第一の事例は，D. M. バスとK. H. クレイクの行為頻度アプローチ（act-frequency approach）である（Buss & Craik 1983）。彼らは次のような一連の手続きで研究を組み立てた。
① 素人さんたちに，研究対象とする性格特性を持つ人がやりそうな行動をリストアップしてもらう。
② 別のグループの素人さんたちに，そのリストから当の性格特性の最も典型的な行動と思うものを選んでもらう。
③ その成績のよかった項目を性格特性の測定に使う。

第6章 集団心に形而上学的問題はない,あるのは方法論的問題だけだ

　ここでは,素人評定者の判断が人格特性の行動プロトタイプの構成と評価に使われている。つまりここでは,「みんなどう思いますかね」という具合に取り出された性格特性のフォークサイコロジー的カテゴリーが,[使用1]されているのではない。取り出された人格特性は,フツーの人々の用法を表すことを意図されているのではなく,科学的な人格理論の説明項として[使用2]され,その理論の構成要素にいつのまにか化けている。フォークな人格の分類を,科学的な人格理論のベースとして受け入れることは,暗黙のうちにフォークサイコロジーのカテゴリーを吟味なしに科学的にも妥当で有用なものと認めてしまうことに他ならない。

　フレッチャーの挙げる第二の例は帰属理論研究の分野から取ったものである。フレッチャーは次のように論じる。F. ハイダー(Hider, 1958)から H. H. ケリー(Kelley, 1991)に至る帰属理論の研究者は,フォークサイコロジーの[使用1]と[使用2]の区別にうるさかった。しかし,この分野でも時々,二つは混同される。典型例は,K. G. シェイヴァーらによる,原因と責任と非難,それぞれの帰属の関係に関する研究だ(Shaver & Drown, 1986)。

　シェイヴァーらによると,これまでの帰属研究ではこれら三つの概念はしばしば交換可能のように考えられ,混同されてきた。しかし,ちょっと概念分析してみればそうでないことがわかる。車のキーを回して,仕掛けてあった爆弾を破裂させた人は,爆発の原因だが責任はない。爆弾を作った人は,責任があるが,脅されてやったなら非難はされない。車に爆弾が仕掛けてあることを知っていた人は,爆発に因果的にかかわらなかったが,それを当局に知らせなかったことで,部分的に責任がある。先行研究もこの分析を一部支持する。以上の考察から,シェイヴァーらは,三つは異なる帰属であることと,責任と非難の帰属は,ネガティブな帰結を持つ出来事の原因が帰属された後にのみなされると示唆した。さらに,責任の帰属は,対象となる個人の,①結果への因果的寄与,②結果への気づき,③結果をもたらす意図,④外的強制のなさ,⑤行為の道徳的価値の理解,の程度が増えるに伴って強くなる。また,非難は,罪を犯した人の正当化ないし言い訳の結果として,独立になされる帰属であること

を見出した。

　さて，この理論は明らかに，フツーの人々がいかにして帰属判断をしているかについてのものである。しかし，シェイヴァーらは，ここから，同じ説明を，いかに人々が実際にやっているかとは独立の，規範的な心理学理論として扱うことによって，話をややこしくしてしまう。たとえば，彼らは次のように述べている。

　「被害者が意図的に自分の苦しみを生み出すような仕方でふるまったのでない限り，犯罪や病気が起こったことについて被害者が客観的に非難に値するということはあり得ない。このことは，被害者が自分によっても他者によっても決して非難されないということではない。実際，非難が被害者によって不正確に適用される仕方は，感情の調節を理解する上で貴重であることが判明した。研究者は，その苦しみが先行条件の複合によって生み出されたのか，刺激人物（stimulus person）の単独の特定の行動によって生み出されたのかにも注意を払う必要がある。後者の場合にだけ，因果性の自己帰属は真実（veridical）であろう」（Shaver & Drown, 1986, p. 710）。

　フツーの人がいかに考えているかについての研究から導いた記述的理論（この時フォークサイコロジーは［使用1］されている）を，さらに常識的判断の正しさを評価する規範的モデル（この時フォークサイコロジーは［使用2］されている）として使ってしまっている。これは，二つの使用を絶望的に混同することであり，結果は混乱をもたらすだけだ，とフレッチャーは述べる。

　フレッチャーが指摘した2種類の混同がマズイのは，いずれも，フォークサイコロジー由来のカテゴリーを［使用2］する際の「正当性＝実在性」の吟味をスキップするという結果をもたらすからだ。第一の事例では，［使用1］されているフォークサイコロジー的カテゴリーの実在性の措定（みんなが使っているんだから，そのカテゴリーはある意味で「ある」）が，［使用2］されるフォークサイコロジー的カテゴリーの実在性ないし科学的有用性（そのカテゴリーがあてはまるものが，心の中にあり，行動の説明項になれる）へと横滑りしている。第二の事例では，［使用1］されているフォークサイコロジーの規範性（みんながこ

第6章　集団心に形而上学的問題はない，あるのは方法論的問題だけだ

ういうふうに判断するのがあたり前だと思っている）が，［使用2］されるフォークサイコロジーの規範性（こういうふうに判断するのが心理学的に正しい，それから外れる判断はどこかバイアスがかかっている）へと横滑りする。

「構成概念」と言うのはやめよう

　心理学者がしばしばその方法論を正当化するために口にする「構成概念」という語も，フォークサイコロジー由来のカテゴリーの実在性を吟味するという重要な作業をスキップする方便になっている可能性がある。以下ではそのことを示そう。誤解しないでいただきたいのは，私は構成概念を使用するのをやめろ，と言っているのではないということだ。第一，構成概念を使うことは科学に不可欠である。しかしながら，心理学者が自分たちのやっていることを反省的に語る科学哲学的・メタ的概念として，「構成概念」という概念は濫用されており，そのために重要な問題が見えにくくなっている。これが私の言いたいことだ。

　心理学方法論の教科書を見てみよう。「構成概念（construct）」という語は，あまり明示的に定義されずによく出てくる。いくつかの事例を挙げておこう。

　　［用例1］ここで，現代の心理学では，基本的に「こころとは，行動を説明するために考えられた構成概念である」という立場をとる（南風原・市川・下山, 2001）

　［用例1］に明らかなように，「こころは構成概念だ」という言い方は，まず，内観主義的心理学に対して，心理学が研究対象としている「心」は，私たちの内観に直に現象する実体ではなく，もっと科学的に洗練された理論的構成物だ，と主張したい時に現れる。

　　［用例2］そもそも測定対象である「心理的傾向」自体が，さまざまな行動の背後に仮定される構成概念であるため（高野・岡, 2004）
　　［用例3］行動の背後にあって，行動を説明するためのもの（すなわち，構成概念）（南風原・市川・下山, 2003）
　　［用例2］と［用例3］では，「構成概念」という語がほぼ同じ仕方で使われ

ている。つまり，①行動の説明項になる，②それ自体は直接観察できない，測定できるとしても間接的である，といった特徴を持つ理論的対象を指している。具体的には，知能，欲求，態度，認知的不協和，傾向性などは構成概念である。

しかし，ここでの議論の文脈では，何かを「構成概念」と言っただけでは実は空虚なのである。というのも，「説明項になる，それ自体は直接目に見えないもの」という規定はおよそ科学に現れる理論的対象全般にあてはまるからだ。科学哲学ではこうした理論的対象の実在性こそが問題とされてきた。それは現象を救うための道具（虚構）なのか，それともこの世界の構成要素となっている因果的実在なのかが問われてきたのである。そしてこの問いは，まさにフォークサイコロジーの［使用2］の当否にもかかわる問題だということはすでに述べた。

しかし，しばしば「構成概念」は二枚舌的に使われ，この問題に直面することを回避するために使われてしまう。つまり，「あなたがおっしゃる〇〇傾向性は，私たちの頭の中に本当にあるんですか」と，心理学者が［使用2］しているカテゴリーの実在性が問われたときには，②の側面とそれが構成物であることが強調され，「いや，説明のための構成物＝道具ですから」と答える（道具主義的用法）。一方，「あなた方が明らかにしたとおっしゃることは，常識人ならすでに知っていたことではありませんか」と問われた時には，①の側面が強調され，「フォークサイコロジーとは違って，心理学はそのように行動するメカニズムを明らかにしているんです。因果的説明を与えています」と答える，というわけだ（実在論的用法）。

しかし，構成概念に対して，道具主義的態度を取るか実在論的態度を取るかは本当は両立しない。また，この二枚舌的使い分けを続けている限り，「フォークサイコロジーの二重の使用とその条件」の項で指摘した，重大な方法論的問題に答えることができなくなってしまう。すなわち，フォークサイコロジー由来のリソースをどの程度［使用2］してよいかどうか，という問題である。これに答えるには，構成概念の実在性の度合いについての何らかのコミットメントが必要なのだ。

第 6 章　集団心に形而上学的問題はない，あるのは方法論的問題だけだ

3　フォークサイコロジーを利用する際の問題点

　個人に心を帰属させるのはよいが，集団に心を帰属させるのは間違いだという妥当な哲学的議論はない。そして，集団心の心理学も，個人の心の心理学と同様に，心理学以前に私たちが営んでいる民間（集団）心理学の科学的洗練化としてスタートできる。したがって，個人の心の心理学が科学として成立している程度には，集団心の心理学も科学として成立し得る，というのが私の主張だった。ところが，フォークな理論を科学研究のリソースにするという戦略を採る以上，フォークな理論を科学理論において［使用2］することは避けられない。そうすると，フォークな理論がリアリティをぼんやりとでよいからとらえている，フォークな理論のカテゴリーにおおむね対応するものが本当にあると言うか，あるいは，そういう条件が満たされているものだけをフォークな理論から選択して科学理論で［使用2］するかが必要になる。さもないと，フォークな理論から借用したカテゴリーを科学理論で使ってよいという保証は，予測の道具として役立つ，という他には何もないことになる。もちろん，その科学理論が予測しかしないのであればそれでもよい。しかし，それがメカニズムを明らかにするものだとか，因果的説明を与えるものだと言いたいなら，［使用2］にはもう少し実在論的な条件を課さねばならないだろう。

　こうして，フォークサイコロジーないしフォークグループサイコロジー由来のリソースに何らかの意味での実在性を与えるような解釈戦略が必要になる。私のおすすめは，I. ハッキングの介入実在論による戦略だ（Hacking, 1983）。電子は直接に観察することの不可能な理論的対象だ。そういう意味では構成概念だと言ってもよい。しかしながら一方で，ほとんどの物理学者は電子の実在を疑わない。放射性物質からはベータ線という形で電子が飛び出していると言うし，電線の中を電子が流れていると言う。電子はどうして実在性を獲得しているのだろうか。それは単独の科学的発見によるのではない。1897 年に J. J. トムソンは，何らかの微粒子が陰極から出ているのではないかと考えた。次にすべきことは，その粒子の質量と電荷の決定である。1908 年に R. ミリカンがそ

の電荷を決定した。しかし，これだけで十分に電子が実在性を獲得したわけではない。現実のミリカンは，電荷を測ろうとした時に電子の存在を疑っていなかったが，懐疑的でいても同じ実験はできたろうからだ。しかし，電子の因果的力がわかってくると，よくわかっている効果を別のところで生み出す装置を作れるようになる。そして，自然の別のパーツを系統的に操作するために電子を用いることができるようになる。こうして，電子は仮説的存在ではなく，実験的存在・実在的な何かになっていく。つまり，ある対象を，他の何かについて実験するために操作する時には，それが実在すると思わないといけない。電子を思い通りに操作するための装置を考案し，自然の他のところで現象を創造する手段として用いている時，電子は単に予測の道具や，観察された現象を救う手段なのではなく，それを超えた実在性を獲得するのである。

この介入実在論は，心理学にもあてはまるように思われる。社会心理学者は，個人や集団の行動や判断の産生プロセスに介入し，それを操作し，予想された結果を得た，と言えるような統制実験をもっと行うべきだ。フォークサイコロジーから借用したカテゴリーのうち，こうした介入的実験の積み重ねに生き残るものがあれば，それは何らかの意味で心の中に因果的存在者として実在性を獲得するだろう。それは，科学的心理学の概念になる。逆に，この過程で淘汰されるもの，つまり規則正しい仕方で介入・操作できないものは，志向的スタンスのもたらした幻であり，それは最初からなかったのである。

引用文献

Buss, D. M., & Craik, K. H. (1983). The act frequency approach to personality. *Journal of Personality and Social Psychology*, **56**, 234-245.
Churchland, P. M. (1981). Eliminative materialism and the propositional attitudes. *Journal of Philosophy*, **78**, 67-90.
Dennett, D. (1987). *The intentional stance*. The MIT Press.
Fletcher, G. (1995). *The scientific credibility of folk psychology*. Lawrence Erlbaum.
Hacking, I. (1983). *Representing and intervening*. Cambridge University Press.
南風原朝和・市川伸一・下山晴彦 (2001). 心理学研究法入門　東京大学出版会
南風原朝和・市川伸一・下山晴彦 (2003). 心理学研究法　放送大学

第6章 集団心に形而上学的問題はない，あるのは方法論的問題だけだ

Hider, F. (1958). *The psychology of interpersonal relations*. Wiley.
Kelley, H. H. (1991). Common-sense psychology and scientific psychology. *Annual Review of Psychology*, **43**, 1-23.
Lewis, D. (1972). Psychophysical and theoretical identifications. *Australasian Journal of Philosophy*, **50**, 249-258.
Nagel, T. (1974). What is it like to be a bat? *Philosophical Review*, **83**.
Place, U. T. (1956). Is consciousness a brain process? *British Journal of Psychology*, **47**, 44-50.
Putnam, H. (1973). Psychological predicates. In W. H. Capitan & D. D. Merrill (Eds.), *Art, mind and religion*. University of Pittsburgh Press. pp. 37-48.
Ryle, G. (1949). *The concept of mind*. Hutchinson.
Shaver, K. G., & Drown, D. (1986). On causality, responsibility, and self-blame: A theoretical note. *Journal of Personality and Social Psychology*, **50**, 697-702.
Smart, J. J. C. (1959). Sensations and brain process. *Philosophical Review*, **68**, 141-156.
高野陽太郎・岡隆（2004）．心理学研究法　有斐閣

第7章 科学哲学者が社会心理学に方法論を提案したら：予告編

出口康夫

1 プロローグ：哲学者に何が問われているのか

　僕には社会心理学者の友達が2人いる。2人とも日々実験にいそしむ第一線の研究者だ。で，お酒もよく飲む。酒席でも，「科学とは何ぞや」風の大上段の議論から，学会の裏話まで，シュンポシオン（「飲み会」，もとい「饗宴」）のプロたる哲学者顔負けの談論風発ぶりである。でも，その横顔に，ふと，「私たち社会心理学者って，一体何をやってるんだろう……」という自問自答の影がよぎる瞬間を，僕ら哲学者は見逃さない。声にはならない声を聞き取り（決して空耳ではない，多分），それに「問い」という形を与え，一定の解答の見通しを描き切る。「おせっかい」と言われようが，「大風呂敷」とそしられようが，それも哲学者の重要な「お役目」だからである。

　では，ここですくい取られるべき「問い」とは何か。身もふたもない言い方をすれば，それは「社会心理学とは何か」である。でも，ここは要注意。この手の「何か」問題は，案外くせ者だからだ。その中に読み取られるニュアンスやベクトル（方向性）次第では，答の行き先がまるで変わってしまうことがある。では，社会心理学者が，他ならぬ哲学者に向けて（胸の奥で）発する「何か」問題の内実は「何か」。

　まず，それは当然，「一人称の問い」のはずだ。自ら手を下さない傍観者とは異なり，現場で実際に「社会心理学してる」人たちによる問い。となれば，そこでは，「どのように研究を進めていくべきなのか」という，「べき」の要素を含んだ「研究の進め方」，すなわち「社会心理学者が取るべき方法」が問われているに違いない。

　とはいえ，具体的な実験の手法をシロウトの哲学者にたずねても仕方ない。

個々の研究を社会心理学の営み全体の中で位置づけ、それらに対して今後進むべき大まかな方向性を示す。そのような「大局観」としての方法、いわば「大域的方法論（グローバル・メソドロジー）」が、ここで哲学者に求められているのだ（と、独り合点しておこう）。

　方法は結果を規定する。どのような大域的方法論を採用するかによって、その結果として生み出される科学知のあり方も大きく左右される。言い換えると、何らかの大域的方法論を提案するとは、それを用いる「社会心理学という営み」や、それがもたらす「社会心理学の知」を一定の仕方で特徴づけ、それらが持つ意味や意義を予め明らかにしておく作業でもある。大域的方法論を探り、そこから生み出される社会心理学の知のあり方を問う。これが、2人の研究者との議論から僕が読み取った問題、社会心理学が現在直面していると思われる一つの課題なのである。

　本章の内容は、社会心理学者にも哲学畑の人にもなじみの薄いものだと思う。なので、いきなり本題に入るよりは、まず、そのハイライトを前後2編の「予告編」として紹介し、その後で僕のアイディアの出所を「話の枕」として置いた上で、「本編」へと話を進めたい。まだるっこしい展開となって遺憾だが、しばらくおつき合い願いたい。

2　予告編その1：ネットワーク拡大競争の集積としての社会心理学

　立てた「問い」には責任を持って答える。問いの「立て逃げ」はしない。それが哲学者の職業倫理。なので、いきなり結論。「測定ネットワーキング競争」——それが、ここで提案する社会心理学の大域的方法論。そして、そのような方法論を採用する限り、社会心理学は「ネットワーク拡大競争の集積」と見なされることになる。では、「測定ネットワーキング」や「ネットワーク拡大競争」とは何か。詳しくは後で説明するとして、ここでは「予告編」として、それらについて、まずは大雑把なイメージを提示しておきたい。その上で、社会心理学を「ネットワーク拡大競争の集積」ととらえた場合に見えてくる、「社会心理学という営み」や「社会心理学の知」の特徴を、3点に分けて紹介して

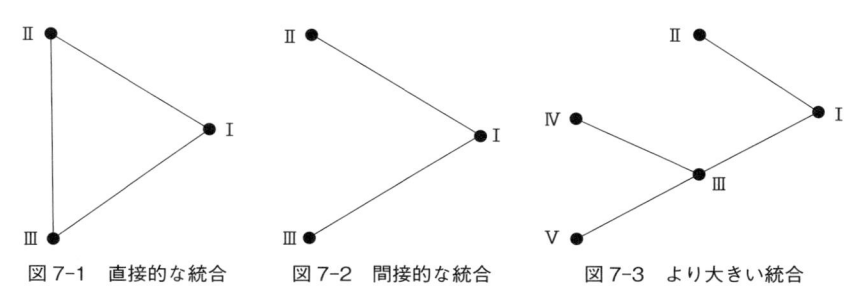

第 7 章　科学哲学者が社会心理学に方法論を提案したら：予告編

図 7-1　直接的な統合　　図 7-2　間接的な統合　　図 7-3　より大きい統合

おく。

　まずは，図 7-1 と図 7-2 を見てみよう。これらの図に登場する複数の点は，それぞれ独立に実施された個々の社会心理学研究を表している。ここでの研究とは，何らかの社会心理学的事象の「量」を測る実証研究のことである。なので，もう少し正確に言うと，これらの点は，それら個々の研究から得られた結果，すなわち，「何らかの社会心理学的事象のある特定の測定値」を意味する。

　図 7-1 でも図 7-2 でも，三つの点が互いに線で結ばれている。ここで，「線で結ばれる」とは，各々の測定値が統合され，たとえば平均値といった一定の統合値が求められていることを意味する。このような「測定値が互いに統合される」という関係からなる「網の目」が，ここで言う「測定ネットワーク」なのである。

　図 7-1 では，三つの点を頂点とする三角形が描かれている。言い換えると，すべての点が互いに直接つながっていることになる。一方，図 7-2 では，そうなっていない。点 II と III は I を介して間接的につながっているだけで，直接には結びついていないのだ。第 8 章で見るように，測定ネットワークには，このような二つのタイプの「統合」が成り立っている。

　社会心理学では，このような測定ネットワークが複数，併存している。それらのネットワークのあるものは，互いに「対立関係」にある。いわば，互いが互いの「ライバル」となっているのである。一方，ネットワーク同士が，互いにライバル関係にないケースもある。その場合，それぞれのネットワークは，

互いに相手の縄張りを侵さずに，平和裡に共存している，とでも言っておこう。

社会心理学におけるどの測定ネットワークに対しても，原則的には必ずライバルが存在する。そして，それらのライバル同士の間には，共通のルールにのっとった「競争」が成り立っているのである。その共通のルールとは，「より大きく，より質の高いネットワーク」のほうが「よりよいネットワーク」であり，そのようなネットワークを作った陣営が「勝ち」というものだ（ネットワークの「質」の話はしばらく置いておこう）。たとえば，図7-2と図7-3では後者のほうが，より多くの「点」を含んでいる，すなわちより多くの「研究」をネットワーク化しているという意味で「大きい」。この場合，図7-3のネットワークの「勝ち」である（ここでの「勝ち負け」が何を意味するのかも，後で説明する）。

ネットワーク間の「勝ち負け」は，あくまで一時的なものである。たとえば，いったんは負けた図7-2のネットワークも，自らの拡大に努めた結果，ある時点で，図7-3のネットワークを追い抜き，それより大きくなることも当然あり得る。複数のネットワーク同士が，試合時間無制限の拡大競争を展開する。これが「測定ネットワーキング競争」である。「ヨーイ，ドン」でこのようなネットワーク拡大競争を繰り広げよう。それこそが，社会心理学に対して，ここで提案される大域的方法論なのである。

上で触れたように，社会心理学の測定ネットワークの中には，「縄張り」ごとに，棲み分けが成り立っているケースもある。が，各々の縄張りの中では，やはり，ライバル同士が拡大競争のしのぎをけずっている。結果として，社会心理学のあちこちの領域で，ネットワーク間競争が勃発していることになる。むしろ，社会心理学とは，そのような多数のネットワーキング競争の総体，それらの集積に他ならない。それが，ここでの大域的方法論の下で見えてくる，社会心理学の姿なのである。

「多様なネットワーク拡大競争の集積」と見なすことで，社会心理学を特別視するつもりは僕にはない。力学や電磁気学といった物理学の一部をのぞき，科学の多くの分野で，多様な測定ネットワーキング競争が――当の科学者たちは，そのように自覚していないにしても――実は行われている。その意味で，

ここで提案される大域的方法論や，それに基づく科学観は，様々な分野に横断的にあてはまり得る。僕は，そう踏んでいるのである。

3 予告編その2：多元性・ネットワーク・共同作業

予告編の後半に行ってみよう。この後半部は，「多元性」「ネットワーク」「共同作業」を，それぞれキーワードとする三つのエピソードからなる。では，まず「エピソード1」から。

エピソード1

世界についての正しい（真なる）見方を，社会に広く提供することが科学者の務め。これは，社会心理学者のみならず，多くの人々に共通する想いだろう。さらに，世界の正しいあり方は，（「可能な状況」についてのややこしい話にはタッチせずに，この現実的世界に話を限れば）一つに定まっている。「真実はいつも一つ！」。「名探偵コナン」の決めゼリフはまた，科学者たちの「合言葉」でもある。ソーファニー・ソーグッドここまでは，文句なし。哲学者の中には，これらの考えにもケチをつける輩もいるが，僕はそんなことはしない。

でも，ここからが問題だ。「世界の唯一正しいあり方」など，僕らは知ることができるのか。答は，残念ながらノーである。僕らにできるのは，各自が正しいと思う世界についての考えを，それぞれより正確なものへと練り上げていくことだけだ。科学のどの分野も，互いに異なった考えを抱いた多数の研究者を抱えている。そのような分野が全体として目指すべきは，多かれ少なかれ正確な，世界についての描像を，より数多くより多彩な仕方で提示することだとも言える。科学は多元的な世界像を社会に提供すべきなのである。

測定ネットワーキングという考えは，社会心理学に即して，このような多元的な科学観に具体的な内実を与えてくれる。その理由は二つ。第一に，先に触れたように，社会心理学では，複数の測定ネットワークが，二重の意味で群雄割拠よろしく並び立っている。まず，各々の「縄張り」ごとに異なったネットワークが成立している。さらに，一つの「縄張り」の中にも互いにライバル関

係にある多数のネットワークがひしめいているのだ。縄張りを異にする複数のネットが一つに統合される見通しは，原理的にない。また，同じ縄張りに属するライバル同士の競争に決着がつくことも，これまた原理的にない。そして，各々のネットワークは，いわば，それぞれがそれぞれの仕方で世界の一側面を切り取った上で（ないしは，世界にそのような側面が備わっていると勝手に考えた上で），その側面について自分なりの「絵」を描こうとしているのである。結果として，僕らの前には，世界についての互いに異なった様々な描像が，まるで展覧会のようにぶら下がっていることになる。これらの描像が一つの絵柄に収斂することは，測定ネットワークという大域的方法論を採用する限りあり得ない。逆に，測定ネットワーキングという考え方は，社会心理学が提供する世界像がなぜ多元的にならざるを得ないかを説明する役回りも果たし得るのである。

　第二に，測定ネットワーキングという方法論は，「なぜ，どのような意味で，多元的な世界像の各々が，以前より『より正確なもの』になったと言えるのか」についての一定の見通しも与えてくれる。さらにそれは，「どうすれば，より正確な描像が得られるか」をも教えてくれる。まさに，至れり尽くせりである。

　「エピソード１」をまとめよう。社会心理学を「ネット拡大競争の集積」と位置づける大域的方法論は，「社会心理学がもたらす知が多元的であること」を，「なぜそれが多元的か」という「説明書」つきで教えてくれる。もちろん，このことは，「科学知は多元的だ！」という僕の考えが正当化されたことは意味しない（なぜこの方法論を採用すべきかが，この時点ではそもそも正当化されていないのだから。そして後で触れるように，そのような正当化は，実は不可能ですらある）。だが，測定ネットワーキングという方法論を採用することで，多元的な科学観により豊かな実質が備わることもたしかなのである。

エピソード２

　次に「ネットワーク」をキーワードとする「エピソード２」を見よう。社会心理学は「ピースミールな知」だ。多くの社会心理学者は，半ば諦め気味にそ

第7章　科学哲学者が社会心理学に方法論を提案したら：予告編

う考えているようだ。普遍的な法則とか，すべてを説明するモデルなんてものは，「社会心理学本」のどこを探したって見つからないし，将来，見つかる気配もない。代わりに，社会と心の間の相互関係にまつわる個別的な事象を一つひとつ切り出し，多彩な方法を駆使して（ありていに言えば，使える方法なら無節操に何でも使って），それを多角的に明らかにしていく。結果として得られるのは，社会心理学的現象に関する統合的な全体像ではなく，雑多な経験知の寄せ集め，ないしは互いの連関を欠いたバラバラな知見の集積体。

「それこそが実証科学としての社会心理学の身上。それで何が悪い？」。そんな声も聞こえてきそうだ。「世界についての統一知」などという，ありもしない「青い鳥」を追いかけるよりも，「ピースミールな知」を堅実に蓄積していくほうが，よほど現実的で健全なやり方だというわけだ。

この，思わず「ごもっとも！」と言ってしまいそうな意見には，「全体的な『統合知』がダメなら，バラバラな『ピースミールな知』で我慢するしかない」という発想，言い換えると，「知には，『統合知』か『ピーミールな知』の二つの可能性しかない」という二者択一的な考えが潜んでいる。このような二項対立に待ったをかけ，「統合知」でも「ピースミールな知」でもない「ネットワーク知」という，「第三の知のモデル」を提案すること。それも，測定ネットワークという大域的方法論に込められた一つの目論みなのだ。

ピースミールな知は，言うまでもなく，個々の研究という数多くの「ピース」からなる。そして，それらのピースは明確な仕方で互いに組み合わされることなく，バラバラなままで放置されている。それら個々の研究を，あたかもジグソーパズルを組み立てていくように，一つずつつなぎ合わせ，なるべく大きな「一つながりの部分」を作っていく，言い換えると，なるべく多くのピースを一定の仕方で連関させたネットワークを構築していく。それが測定ネットワーキングだ。なので，ネットワーク化された多数の研究が全体として提供する知は，断片的なピースミールでないことは明らかだ。

こう言うと，「ちょっと待って！」という声がただちに聞こえてきそうだ。アナタ，社会心理学における測定ネットワークは多元的，つまり多数のネット

ワークが，互いに連関し合わずに並列的に存在していると，「エピソード1」で言っていたわよね。だったら，ピースが「個々の研究」から「個々のネットワーク」に入れ替わっただけで，他は何も変わってないじゃん，それって？たしかにピースは少しは大きくなったわ。でも，その間に明確な連関がない限り，全体としてはバラバラなまま，やっぱり断片的な知のままなんじゃないの？

　そう，たしかにネットワーク間には連関はない。でも，知の連関は，あるところには，ちゃんと存在しているんだ。ネットワークの内部にね。言い換えると，全体的な連関の代わりに，僕らは，局所的な連関を手にすることになるんだ。さらに，測定ネットワークという大域的方法論が社会心理学の現場に浸透したあかつきには，すべての個別の研究は，それがいつかはネットワーク化されることを予め想定した上で実施されるようになる。どのネットワークからも弾かれる「はぐれ狼」のような研究は，ごくごく例外的な存在になるだろう。つまり，ほとんどの研究は，どこかのローカル・ネットワークに取り込まれることになるわけだ。「ネットワークの多元性」という名の断片性は，たしかにどこまで行ってもつきまとう。でも，「すべての知が断片的でバラバラ」という状態は，もはやあり得ない。それとは明確に一線を画されるべき「ネットワーク知」が，ここでは生まれているんだ。

　さらに，各ネットワークは，常に仲間を増やすべく，拡大競争にいそしんでいる。それらは，どんどん成長を続けているわけだ。この成長の過程で，（後で見るように）新しい研究が取り込まれる一方，ネットワークを構成していた「古い」研究が，老廃物よろしく捨てられることもある。ネットワークは，新陳代謝（メタボリズム）を繰り広げているとも言える。それはいわば，アメーバのように自己増殖する生き物。かたや，「ピース」は，木片にしろパズル片にしろ，「死んだ存在」。両者には深くて大きな溝がある。「ピース」というメタファーは，個々の研究にはあてはまっても，測定ネットワークにはもう通用しないんだ。

　一方，測定ネットワークは何重もの意味で「全体的な統合知」ではない。まずは，「ネットワークの多元性」。多元的な複数のネットワークは全体として，

統合された一元的な世界像を提供してはくれない。また，個々のネットワークのレベルでも，同様の「全体性の欠如」が見て取れる。(後に例として導入する) 対象間の因果構造を明らかにするタイプの研究を組み上げたネットワークを考えてみよう。このようなネットワークを拡大することで，僕らは，複雑に絡み合ったより巨大な因果構造を手にすることができる。だが，因果構造をどこまで巨大化していっても，そこから全体として何か別の高次の情報が突如として立ち現れてくることは，基本的にない。ここで，網の目のように張りめぐらされた因果構造を「街路」に見立てると，ネットワークが大きくなるにつれ，「街路図」がカバーする範囲もどんどん広がっていくことになる。でも，そのような「お化け街路図」を，いくら大所高所から見下ろしても，目に入るのは，相変わらず「あちこち勝手な方向に走る多数の街路」のみ。「ナスカの地上絵」のような，巨視的な図柄が，突如として現れることはない。ジグソーパズルのピースを闇雲につなぎ合わせていくうちに，たとえば「モナリザの顔」といった，何らかの意味を持った図像が突然浮かび上がる。そんな「幸せな瞬間」は，残念ながら，測定ネットワーカーには訪れないのである。

　測定ネットワークが与える知は，バラバラな断片知でも全体的な統合知でもない。それは「ネットワーク知」とでも呼ぶしかない，新たなタイプの知なのだ。言い換えると，測定ネットワークという大域的方法論を採用することで，「全体知か，さもなくば断片知か」という不毛な二者択一に終止符を打つことができる。社会心理学の知を，第三のモデルの下で眺め得ることになるのである。

エピソード3

　さて，いよいよ「エピソード3」。ここでは，測定ネットワーキング競争として見られた「社会心理学という営み」が，何重もの意味で「共同作業」という観点から描かれる。

　そもそも，数多くの個別研究を組み込んだ測定ネットワークの構築作業自体，多数の研究者によって営まれる共同作業である。また，ネットワーク間の競争

も，決してルール無用の「仁義なき戦い」ではない。それは，あくまで一定の「勝ち負けの基準」を共有した上での競争，ルールに基づいたゲームなのだ。言い換えると，敵味方に分かれているとはいえ，「ルールを守って競い合う」という一種の共同作業が，ここでは成立している。また第8章で見るように，互いにネットワーク拡大競争に血道を上げることで，結果として，それぞれのネットワークが描く世界像は，より正確なものへと「共進化」を遂げる。ライバルたちが競い合うことで，全体のレベルが底上げされるのである。その意味で，ネットワーク競争のライバルたちは，図らずも，自分たちが生み出すネットワーク知全体の正確さの向上という共同作業に携わっていることにもなる。

さらに，そもそもここで持ち出される「大域的方法論」とは，その上で様々なタイプの研究が繰り広げられるべき「土俵」を大まかに定める枠組み，多種多様な研究活動を導く，大綱的ガイドラインである。したがって，たとえ同じネットワークを構築する同志でなくとも，また直接相見えるライバルでなくとも，測定ネットワーキングに従事する研究者は，「複数のネットワーク競争を同時多発的に繰り広げる」という作業に，一定の「お約束」の下で，共同で従事していることには変わりない。そして，この「ネットワーク拡大競争の集積」によってもたらされるのは，先に見たように，社会心理学的現象に対する「多元的なネットワーク知」だった。つまり，それぞれの持ち場で測定ネットワーキングに従事している社会心理学者は，結局のところ，社会一般に対して多元的なネットワーク知を提供すべく，広く緩い意味ではあるが，共同作業を繰り広げていることになるのである。

以上，三つのエピソードを踏まえれば，社会心理学の研究室で日々積み重ねられている個々の研究を，大きな枠組みの中に位置づけ，その中でそれらに一定の意味を与えることができることになる。個々の研究は，自己完結した孤立した営みではない。社会心理学の真の目的は，個々の研究を組み込んだ，よりよいネットワークを構築し続けることにこそある。むしろ，個々の研究は，そのようなよりよいネットワーク構築作業の一環として遂行されるべきなのであ

る。多数のネットワークが，正確さを競いながら，各々の世界像を多元的に提示しているというのが，社会心理学のあるべき姿。個々の研究は，最終的には，このような多元的なネットワーク知を提示する巨大な営みの一コマとして理解されるべきなのである。

「研究」から「研究者」へと焦点を移そう。ありとあらゆる方法を用いて，雑多としか言いようのないトピックに関して，好き勝手に研究を繰り広げているようにしか見えない社会心理学者。彼らは，実は，社会心理学が扱う現象の多種多様な側面に関して，各々が正しいと信じる描像を掲げ，一定のルールの下で展開される競争を通じて，互いに切磋琢磨を繰り広げているという意味で，一種の共同作業に従事している。そしてそのような作業を通じて，社会心理学的現象に対する多元的なネットワーク知が，より正確なものへと練り上げられていく。測定ネットワーキングという大域的方法論は，そのような社会心理学者の姿を映し出すスクリーンの役割をも果たすのである。

4　話の枕：物理定数の測定ネットワーキング

「測定ネットワーク」というのは，僕の造語だ。そして僕は，社会心理学の営みを，測定ネットワークという観点から再編成しようぜ！　と提案しているわけだ。これは，裏を返せば，社会心理学者たちは，現に測定ネットワーキングにいそしんでいるわけではないことを意味する。社会心理学は，測定ネットワーキングになるべき存在なのだ。では，測定ネットワーキングが現に成立している領域など，そもそもどこかにあるのか。実は，ある。精密計測学（precision measurement）と呼ばれる分野，その中でも特に，基礎的物理定数を測定し，その標準値を導出する営みがそうだ。何を隠そう，その営みこそが，僕にとっての「測定ネットワーク」というアイディアの出所（すなわち，アーキタイプ）だし，そのパラダイム（範例）でもある。

それ専用に組み立てられた複雑な装置を駆使して，様々な物理量を測定する。そのような営みが，「精密計測学」という科学の一分野として産声を上げたのは19世紀後半のドイツ。より焦点を絞ると，1860年代後半のゲッチンゲンで

ある (Jungnickel & McCormmach, 1986)。それはまた,「系統誤差」やその「相殺」といったアイディアが確立され，それらに基づいた（後で，測定ネットワーキングの「基本前提」「基本戦略」として，僕なりの仕方で紹介する）「測定の方法論」が明文化される時期でもあった。実際，その方法論は，F. コールラウシュの『実験物理学 (*Leitfaden der praktischen Physik*)』(Kohlrausch, 2009/ 初版 1869) や，S. W. ホルマンの『精密測定論 (*Discussion of the Precision of Measurements*)』(Holman, 1901/ 初版 1892) といった，その分野の草分けとなった代表的な教科書，さらにはW. S. ジェボンズの『科学の諸原理 (*The Principles of Science*)』(Jevons, 1874) のような同時代の科学論の書の中に見て取ることができる。ちなみにこの科学の一分科，現在，日本の大学では工学部の精密工学科に籍を置いているケースが多いが，アメリカでは理学部の応用物理学科にあったりする。精密計測学は，科学と工学が交わる境界に位置する学問なのだ。

　精密計測学の一つの大きな目的は，基礎的物理定数を測定し，その標準値を導出することにある。物理定数とは，重力定数 G，光速度 c，電子の電荷 e など，一定の決まった値を持つと想定されている物理量である。現在では 300 種以上の量が「基礎的物理定数」と認定され，科学や技術，そして産業において「縁の下の力持ち」的な役割を果たしている。このような物理定数の標準値導出作業こそが，ここで言う「測定ネットワーキング」のアーキタイプかつパラダイムなのである。

　この物理定数の測定ネットワークでは，多種多様な物理定数を対象とする膨大な数の測定から得られた結果が「統合」され，各々の定数の「標準値」が導出される。そこで用いられている統合の手法，言い換えると「ネットワークの作り方のテクニック」は，主として，「加重平均 (weighted mean)」と「最小二乗補正 (the least square adjustment)」である。現在，これらの手法を用いて，CODATA という国際機関が，物理定数の標準値を決定し，インターネットで公開している (http://physics.nist.gov/cuu/Constants/index.html)。

　ちなみに，加重平均も最小二乗補正も，メタアナリシスと呼ばれる統計的技法の一種である。1 回の実験や観察では，多数のデータが得られ，それらに統

計的処理ないし分析を施すことで一定の測定結果（これを「一次結果」と呼んでおこう）が導かれる。これら多数の一次結果を「統合」するために，それらに対して再び施される統計的処理ないし分析が，ここで言う「メタアナリシス」である（つまり，ここでの「メタ」とは「二次的な」という意味合いを持つ）。「メタアナリシス」という言葉が登場したのは 1970 年代後半，命名者は心理学者（Glass, 1976）である。でも，そのような名前がつけられるはるか以前から，加重平均や最小二乗補正も含め，「メタアナリシス」と呼べる技法は科学のあちこちで用いられていた（メタアナリシスに関しては，グッドマン，2009, 物理定数の測定ネットワークに関しては，出口，2010 を参照）。

　加重平均と最小二乗補正という，精密計測学ではおなじみのメタアナリシスの技法こそ，僕がここで手始めに社会心理学に持ち込もうとしている「ネットワークの作り方のテクニック」に他ならない。つまり，これから見ていく測定ネットワークや，そこで用いられる技法は，どこの馬の骨とも知れない「怪し気なもの」ではなく，物理定数の標準値の導出という，科学・技術や産業活動，さらにはそれらなしでは生きていけない，われわれの日常生活を陰で支える「知的インフラ整備事業」の根幹に位置している。その意味で，それは，すでに確立され，定着した方法論，いわば由緒正しいアイディアなのである。

引用文献
出口康夫（2010）．メタアナリシス的全体論――コリンズに応えて　科学基礎論研究，**38**(**1**), 19-38.
Glass, G. V. (1976). Primary, secondary, and meta-analysis of research. *Educational Researcher*, **5**, 3-8.
グッドマン，K. W.（2009）．出口康夫（訳）メタアナリシス　K. W. グッドマン（編著）板井孝壱郎（監訳）　医療 IT 化と生命倫理　世界思想社
Holman, S. W. (1901). *Discussion of the precision of measurements*. John Wiley & Sons.
Jevons, S. (1874). *The principles of science: A treatise on logic and scientific method*. Vol. 1. Macmillan.
Jungnickel, C., & McCormmach, R. (1986). *Intellectual mastery of nature: Theoretical physics from Ohm to Einstein*. Vol. 2. University of Chicago Press.
Kohlrausch, F. (2009). *Leitfaden der praktischen Physik, Bibliolife*. Charleston.

第8章 測定ネットワーキングとしての社会心理学：本編

出口康夫

1 SEMネットワーク

　測定ネットワークを社会心理学に導入すべく，いよいよ「本編」に入ろう。少々，お堅く表現すれば，「測定ネットワーキング」とは，一般に，「個々の研究の結果得られた多数の測定値を，メタアナリシスの技法を用いて統合し，一定の標準値を導出する作業」ということになる。この「多数の測定値のメタアナリシス的統合」を，僕としては，「それらの測定値を与えた個々の研究そのものの統合」と読み替えたいわけだ。ここで，統合されるべき測定値ないし研究を，さしあたり「社会と心の相互作用」をターゲットとするものに限った場合，「社会心理学の測定ネットワーク」が得られることになる。

　もちろん，「社会と心の相互作用」と一口に言っても，その内実は様々だし，社会心理学で用いられている研究手法も多岐にわたる。さらに研究結果を統合するために動員されるメタアナリシスの技法にもいろいろある。結果として，「相互作用」のどこに目をつけるのか，そしてそれを明らかにするためにどのような研究手法を用いるのかに応じて，さらにまた，どのようなメタアナリシスの技法を採用するかによって，様々なタイプの「社会心理学ネットワーク」が成立することになる。

　とは言え，ここで，何でもかんでも取り上げて議論をする紙幅はない。そこで以下では，統合されるべき研究のタイプを，社会心理学的事象の間の因果構造を構造方程式モデル（Structural Equation Model: SEM）によって明らかにしようとするもの（SEM研究）に絞り，また用いられるメタアナリシスの技法も，先にふれた「加重平均」と「最小二乗補正」に限った上で，話を進めていきたい。つまり，ここでは，社会心理学における測定ネットワークの一般的なあり

方を形式的に示すのではなく，ある特定の具体例（それを「SEM ネットワーク」と名づけよう）を提示することで，今後の研究の「呼び水」となることを目指す。言い換えると，社会心理学における測定ネットワーキングの「パラダイム」を提示することが，本章の目的なのである。

SEM ネットワークを構築する作業は，三つのステップからなる。第一ステップでは，個別研究の中で，通常の統計的分析によって，多数の生データが，一定の数値（標本統計量）へと統合される。次に第二ステップでは，研究対象を全面的に共有する複数の個別研究から得られた多数の標本統計量が，加重平均というメタアナリシスの技法によって統合される。最後に第三ステップで，研究対象を部分的にしか共有していない研究同士が，最小二乗補正という技法によって統合される。これらを順を追って見ていこう。

2　ネットワーキングの第一ステップ

SEM 研究では，直接観察できない様々な社会心理学的要因（潜在変数）の間に，多様な因果関係が想定された上で，その関係の「強さ」が，共分散分析を用いて推定される。つまり，SEM 研究は，様々な社会心理学的事象の中でも，特に要因間の「因果構造」に的を絞り，それを明らかにしようとする研究なのである（詳しくは，狩野，2002; 足立，2006, 9 ～ 10 章参照）。

ここで重要なのは，SEM 研究以外の社会心理学的研究は，SEM 研究をネットワーク化した「SEM ネットワーク」に参加することが，そもそもできないということだ。たとえば，「政党支持の家庭内伝播のあり方」を，グラフ理論を用いて調査するようなタイプの「情報伝播研究」は，はなから SEM ネットワークに入れてもらえない。情報伝播の様子を調べる研究は，因果関係を対象とする研究とは別のネットワークを，独自で構築していくしかないのである。

ではなぜ，SEM 研究と情報伝播研究といった，いわばカテゴリーを異にする研究同士は，同じ一つのネットワークの内で共存できないのか。それは，ここでのネットワークが，「測定値を統合することで，それをもたらした研究を結びつける」というものだからである。たとえば，体重と身長の測定値を結び

つけて平均値という統合値を求めても無意味である。測定値の統合が有意味であるためには，統合される測定値が同じ対象についてのものであることが必要なのだ。したがって，統合される研究は，（少なくとも部分的には）対象を共有していなければならないことになる。一方は因果関係，他方は情報伝播というように，そもそも対象のカテゴリーが異なる SEM 研究と情報伝播研究は，測定ネットワークによって統合しようがないのである。

　SEM 研究と情報伝播研究は，先に用いた表現を持ち出せば，「縄張り」を異にする研究である。ここで言われる「縄張り」とは，対象や手法の一定のカテゴリーを意味する。そして，測定値の統合によるネットワーキングに従事する以上は，一つひとつの縄張りごとに，別々にネットワークを構築していくしか，縄張りを異にするネットワークが，互いに交わることは原理的にない。まずはこの点で，測定ネットワークは，否応なく多元的なのである。

　SEM ネットワークを具体例に即して説明するため，ここで以下のような架空の社会心理学研究を導入しよう。ちなみにこの研究は，これまで述べてきた「個別研究」ではなく，その下に複数の個別研究が属する，研究の一つのタイプに他ならない。そこで，以下ではそれを「研究タイプ I」と呼んで，個別研究（「ボトムレベルの研究」とも呼ぶ）と区別しておこう。

研究タイプ I：個々の大学生の性質（言い換えると，傾向性）である「勤勉さ」という潜在変数 X，同じく個々の学生の「高卒時の学力」という潜在変数 Y，さらには彼らの「大卒時の学力」という潜在変数 Z，という三つの潜在変数のみを考慮に入れ，これらの間に，以下の三つの因果関係を想定する。
　　I_1：「勤勉さ」が「高卒時の学力」の原因となる
　　I_2：「勤勉さ」が「大卒時の学力」の原因となる
　　I_3：「高卒時の学力」が「大卒時の学力」の原因となる

　いま，「パス（経路）記号→」を用いて，それぞれの因果関係を，I_1：$X \to Y$，I_2：$X \to Z$，I_3：$Y \to Z$ と表そう。また，これらの因果関係の強さは，

次の連立方程式（二つの「回帰モデル」からなる構造方程式）に登場するパス係数 α, β, γ によって，それぞれ表されるものとする（ちなみに，c_1, c_2 は「切片」と呼ばれるパラメータ，ε_1, ε_2 は「誤差」を表す）。

$$Y = \alpha X + c_1 + \varepsilon_1 \quad \cdots\cdots (1)$$
$$Z = \beta X + \gamma Y + c_2 + \varepsilon_2 \quad \cdots\cdots (2)$$

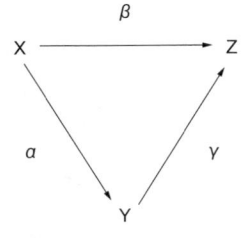

図8-1　研究タイプⅠ

結果として，ここでは次のような因果関係のネットワークが想定されていることになる（図8-1参照）。

たとえば，パス係数 α の値が0であれば，変数XとYの間には因果関係がないことになる。一方，α が正の値になれば，「勤勉さ」が増せば増すほど「高卒時の学力」が高くなるという正の因果関係が成り立ち，α が負になれば，「勤勉さ」が増すほど「高卒時の学力」が下がるという（直観的には少し変な）負の因果関係が成立することになる。また α の絶対値が大きくなればなるほど，正負いずれの因果関係もより強いものになる。

「勤勉さ」「高卒時の学力」「大卒時の学力」は，それ自身としては直接測定することができない潜在変数だ。そこで，それらの変数が引き起こしていると思われる様々な観測可能な変数（観察変数）を設定し，それらの値を測定することで，潜在変数の値を推定し，それらの推定値をもとにしてパス係数の値を導く。そのことで，想定された因果構造のそれぞれの部分が，どの程度「強い」のかを実証的に明らかにする。それが，ここでの研究タイプⅠである。

実際にこの研究タイプⅠを遂行するためには，特定の大学生の集団を選び，個々人が持つ三つの潜在変数を推定するために1組の観察変数を設定しなければならない。たとえば，次のようなオーソドックスな実証研究Ⅰ-1を考えよう。研究Ⅰ-1では，現実のとある大学に在籍している現役の学生が無作為に100人抽出され，彼らの「高卒時の学力」と「大卒時の学力」が，実際に行われた複数の入学試験と複数の卒業試験の結果という観察要因から推定される。また，各学生に対して実施された，自らの勉強時間や生活パターン，さらには自己評価を問うアンケートの結果が，彼らの勤勉さの観察要因と見なされる。

第8章　測定ネットワーキングとしての社会心理学：本編

　一方，以上のような実証研究とは異なり，入学試験から様々な授業，さらには卒業試験までをも簡易化して再現した，いわば「バーチャル大学」をコンピュータ上に構築し，少人数（たとえば10人）の被験者グループが学生役や教師役に分かれ，学習や評価を繰り広げるというシミュレーション研究I-2を行うこともできる。この研究I-2では，複数の模擬試験の結果が，「高卒時の学力」と「大卒時の学力」の観察変数として利用され，また，実験的な環境の中での学生役の被験者の日常的なふるまいに対する教師役の評価結果が，それら「模擬学生」の勤勉さの観察変数だとされる。

　ともに同一の研究タイプに属する，これら研究I-1と研究I-2こそが，僕の言う「ボトムレベルの研究」である。この各々のボトムレベルの研究では，それぞれが設定している観察変数に対して多数の測定が実施され，結果として，多数の（統計処理を施される以前の）「生データ」が得られる。これらの生データに対して，（メタではない）統計的分析（具体的には「共分散分析」と呼ばれる手法）が施され，α, β, γ, さらには c_1, c_2 の推定値という「一次結果」が得られることになる。このことはまた，多数の生データが，三つのパス係数の推定値へと統合されたことを意味する。各々のボトムレベルの研究内で行われるこの種の統合こそ，ネットワーキングの第一ステップなのである。

　データから，α, β, γ, c_1, c_2 の推定値が得られた時点で，それらの値を用いて，上の構造方程式の右辺に登場する潜在変数（説明変数）から左辺に登場する潜在変数（従属変数）を「予測」することができる。たとえば回帰モデル(1)に即して言えば，

$$Y_p = \alpha X + c_1 \quad \cdots\cdots (3)$$

という「予測式」を立て，この式に，研究I-1から得られた α と c_1 の推定値と，ある特定の大学生A君の「勤勉さ」を測った値を代入して，彼の「高卒時の学力」の予測値 Y_p を算出することができる。だが，予測はあくまで予測，常に実際の値と一致するとは限らない。A君の「高卒時の学力」を実際に測った値を Y_o とすると，その実測値と予測値の差，$|Y_o - Y_p|$ が，この研究I-1から得られた推定値の，A君のケースに即した「誤差」なのである。

研究 I-1 で対象となった 100 人の大学生全員について，同様の「実測値と予測値のズレ」，すなわち「誤差」を求めたとしよう。結果として，100 個の誤差がずらりと並ぶわけだ。いま各々の誤差を二乗した上で，それらを足し合わせると「誤差の二乗和」が得られる。この「誤差の二乗和」を，ここでの対象の数，すなわち 100 で割ると，「誤差の分散」という指標が得られる。さらに，同様の操作を，ここで予測の対象となっていた従属変数（すなわち，高卒時の学力）の実測値に対しても行ってみよう。各学生に対して，その高卒時の学力と，100 人の高卒時の学力の平均値との差の二乗を求め，それらの 100 人分の二乗和を人数（100）で割ると，「従属変数の分散」が求められる。次に，これら二つの分散値を用いて，

　　分散説明率＝1－（誤差の分散／従属変数の分散）

なる値を出したとしよう。この値は，通常，このボトムレベルの研究 I-1（ないしはそれが与えた一次結果）が回帰モデル(1)に関して持ってしまった，「予測と実測値のズレ」という意味での「誤差」の大きさを表す指標として用いられている。つまり，この「分散説明率」が大きければ大きいほど，100 人の調査対象について，全般的に言って，「勤勉さ」から「高卒時の学力」への予測の外れ度合いが低かった（予測がよりうまくあたった）ことになるのである。

　同様に，回帰モデル(2)に関する分散説明率を求めることもできる。その上で，回帰モデル(2)の分散説明率と(1)の分散説明率の「平均」を取ったとしよう。この「分散説明率の平均」は，そこで用いられているすべての回帰モデルを考慮に入れた，ボトムレベルの研究 I-1 全体の「予測の外れ（あたり）具合」を表している。それは SEM 研究 I-1 が，全体として持つ，誤差の指標なのである。この SEM 研究全体の誤差の指標を，その研究（ないしは，それによって与えられた一次結果）の「質」の指標と見なそう。「分散説明率の平均」が大きければ大きいほど，そのボトムレベルの SEM 研究の質は高いと考えるわけだ。すると，研究タイプ I に属するボトムレベルの研究は各々，その質の指標としての「分散説明率の平均」をぶら下げていることになる（以下では，ボトムレベルの研究 I-1，I-2 の「分散説明率の平均」をそれぞれ q(I-1)，q(I-2) と表す）。

3 ネットワーキングの第二ステップ

さて,あまたの社会心理学者が,競い合うように,研究タイプIに属する,互いに異なった数多くのボトムレベルの研究を行ったとしよう。結果として,それぞれ一定の品質保証のタグをぶら下げた,数多くのボトムレベルの研究 I-1, I-2, …, I-n が居並ぶことになる。これらは,そこで用いられている対象(現役の大学生,模擬学生など)や方法(実証研究,シミュレーションなど)こそ違うが,いずれも同じ研究タイプIに属している。つまり,同じ因果構造——具体的には,I_1, I_2, I_3 という三つの因果関係とそれらの量的指標(三つのパス係数と二つの切片)からなるシステム——を相手にした個別研究なのである(なお,これらのボトムレベルの研究は,対象である因果構造を,部分的ではなく,全面的に共有していることに注意しておこう)。これらは,同じ対象を異なった方法で測定した研究同士なのである。

対象が同じなら,それらの測定値を「統合」することは有意味だ。「だったら,それらを統合しよう!」というノリで行われる統合が,「ネットワークの第二ステップ」である。この第二ステップで統合されることになる多数の測定値とは,同じパス係数について,異なったボトムレベルの研究が与えた数々の一次結果(推定値)である。パス係数 α に対して,研究タイプIに属する各ボトムレベルの研究が与えた一次結果を,α_{I-1}, α_{I-2}, …, α_{I-n} としておこう。ここで,これらの一次結果を統合するために用いられるメタアナリシスのテクニックは,すでに何度も登場している「加重平均」である。加重平均は,単に「測定値を足して,その数で割る」という単純な平均とは異なり,各々の測定値の質の高低を考慮に入れて,統合結果に対して,より質の高い測定値がより大きな影響を及ぼすように(言い換えると,より質の低い測定値の影響がより小さくなるように),「重み」をつけた平均のことを言う。

ここで,物理定数の測定ネットワーキングについて触れておこう。そのネットワークにおけるボトムレベルの研究とは,同一の物理定数を多数回(場合によっては何千回も!)測って,その平均値を一次結果として出すという地道な作

業である。この場合，多数回の測定から得られた膨大な測定値が見せるバラツキの指標である「標準偏差」が，一次結果の質の指標となる。バラツキ，すなわち標準偏差が小さければ小さいほど，一次結果やそれを生み出した測定の質は高いとされるのである。なので，ここでは，より小さな標準偏差を持つ一次結果の影響がより大きくなるような仕方で（具体的には，標準偏差の二乗，すなわち分散値の「逆数」に比例した形で），「重み」がつけられる。

一方，SEM ネットワークにおける一次結果の質は，「分散説明率の平均」だった。この場合，分散説明率の平均が大きければ大きいほど，一次結果の質は高いことになる。すると，この分散説明率の平均の場合は，それに（逆比例ではなく）比例した「重み」をつければよいわけだ。ここでの加重平均値 αI は，次のように定義できるだろう。

$$\alpha\text{I} = \frac{q(\text{I-1})\alpha_{\text{I-1}} + q(\text{I-2})\alpha_{\text{I-2}} + \cdots + q(\text{I-n})\alpha_{\text{I-n}}}{q(\text{I-1}) + q(\text{I-2}) + \cdots + q(\text{I-n})} \quad \cdots\cdots \quad (4)$$

同様に，残りのパス係数 β と γ に対しても，加重平均値 βI，γI を求めることができる。いま，後の話の都合にあわせて，γI についてのみ，（その標準偏差は無視しつつ）具体的な値を与えておこう。

$$\gamma\text{I} = 2.00 \quad \cdots\cdots \quad (5)$$

このようにして求められた三つのパス係数の各々に対する加重平均値が，研究タイプⅠに属する多数のボトムレベル研究から得られた一次結果を統合した「二次結果」。そして，多数の一次結果を二次結果である加重平均値へと統合するのが，ネットワーキングの第二ステップなのである。この操作によって，それらの一次結果を生み出した数多くのボトムレベル研究自体も互いに統合され，ネットワーク化されることになる。

一次結果が「分散説明率の平均」という品質表示を胸元にぶら下げていたように，二次結果もまた，常に一定の品質指標を伴って提供される。この二次結果の品質指標とは，（物理定数ネットワークの一次結果のケースと同様，）それへと統合された一次結果の間に見られるバラツキの度合い，すなわち標準偏差である。すなわち，一次結果の間の標準偏差が大きければ大きいほど，加重平均値

第8章　測定ネットワーキングとしての社会心理学：本編

としての二次結果の質は下がると見なされるわけである。

　後の話の都合により、ここで、新たなパス係数 δ を導入し、α, β, γ という三つのパス係数の各々が持つ二次結果を、δ の二次結果に集約しておこう。研究タイプ I が設定していた因果構造をもう一度見てみよう（前掲図8-1）。そこでは、$I_2 : X \rightarrow Z$ という、「勤勉さ」を原因とし「大卒時の学力」を結果とする因果関係の他に、$I_1 : X \rightarrow Y$, $I_3 : Y \rightarrow Z$ という二つの因果関係が設定されていた。因果関係は推移的なので（つまり、ある原因の結果の結果は、元の原因の結果でもあるので）、I_1 と I_3 からも、$I_4 : X \rightarrow Z$ という因果関係が導かれる。結局、研究タイプ I は、X と Z の間に、「高卒時の学力」という変数 Y を介さない、直接の因果関係（I_2）と、Y を介する間接の因果関係（I_4）の両方を想定していることになる。そして、これら直接、間接の二つの因果関係を合わせた、X から Z への全体的な因果関係の強さ δ は、先に導入した三つのパス係数 α, β, γ を用いて、次のように表すことができる。

$$\delta = \beta + \alpha \cdot \gamma \quad \cdots\cdots (6)$$

　ここで右辺の三つのパス係数に、二次結果を代入すると、僕らは δ の二次結果 δI を手にすることになる。また各々の加重平均値 αI, βI, γI がぶら下げていた標準偏差から、（詳細は省くが）この δI が持つ標準偏差を求めることも可能である。いま、それらの値が次のようなものだったとしておこう（これらも含め、以下で用いる具体的な数値は、DuMond & Cohen, 1948, pp.93-95 のそれを「流用」したものである）。ちなみに、±記号の後に続く値が標準偏差である。

$$\delta I = 2.20 \pm 0.07 \quad \cdots\cdots (7)$$

　いま、ピッタリ平均値に一致するという意味で見事に平均的な「勤勉さ」を持つ大学生のグループと、ちょうど（勤勉さの分布の）標準偏差分だけ、より勤勉な大学生のグループを作ったとしよう。「δI の値が2.20だ」というのは、平均的に勤勉な大学生の大卒時の学力と、標準偏差分だけ勤勉な大学生の大卒時の学力を比べてみると、両者の間には、平均して（大卒時の学力の分布の）標準偏差の2.20倍の差がつくはずだ、ということを意味する。勤勉さの違いが、（それぞれの分布の標準偏差値を基準として）2.20倍に増幅された形で大卒時の学

力に現れる。SEMネットワークの第二ステップによって得られた「社会心理学的知見」を集約して表現すると，こうなるのである。

4 ネットワーキングの第三ステップ

第二ステップでは，同じ一つの因果構造（たとえば，図8-1で表されるそれ）を全面的に共有するボトムレベルの研究同士が統合されていた。それに対して第三ステップでは，対象となる因果構造を部分的にしか共有していない研究同士が統合される。どうしたらそんな手品みたいな真似ができるのか。以下，その「タネ」と「仕掛け」を御覧に入れよう。そのために，まず，先の研究タイプⅠとは異なる研究タイプⅡとⅢを導入しておこう。

研究タイプⅡ：個々の大学が持つ集団的特性のうち，特に学生の勉学意欲に影響を及ぼすファクターを「大学の勉学校風」（潜在変数C）と名づけ，それと大学生個々人の性格である「勤勉さ」X，「大卒時の学力」Zとの間の因果構造を対象とする研究。具体的には，以下の二つの因果関係$Ⅱ_1$，$Ⅱ_2$を想定し，それぞれの潜在変数によって引き起こされると見なされる観察変数の測定を通じて，$Ⅱ_1$，$Ⅱ_2$のパス係数ε, βを推定することを目指す（図8-2参照）。

$Ⅱ_1$：「大学の勉学校風」が「勤勉さ」の原因となる（C→X）

$Ⅱ_2$：「勤勉さ」が「大卒時の学力」の原因となる（X→Z）

研究タイプⅢ：高校生の「家庭環境」（潜在変数H）が，個々の生徒の「勤勉さ」Xと，彼らの「高卒時の学力」Yに与える影響を調べる研究。ここでは，これら三つの潜在変数の間に，以下の三つの因果関係$Ⅲ_1$，$Ⅲ_2$，$Ⅲ_3$を設定し，それぞれの潜在変数を原因とする観察変数を測定し，$Ⅲ_1$，$Ⅲ_2$，$Ⅲ_3$のパス係数ζ, η, αを求めることを目指す（図8-3参照）。

$Ⅲ_1$：「家庭環境」が「勤勉さ」の原因となる（H→X）

$Ⅲ_2$：「家庭環境」が「高卒時の学力」の原因となる（H→Y）

$Ⅲ_3$：「勤勉さ」が「高卒時の学力」の原因となる（X→Y）

第8章　測定ネットワーキングとしての社会心理学：本編

```
                        X
                       ↗↘
                    ξ /   \ α
                     /     ↘
   C ──ε──→ X ──β──→ Z    H ──────η─────→ Y

   図8-2  研究タイプⅡ      図8-3  研究タイプⅢ
```

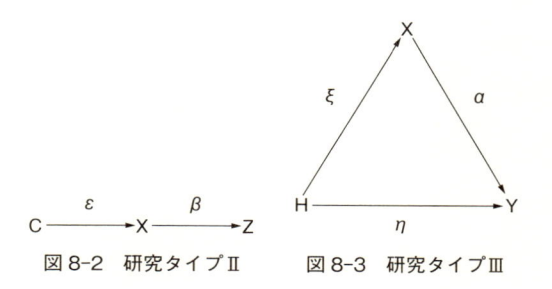

　これら二つに先のⅠを加えた三つの研究タイプが対象としている因果構造は，互いに部分的に重なりつつも，微妙にズレている。まず研究タイプⅠとⅡは，$X \to Z$ という因果関係とその強さを表すパス係数 β は共有しているが，Ⅰが設定している $X \to Y$, $Y \to Z$ という因果関係とそれらのパス係数 α, γ はⅡの対象とはなっていないし，逆にⅡの対象である $C \to X$ とそのパス係数 ε はⅠの関心外にある。同様に研究タイプⅠとⅢは，$X \to Y$ とパス係数 α を共有しているが，それ以外は各々異なった因果関係を相手にしている（図8-4参照）。

　結局，研究タイプⅠとⅡ，ⅠとⅢは，互いに部分的にのみ対象を共有し，ⅡとⅢの間には共通の対象が全くない，という構図が浮かび上がる。研究タイプⅠとⅡ，ⅠとⅢはそれぞれ，いわば一部境界を共有しつつ直接隣り合っており，ⅡとⅢは，Ⅰを間に挟んで間接的に対峙している。このように，これら三つの研究タイプの中では，Ⅰがいわば「要(かなめ)」の位置を占める形で，その「両側」にあるⅡとⅢを結びつけているのである。そして，そのことで，これら三つの異なる研究タイプに属する個別研究が互いに統合されるのが，ネットワーキングの第三ステップなのだ。

　研究タイプⅠと同様，ⅡとⅢの各々に関しても，異なる研究者が，異なる被験者を相手に，異なる手法を用いて多数のボトムレベル研究を行ったとする。これらの多数のボトムレベル研究から得られた一次結果が，これまた研究タイプⅠのケースと同じく，加重平均値へと統合されると，それぞれが設定していた複数のパス係数に関する二次結果が得られる。今，研究タイプⅡが設定して

いたパス係数のうち ε はさしあたって度外視して，β に関する二次結果 βII を，

$$\beta II = 1.00 \pm 0.10 \quad \cdots\cdots \quad (8)$$

としておこう。また同様に，研究タイプIIIが想定していたパス係数のうち ζ と η は無視して，α に関する二次結果を，

$$\alpha III = 0.80 \pm 0.07 \quad \cdots\cdots \quad (9)$$

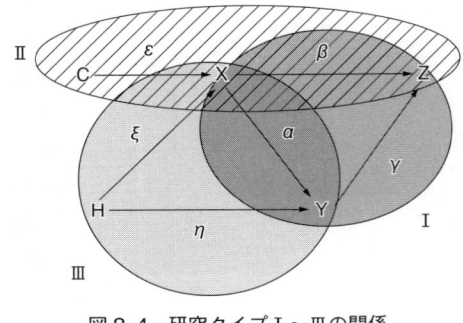

図8-4 研究タイプI～IIIの関係

とする。一方，先に見たように，研究タイプIもまたパス係数 γ と δ に対して，

$$\gamma I = 2.00 \quad \cdots\cdots \quad (5)$$
$$\delta I = 2.20 \pm 0.07 \quad \cdots\cdots \quad (7)$$

という二次結果を与えていた。そして，これらのパス係数の間には，

$$\delta = \beta + \alpha \cdot \gamma \quad \cdots\cdots \quad (6)$$

という関係が設定されていた。(6) に (5) と (7) を代入すると，

$$2.2 = \beta I + 2\alpha \pm 0.07 \quad \cdots\cdots \quad (10)$$

という結果が得られる。(8)と(9)では，α, β はそれぞれ定数として扱われていたのに対し，この(10)で定数とされるのは γ と δ だけで，α と β は変数として扱われていることに注意しておこう。

ここで(10), (8), (9)を，それぞれ研究タイプI，II，IIIから得られた結果の「代表」と見なしておこう。これらの「代表」から，三つの研究タイプが部分的に共有し合っていたパス係数 α, β のさらなる統合値（三次結果）を求めることで，三つの研究タイプそのものを統合する。これが第三ステップで用いられるメタアナリシスの技法，「最小二乗補正」の戦略である。この最小二乗補正による統合のプロセスにおいては，統合の「要」となる研究タイプIとそれ以外のII，IIIでは，「代表」の選ばれ方が異なる。「要」の研究タイプIでは，δI と γI の値は「代表」に選ばれるが，統合の直接の対象となるパス係数の二次結果である αI と βI はあえて「代表」の座からは外される。とは言え，

第8章　測定ネットワーキングとしての社会心理学：本編

δⅠの値は，αⅠとβⅠの関数なので，δⅠの中にはαⅠとβⅠの情報も反映されている。一方，「要」の位置を占めない研究タイプⅡ，Ⅲの「代表」は，統合の直接の対象となるパス係数の二次結果αⅡ，βⅢであり，その他の二次結果は代表には選ばれない。

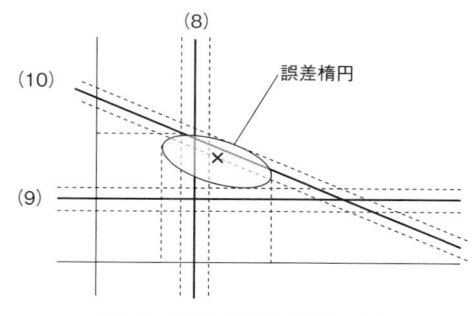

図8-5　誤差三角形と最小二乗点

　ではどうやって，三つの「代表」からパス係数α，βの統合値を求めるのか。まずはαを縦軸，βを横軸とする座標系を作って，その上に三つの「代表」を3本の直線として書き込んでみよう（図8-5参照）。研究タイプⅡを代表するβの加重平均値は，この座標系では，垂線(8)として描かれる。この垂線の両側にある2本の破線は標準偏差を示している。これら2本の破線の間の間隔が狭ければ狭いほど，標準偏差は小さく，二次結果の質が高いことを意味する。同様に，研究タイプⅢの代表であるαの加重平均値は，水平線(9)として表される。研究タイプⅠの代表たる(10)は，右下がりの斜線として登場する。

　さて，斜線(10)にも，研究タイプⅠに属する多数のボトムレベルの研究から得られたαとβの値の情報がつまっていた。研究タイプⅠから得られたβの情報と，Ⅱが与えたβの値，さらにはⅠから得られたαの値と，Ⅲがもたらしたαの値。これら2組の値の各々が完全に一致していたら，言い換えると，三つの研究タイプから得られた二次結果が互いに完全に整合的だったら，これら3本の直線は，図上のどこかの「一点」で交わるはずである。ところが，世の中，そう甘くはない。異なる研究タイプから得られた二次結果は，往々にして，互いに微妙にすれ違うものなのである。このようなすれ違いが起これば，3本の直線はもはや一点では交わらず，代わりに図8-5に見られるような直角三角形（「誤差三角形」と呼ぶ）を構成する。この誤差三角形が大きければ大きいほど，二次結果の間のズレは大きいことになる。逆に言えば，この三角形が

どんどん小さくなっていき，最終的に一点に収束すれば，二次結果同士は完全に一致することになるのである。

さて，このような誤差三角形とにらめっこして，三角形のそれぞれの辺から，ある意味で最も近い点を探すとしよう。ここでの「ある意味」とは，「それぞれの辺からの距離の二乗の和が最小となる」という意味である。そのようにして探し出されたのが，図8-5に×印で示した「最小二乗点」である。この場合，最小二乗点は，

$$(\alpha L, \beta L) = (0.9143, 1.1143) \quad \cdots\cdots (11)$$

となる。で，この最小二乗点こそ，3本の直線に基づきつつそれらから得られた α, β の推定値に他ならない。すなわち，それは，3本の直線が表現していた，α, β 各々に対する三つの二次結果が互いに「補正」し合うことで得られた，「相互補正値」としての「最小二乗補正値」なのである。そして，このような手続きにのっとって，複数のパラメータ（ここでは α と β）の各々に対して与えられた複数の測定値（αⅠと αⅢ，βⅠと βⅡ）に対する相互補正を一挙に行い，最小二乗点補正値を求める作業——それが最小二乗補正なのである。

このような最小二乗補正によって，複数の二次結果が最小二乗補正値へと統合されることになる。具体的には，この場合，αⅠと αⅢが αL へと，βⅠと βⅡが βL へと，それぞれ統合されるのである。最小二乗補正値とは，多くの一次結果を統合した二次結果をさらにまた統合した値，すなわち「三次結果」。ここで行われているのは，二次結果としての加重平均値をさらに統合する作業，すなわちネットワーキングの第三ステップなのである。

複数の二次結果を統合する作業は，また，それらの結果を与えた多数の研究同士を統合する作業でもある。この第三ステップで統合されているのは，複数の研究タイプに属するボトムレベル研究である。それぞれのボトムレベル研究は，それが属する研究タイプに応じて，異なった因果構造を相手にしていた。ただ，それらの因果構造は，互いに全く無関係というわけではなく，隣同士，一部が重なっている代物だった。その重なっている部分をいわば「かすがい」にして，異なった対象を持った多数の研究がネットワーク化される，「多対象

間ネットワーキング」がここに成立したのである。

　個々のSEM研究は，しばしば，複数のパス係数の各々に対して一定の推定値を与えている。だが，この第三ステップでは，それら複数の推定値がすべて統合されているわけではない。ここでの例では，三つの研究タイプを合わせて六つの因果関係が設定され，それに応じて六つのパス係数が想定されていた。でも，ここで測定値が統合されたのは，それらのうちの二つ，αとβだけだった。このように，最小二乗補正を用いた統合では，統合される研究がすべての対象を共有した上で，それらの対象に対して与えられたすべての測定値が統合される，「狭い意味での統合」という事態は起こっていない。そこでは，対象を部分的にのみ共有する複数の研究から得られた一部の測定値のみが統合されていた。ここでは，二つの異なるタイプを含んだ「広い意味での統合」が行われているのである。測定ネットワークでは，狭い意味での統合に加え，このような形の統合も行われているわけだ。

　最小二乗補正値に話を戻そう。それぞれの研究タイプを代表する三つの二次結果，δI，βII，αIIIは，それぞれその数値の「質」の指標である標準偏差をぶら下げていた。そしてそれぞれの標準偏差は，図8-5上の3本の直線が各々2本ずつ伴っている破線として表現されていた。これら二次結果の質の指標と，誤差三角形の面積として表現できる二次結果同士のバラツキの度合いが与えられれば，それらから補正値の質の指標，すなわち補正値の標準偏差を求めることができる。二次結果と同じく，この三次結果の標準偏差に関しても，それが小さければ小さいほど，補正値の質が高くなるという関係が成り立つ。

　補正値の標準偏差は，図8-5に描かれた，補正点を中心とする楕円（「誤差楕円」）のα軸，β軸上に投影された幅（軸上の幅）によって表される。その幅を組み込んだ，つまり標準偏差つきの最小二乗値の数値を改めて示しておこう。

　　　$(\alpha\text{L}, \beta\text{L}) = (0.9143 \pm 0.0990, 1.1143 \pm 0.1807)$　……（12）

（斜線の傾きと一致する）楕円の長軸の傾きが一定ならば，楕円の面積（S_1と表そう）が大きければ大きいほど，その軸上の幅も大きくなる。そしてS_1は，二次結果が持つ標準偏差と，誤差三角形の大きさの関数である。つまり，二次結

果の標準偏差が大きくなればなるほど，また誤差三角形の面積が大きければ大きいほど，誤差楕円の面積が大きくなり，結果としてその楕円の軸上の幅も広くなる。言い換えると，二次結果の質が低ければ低いほど，また，二次結果同士の齟齬が大きければ大きいほど，三次結果の質は低下する。逆に言えば，三次結果の質を向上させるためには，二次結果の質を高め，かつ，それらの間の齟齬を小さくする必要があるのである。

　以上，社会心理学における測定ネットワーキングの一例である SEM ネットワーキングを三つのステップに分けて見てきた。このネットワーキングは，手法を異にするだけでなく，場合によっては対象となる因果構造をも異にする多数のボトムレベル研究から得られた推定値から，一定の統合値を求める作業であるのと同時に，それらの統合値を求める際に動員されたすべてのボトムレベル研究をネットワーク化する営みでもある。そして，それら三つのステップで得られた統合値には，いずれも「品質指標」のタグがぶら下げられていた。そのタグもまた，統合値の質の指標であると同時に，その統合値をもたらしたネットワーキングという営みそのものの質でもある。測定ネットワーキングとは，常に一定の品質表示を伴って行われる作業なのである。

5　ネットワークの拡大

　僕らは，測定ネットワークを，三つのステップの各々において，どんどん拡張することができる。たとえば第一ステップでは，個々のボトムレベル研究の調査対象の数を増やしたり，観測変数のバラエティを豊かにしたりすることが，ネットワークを拡張することにつながる。また第二ステップでは，加重平均によって統合されるべきボトムレベル研究そのものの数を増やすことが，ネットワークを大きくすることを意味する。では，第三ステップでは，どうか。

　第三ステップでは，すでにネットワーク化された研究タイプに「隣り合った研究」を，オリジナルのネットワークに取り込むことで，ネットを「増殖」させることができる。この第三ステップにおけるネットの増殖法を見るために，ここでは，次の二つの研究タイプを考えてみよう。

第8章　測定ネットワーキングとしての社会心理学：本編

研究タイプⅣ：研究タイプⅢと同様，高校生の教育環境をテーマとする研究だが，Ⅲとは異なり，「高卒時の学力」Y，「家庭環境」Hに加え，「高校の勉学校風」Sという潜在変数を設定し，それらの間に次の二つの因果関係を想定する。

　Ⅳ$_1$：「家庭環境」が「高卒時の学力」の原因となる（H→Y）

　Ⅳ$_2$：「高校の勉学校風」が「高卒時の学力」の原因となる（S→Y）

その上で，Ⅳ$_1$，Ⅳ$_2$のパス係数（それぞれη，θとする）を推定する。

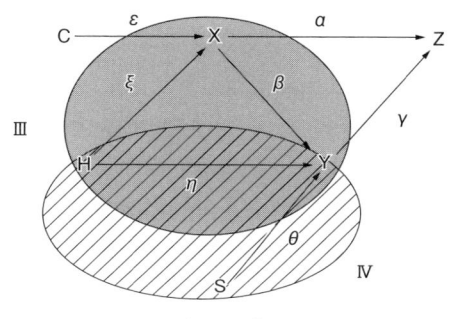

図8-6　研究タイプⅢとⅣの関係

この研究タイプⅣは，「家庭環境」から「高卒時の学力」への因果関係（そして，その関係の有無・強さを表すパス係数η）という対象をⅢと共有しつつも，全体としてはⅢとは異なる因果構造を相手にしている研究，いわばⅢの「隣にある」パズルのピースなのである（図8-6参照）。

この研究タイプⅣに関しても，多数のボトムレベル研究が行われ，それらから得られた一次結果から加重平均値が求められる。いまηに対して与えられた加重平均値をηⅣとしよう。このηⅣは，Ⅲに属する多数のボトムレベル研究から得られた加重平均値ηⅢとは，多少なりとも異なった値であるはずだ。

研究タイプⅤ：個人の性格である「勤勉さ」（潜在変数X）は何によって決定されているのかを問う研究。ここでは「勤勉さ」の原因として，（Ⅳが想定していた）「家庭環境」Hに加え，「個人の壮健さ（Wellness）」Wという潜在変数が導入される。そして，以下の，それぞれζとιというパス係数を持った二つの因果関係が設定される。

　Ⅴ$_1$：「家庭環境」が「勤勉さ」の原因となる（H→X）

V_2:「個人の壮健さ」が「勤勉さ」の原因となる（W→X）

この研究タイプVは，Ⅲとは異なる因果構造を想定しつつも，「家庭環境」から「勤勉さ」への因果関係とそのパス係数ζを共有する研究である。その意味で，VはⅢの「隣」にあり，Ⅲを介してⅣと間接的に接している（図8-7参照）。研究タイプVに属する複数の研究から得られたζの加重平均値をζVとしよう。（先に触れたηⅣとηⅢのケースと同様）同じパス係数ζについて，異なった研究タイプから得られた二つの加重平均値ζVとζⅢも，ピッタリ一致することはなく，互いに多少ともズレた値となるだろう。

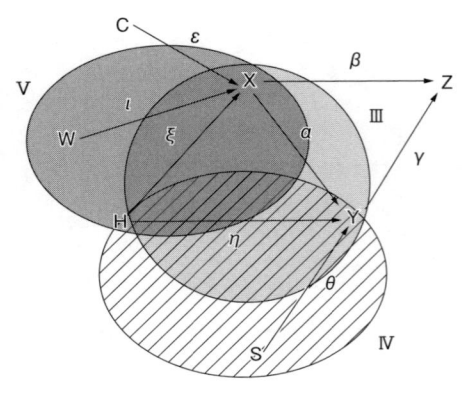

図8-7　研究タイプⅢ～Ⅴの関係

研究タイプⅣとⅤという新しい二つのピースを，先に作ったⅠ，Ⅱ，Ⅲの三つの研究タイプからなるSEMネットワーク（SEMネットワーク1と呼ぼう）に組み込んでみよう。SEMネットワーク1では，Ⅰを媒介としてⅡとⅢを結びつけたのに対して，ここではⅢが「要」の研究の役割を担うことになる。

SEMネットワーク1に二つの新たなピースを追加して，それを拡張するとは，具体的には，研究タイプⅢが二つの追加ピースの各々と共有しているパス係数ηとζに着目し，それに対して最小二乗補正を施すことを意味する。その場合，まず，三つの研究タイプの「代表」を選び，それらを，ηを縦軸，ζを横軸に持つ座標系の上に3本の直線として書き込むという作業が行われる。Ⅳの「代表選手」は，そこから得られたηの加重平均値ηⅣであり，その値を組み込んだ等式

$\eta = \eta_{Ⅳ}$ ……（13）

が座標系上の水平線として描かれる。また，Vの代表は，ζの加重平均値ζV

であり，等式

$$\zeta = \zeta V \quad \cdots\cdots (14)$$

が座標系に垂線として描き込まれる。一方，媒介となるⅢの代表は，そこから得られたηやζの加重平均値ではない。Ⅲは，「家庭環境」Hと「高卒時の学力」Yの間に，「勤勉さ」Xを介した間接的な因果関係と，Xを介さない直接的な因果関係の両方を設定していた。これら直接・間接の因果関係の効果を合わせた，HとYの間の因果関係のトータルな強さは次のようなパス係数の数値κで表される。

$$\kappa = \eta + \alpha \cdot \zeta \quad \cdots\cdots (15)$$

SEMネットワーク1のケースと同様，ここでの「要」の研究を「代表」するのは，この(15)である。ちなみに，この(15)において，補正の対象となるパス係数ηとζは変数と見なされ，残りの係数αとκは定数とされる。これらのうち，すでにSEMネットワーク1で補正値が与えられているαに関しては，研究タイプⅢが与えた加重平均値αⅢではなく，その補正値αLを定数の値として採用する。またκの値は，このαLと，Ⅲから得られた加重平均値ηⅢ，ζⅢから求める。このκの値は，αの補正値αLを前提としている点で，もはやⅢから得られた加重平均値κⅢではなく，それ自体，一つの最小二乗補正値κLとなっている。これら二つの具体的な数値を(15)に代入すれば，

$$\kappa L = \eta + \alpha L \cdot \zeta \quad \cdots\cdots (16)$$

が得られる。この方程式は，座標系上の斜線として描くことができる。この(16)ないしそれに対応する斜線は，最小二乗補正値αLを前提としている点で，単にⅢの代表なのではなく，αLを求めるために動員されたすべての研究，すなわち三つの研究タイプⅠ，Ⅱ，Ⅲに属するすべてのボトムレベル研究を代表する情報なのである。

今や統合されるべき三つの代表が出揃った。すると再び，今度は水平線(13)，垂線(14)，斜線(16)を三辺とする「誤差三角形」が描かれることになる。そこで，この三角形の三辺から最小二乗的意味で最も近い点を求めると，それがηとζの最小二乗補正値ηL，ζLを表していることになる。このようにしてηと

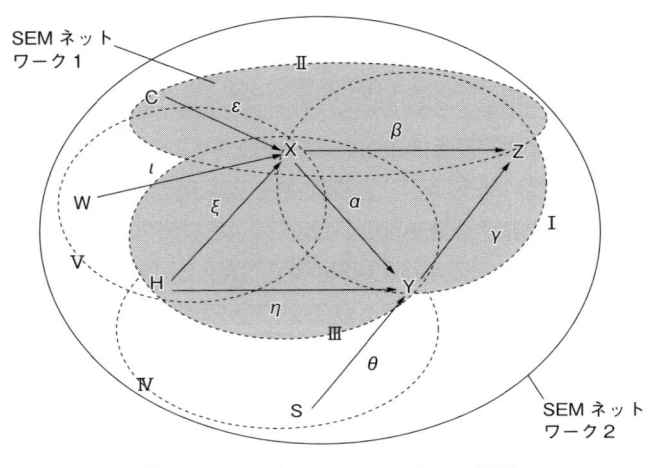

図8-8　SEMネットワーク1と2の関係

ζの補正値を求めることで，それらの加重平均値 η ⅣとζⅤ，さらには α L，κ L が統合されたのである。またそのことは，それらの値を導いていた研究，すなわち，研究タイプⅣとⅤに属するボトムレベル研究と，タイプⅠ，Ⅱ，Ⅲに属するボトムレベル研究が統合されることを意味する。言い換えると，ⅣとⅤが SEM ネットワーク1に追加された，ないしは SEM ネットワーク1がⅣとⅤを飲み込む形で拡張されたのである。

　ここで SEM ネットワーク1にⅣとⅤという新たなピースを加えたネットワークを SEM ネットワーク2と呼ぼう（図8-8参照）。SEM ネットワーク1と同様，SEM ネットワーク2も，一定の品質表示をぶら下げている。それは，SEM ネットワーク2を構築するために行われた最小二乗補正の補正値の標準偏差，ないしはその値の決定要因である誤差楕円の面積（S_2 としよう）である。そして SEM ネットワーク2の質（すなわち，新たな補正値の標準偏差）も，SEM ネットワーク1のケースと同様，統合された二次結果の質（つまり，その標準偏差）と，それらの二次結果の間のバラツキの度合いによって左右される。二次結果の質が高く，それらの間のバラツキが小さければ，SEM ネットワーク2

の質も向上するのだ。

6 ネットワーキングの基準

ネットワークの質

このようにして，SEM ネットワークはどんどん拡張されていくわけだが，だからといって，社会心理学者が行った SEM 研究なら，何でもかんでも，お構いなしに既存ネットワークの中に取り込まれていくわけではない。ある SEM 研究はネットワークの中に取り込むが，別の SEM 研究はネットワークから排除する。そういった「排除の論理」がここでは働いているのである。ある SEM 研究をネットワークの仲間に入れてやるかどうかを決める際には，「質の維持」の基準と「存在論的な合意」の基準という，二つの基準が用いられる。まずは，「質の維持」の基準から説明していこう。

より質の高いネットワークはより「よい」ネットワークであり，したがって（他の条件が同じならば），より高品質のネットワークを構築したほうが「勝ち」。「予告編」で触れたように，このような共通了解の下で繰り広げられるのが，ネットワーキング競争だった。なので，その競争を勝ち抜くためには，ネットワークの質を高める努力が欠かせない。裏を返せば，それをネットワークに組み込めば全体の質が低下してしまうような研究は，ネットワークから排除する必要があることになる。言い換えると，ある研究タイプが，既存のネットワークに新規加入する際には，それの加入によってネットワーク全体の質が大幅に低下しないことが一つの条件となる。これが「質の維持」の基準である。

ネットワーク全体の品質は，補正値に伴う誤差楕円の面積として表すことができた。ある SEM ネットワーク n の誤差楕円の面積を S_n とし，それに新たなピースが加入することで得られた SEM ネットワーク n+1 のそれを S_{n+1} とする。すると，両者の比 S_{n+1} / S_n を取った場合，この比の値がある一定の正の値 λ（たとえば，0.90）より大きいこと，すなわち，$S_{n+1} / S_n > \lambda$ が，そのピースの新規加入の一つの目安となるのである。

新しい誤差楕円の面積 S_{n+1} を決めるのは，新規に加入するピースが持つ二

次結果の質，そしてその二次結果と既存のネットワークが与えた補正値とのズレの度合いである．すると，質の低い二次結果を持つ（すなわち，一次結果同士のバラツキ度が大きな）ピース，さらには二次結果の質は高いものの，それが既存のネットワークが与えている補正値と大幅にズレているピースは，このネットワークへの加入が認められないことになる．

　「質の維持」の基準は，実際のネットワーキングに様々な影響を及ぼす．その一端を見るために，オリジナルのネットワークに二つのピースを加えたSEMネットワーク2に話を戻そう．SEMネットワーク2が構築された後で，「家庭環境」Hと「高卒時の学力」Yの間に因果関係H→Yを設定している点では研究タイプIVと同じだが，その他の点では異なる因果構造を想定しているIV′が登場したとしよう．いま，IVとIV′がH→Y間のパス係数ηに対してそれぞれ与えた二次結果ηIVとηIV′を比べると，ηIV′のほうがηIVよりも明らかに質が高かった．すると，「質の維持」の基準に従って，ネットワークにいったん組み込まれたIVが外され，代わりにIV′が加えられることもあり得る．その場合，社会心理学者は，SEMネットワーク2とは別のネットワーク，SEMネットワーク2′を構築することになるのである．

　一方，ηIVとηIV′の質の間に大きな差がないにもかかわらず，ηIVを組み込んだSEMネットワーク2の誤差楕円の面積S_2と，ηIV′を含めたSEMネットワーク2′の誤算楕円の面積S_2'では，後者のほうが明らかに小さく，結果として，SEMネットワーク2ではなくSEMネットワーク2′を選ぶほうが，より質の高いネットワークを構築できたとする．SEMネットワーク2とSEMネットワーク2′を構成する研究タイプの質は同じなので，この差は結局のところ，IV′の結果がIVの結果に比べて，よりオリジナルのネットワーク，すなわちSEMネットワーク1の結果に近かったことに由来するはずだ．この場合も，社会心理学者たちは，IVを除外し，代わりにIV′を追加する可能性がある．

　これら二つのケースでは，新しいピースIV′の登場に伴って古いピースIVがネットワークから除外されるという事態が起こっている．ネットワークは単に，どんどん「成長」を続けるばかりではない．そこでは新しいピースに取って代

第8章　測定ネットワーキングとしての社会心理学：本編

わられることで，古いピースが「排泄」されるという現象も起こる。第7章で述べたように，ネットワークでは「新陳代謝」が起こっているのである。

「質の維持」の基準は二重の意味で，ネットワーキングに多元性を持ち込む。第一の多元性は，基準ないしその運用自体の多義性から生じる。たとえば，「質の低下の許容限度 λ をどこに設定するか」に関して研究者の相場感はまちまちだろう。ある人にとっては許せる範囲は，別の人にとっては我慢がならないことは十分にあり得る。また前述のように，（「それを用いれば，質の低下がより抑えられる」という意味で）よりよいオルタナティヴが存在したら，たとえ一定の許容限度内に収まったピースであっても，ネットワークに入れてもらえないという事態も起こり得る。一方，それが一定の許容範囲内にあることを盾に，あくまでそのピースにこだわる研究者もいるだろう。このように，たとえ同じ「質の維持」の基準を奉じていたとしても，ネットワーキングの様々な局面における研究者の選択が一つに定まるとは限らない。結果として，複数の異なるSEMネットワークが，それぞれの意味で，この基準を満たしたものとして並び立つ。このようなネットワークの多元性が生じるのである。

ネットワークの多元性は，別の観点からも生じる。たとえば，それ自体の二次結果の質は高いにもかかわらず，その結果が他のピースが与える値とズレているために，研究タイプIVがネットワークから「仲間外れ」にされたとしよう。この可哀想なIVには，もはや未来はないのか。そんなことはない。IVは自分と合った仲間，具体的にはIVが設定しているパス係数 η と θ に関して，よく似た結果を与えているピースたちと組んで，新たなネットワークを立ち上げればよいのである。もしこの新たなネットワークが，IVを追い出した「古巣のネットワーク」と同等以上の質を確保できれば，「質の維持」の基準には，その新ネットワークを排除する理由はもはやない。この場合，同じ「質の基準」の下で，それぞれ異なった因果構造を設定している二つのネットワークが並び立つことになるのである。

177

存在論的合意

　ネットワーク全体の質を悪化させる研究だけでなく、ネットワークを構成している他のピースと「存在論的に対立」する研究も、ネットワークの仲間に入れてもらえない。言い換えると、あるネットワークに属することができるためには、そこに含まれる他の研究と「存在論的に合意」していなければならないのである。では、ここで言う「存在論的な対立」ないしは「合意」とは何か。
　研究タイプⅠをもう一度持ち出そう。それは、「高卒時の学力」Y、「大卒時の学力」Zの共通の原因として「勤勉さ」Xという潜在変数を設定していた。ここには、「人は、高校時代と大学時代を通じて、同じ一つの勤勉さという性向を持ち続ける」という考えが見て取れる。さらに言えば、このような考えには、「数年、ないし数十年間、一人の人間が（周囲の環境から独立に）持ち続ける固有の属性としての性格なるものが存在する」という想定が潜んでいる。このような想定によれば、「その都度の環境から独立な個人の固有性」としての「性格」は、たとえば、「ドラえもん」や「スサノオの尊」や「フロギストン（燃素）」とは異なり、「地球」や「クォーク」や「トリケラトプス」と並んで、「実際に存在するもの」のリスト、すなわち「存在者のリスト」に載っていることになる。
　他方、「このような意味での性格なんて、実は幻だ！」と主張する社会心理学者もいる。このような「アンチ性格主義者」によれば、本当に存在しているのは、個々の環境から独立に、それなりの一貫性を持って存在している「性格」などではなく、個々人が、対人関係などの個別の環境の中でその都度見せる、雑多な行動パターンの集積に他ならない。そして、このような行動パターンは、場面ごとに変わる様々な要因によって、その都度、新たに生み出されるものであって、数十年間持続して存在する「何か」としての「性格」などではない、とされるのである。たしかに、同じような環境が何度も繰り返されれば、その中で、その都度生み出される行動パターンにも安定した構造が現れることもある。そして、そのような比較的安定した行動パターンを、人は誤って「性格」と見なしてきたのだ。このような「アンチ性格主義者」の「存在者のリス

第8章　測定ネットワーキングとしての社会心理学：本編

ト」には，刻々と移ろう「行動パターン」は載っているが，「性格」という文字はない。このように，「性格」を受け入れる「プロ性格主義者」と，受け入れない「アンチ性格主義者」の間に見られる，「性格」を「存在論のリスト」に入れるかどうかをめぐる対立こそが，「存在論的な対立」の好例なのである。

さて，アンチ性格主義者もまた SEM ネットワークを構築しようとする。彼らによれば，「性格」などこの世の中には存在しない。したがって，そのようなものが SEM の潜在変数として登場し，他の潜在変数を引き起こす因果的な効力を持つこともあり得ない。結果として，アンチ性格主義者の SEM ネットワーク（「アンチ性格ネットワーク」と呼ぼう）には，たとえば研究タイプⅠのように「性格」を潜在変数として持つような SEM 研究は，どこを探しても見当たらないはずだ。同じことは，プロ性格主義者が構築するⅠを含んだネットワーク（「プロ性格ネットワーク」）についても言える。そこには「性格の代替物」としての「行動パターン」などは登場しない。アンチ性格主義者による SEM 研究は，プロ性格ネットワークからは排除されるのである。

このことはまた，研究タイプⅠを起点とする「性格主義ネットワーク」に登場する様々な「存在者たち」についても言える。たとえば，そこには「大卒時の学力」なるものが存在していた。そんな存在者は認めん！　という人がいれば，その人の研究もまた，このネットからは排除されるハメになるのである。

このように，各々の SEM ネットワークは，必ず一定の存在者のリストを備えている。そして異なったリストを持った研究同士が，一つのネットで同居することはあり得ない。ネットが持つ一定の存在者のリストに合意していること，言い換えると，ネットを構成する他のピースと「存在論的な合意」に達していることが，ある研究が，そのネットワークに参加できるかどうかを決めるもう一つの条件なのである。

ちなみに，物理定数の測定では「存在論的な対立」は起こっていない。計測の対象となっている物理定数に関して，たとえば，ある研究は電子の電荷の存在を認め，他の研究はそれを否定する，といったタイプの対立は見られない（僕が別の論文で使ってきた言葉で言えば，そこでは「理論存在者」の存在に関する対

立はあっても,「活動存在者」の存在をめぐる対立はないのである：出口, 2009, 2010)。精密計測学の測定ネットワーキングでは，存在者のリストを異にする複数のネットワークが並び立つという事態は起こっていないのである。

　社会心理学では，状況は大きく異なる。前述のように,「性格」一つ取ってみても，それを存在者として認める研究者もいれば，認めない研究者もいる。結果として，社会心理学では存在論的に相容れない測定ネットワークが複数並び立つことになる。物理定数の測定を生業(なりわい)にする業界は存在論的にモノトーンなのに対し，社会心理学は存在論的にカラフルだとも言える。しかし逆に言えば，社会心理学者たちは,「この世の中に何が存在しているのか」という基本的な事柄についてすら，合意に達していないことになる。「みんなが仲よく一定の存在者のリストを受け入れていること」をよしとする立場からすれば，これはかなり情けない状況ではある。

7　ネットワーク競争

　これまで見てきたように，SEMネットワークは少なくとも三重の意味で多元的だった。言い換えると，複数のネットワークがいわば同じ「資格」を持って，互いに並列的に存在していることになる。これら多数のネットワークは単に並び立っているだけではなく，互いに熾烈な「競争」を繰り広げている。これが，僕が描く社会心理学の姿だ。では，この「ネットワーク競争」とはどのような競争なのか。それは何をめぐる競争なのか。また，ネットワーク間の「勝ち負け」は何をもって決まるのか。

　第7章の「予告編」でふれたように，ネットワーク競争の「勝敗の基準」としては,「ネットワーク全体の質」と「ネットワークの大きさ」の二つがある。大雑把に言って，質が高くて大きなネットワークが「よい」ネットワーク。そのようなネットワークを構築した陣営が「勝ち」。これがネットワーク競争のルールなのである。

　ネットワークの「質」に関しては，すでにお話しした通り。それは，常に拡張を続けるネットワークが，その都度伴っている「誤差楕円の面積」として表

現できる。その面積が小さければ小さいほど，ネットワークの質は上がる。複数のネットワークは，互いに誤差楕円の「小ささ」を競っているのである。

　では，ネットワークの「大きさ」とは何か。ざっくり言って，それは，そのネットワークに組み込まれた研究の「数」によって測られる。では，研究の数はどうやって数えればよいのか。答は複数あり得る。たとえば，単純にネットワーク全体に含まれるボトムレベル研究の総計を，ネットワークに含まれる研究の数と見なすのも一案である。また「研究タイプ」の多様さを重視する数え方もあり得る。いずれにせよ，ネットワークの「大きさ」を測る，唯一の客観的な尺度など存在しないのである。

　また，ネットワークの「大きさ」と「質」をどのように組み合わせて評価するかに関しても，一つの定まった答えはない。大きさを重視し，大きさで勝負がつかなかった場合，より質が高いほうを「勝ち」とするというやり方もある。もちろん，逆の判定の仕方も可能だろう。

　いずれにせよ，ネットワークの相対的な「よさ」の基準，ネットワーク同士の勝ち負けの基準には，あいまいで多義的な側面がつきもの。なので，研究者が互いに異なった基準を振りかざすことで，ネットワーク競争の決着が容易につかない，というケースも当然起こるだろう。だが，ここで重要なのは，競争を勝ち抜くために，どのようなネットワークを構築すべきかという大きな方向性に関しては，明確な見通しが立っているということである。要は，ボトムレベル研究の数が多く，研究タイプも豊富で，全体として質の高いSEMネットワークの構築を目指せばいいのである。

　もちろん，このような意味での「勝ち負け」は，あくまで一時的，暫定的なものに過ぎない。現在は劣勢に立たされているネットワークが，将来，巨大化し，またその質も向上させられることで，ライバルたちに「逆転勝利」をおさめる可能性は常に開かれている。また覇権を争っていた老舗のネットワーク群に対して，全くの新参者が彗星のように現れ，またたくまに勝利をさらうといった事態も起こるやもしれない。ネットワーク競争の勝者が手にするのは「かりそめの栄冠」に過ぎないのである。

とは言え、あまりに負けが込んだネットワークからは支持者が次々と離れていき、その拡大や質の向上がある時点で止まってしまう、といった事態も起こり得る。そのような場合、そのネットワークは、将来、新たな研究者がネットワーキングを再開してくれるまで、いわば一時的な「休眠状態」に陥ることになる。そして、主要なライバルたちが軒並み休眠状態に陥り、あるネットワークだけが拡大を続けているような状況が出来すれば、それは、社会心理学において、そのネットワークが提示する世界観や、それに伴う存在者のリストに関する「合意」が得られたことを意味する。もちろん、ここでの「合意」も一時的、暫定的なものであることは言うまでもない。

あるネットワークの支持者が一時的に誰もいなくなったり、あるネットワークに人気が集中したりするという現象は、多分に、知識社会学的、ないしは社会心理学的な現象である。このことは、社会心理学における複数のネットワーク競争、その間における合意形成といった、ここで描かれている出来事もまた、社会心理学の研究対象となり得ることを意味する。僕らは、このような意味での「メタ社会心理学」を構想することもできるのである。

8　なぜ測定ネットワークなのか

SEM ネットワーク vs. 巨大 SEM 研究

さて、皆さんの頭の中では「なぜ」が一杯、渦巻いているのではないだろうか。なぜ、測定ネットワークにとって「大きいことはよいこと」なのか。そもそも、なぜ測定ネットワーキングなんてことをしなければいけないのか。

以下では、SEM ネットワークのオルタナティブの一つである「巨大 SEM 研究」なる研究手法を持ち出して、「なぜ巨大 SEM 研究を行うのではなく SEM ネットワークを構築したほうがよいのか」という問いに即して、このような「なぜ」問題たちに答えていきたい。

ここで言う「巨大 SEM 研究」とは何か。SEM（構造方程式モデル）の「うたい文句」の一つは、「単純なものから複雑なものまで、お望みの因果構造を自在に設定し、その構造に登場する個々の因果関係の強さを測定することができ

る！」というものだ。パス経路の形に即して言えば，研究タイプⅠやⅢのような「三角形」の経路，Ⅱのような「直線型」，ⅣやⅤのような「Ｖ字型」，さらにはⅠからⅤまでを組み合わせた「複雑な形」をした因果構造など，SEM研究では実に様々なモデルを設定することが可能なのである。そして，最後に登場した「複雑な形」を持ったSEMは，先に見たSEMネットワーク2と同じ因果構造を設定していることになる。同じことはすべてのSEMネットワークについても言える。どのようなSEMネットワークを構築しても，常にそれと同じ複雑な因果構造を持つ，単一のSEMを最初から一挙に設定することが可能なのである。このような単一で複雑なSEMが，ここで言う「巨大SEM研究」に他ならない。ちなみに，この巨大SEM研究は，SEMネットワーク内の研究で言えば，何らのメタアナリシスも（多対象間ネットワーク化はもちろん，同一対象内ネットワーク化も）施される以前の，ボトムレベル研究に相当するものである。

　巨大SEM研究では，単独の研究者（ないし研究グループ）が，おおむね同一の手法を用い，同一の条件の下でデータを集め，それに対して重回帰分析を施して，一挙に，各パス係数を計算することになる。それに対して，SEMネットワークでは，複数の研究グループが，それぞれ独立に，異なる手法を用い，異なる環境の下でデータを収集した上で得られたパス係数が，事後的に相互調整されることになる。また巨大SEM研究では，複雑な因果構造が，首尾一貫した整合的な仕方で設定されているのに対し，SEMネットワークでは，統合されるSEM同士が，同一の対象に関して異なる因果構造を想定している。たとえば，研究タイプⅠでは，「高卒時の学力」Yの原因として「勤勉さ」Xのみが挙げられていたが，Ⅲでは，Yの究極の原因は，実は「家庭環境」Hだと想定されているのである。

　均質な環境の下で，整合的なモデルを設定してなされる巨大SEM研究。かたや不均一な状況下で，互いに不整合なモデルを用いてなされた複数の研究を，後づけ的に，強引に統合したSEMネットワーク。こう並べてみると，一見，対象の因果構造を明らかにする方法としては，SEMネットワークよりも巨大

SEM 研究のほうが優れているように思える。SEM ネットワークを構築するより，巨大 SEM 研究を行ったほうがよほどまし。SEM ネットワークなんてせいぜい，何らかの事情で巨大 SEM ができない場合の「次善の策」に過ぎないのではないか。ついつい，こう言いたくもなるというものだ。

精密計測学の前提と戦略

だが，実は，巨大 SEM 研究よりも SEM ネットワークのほうが，因果構造を明らかにする方法としては望ましい。物理定数の測定を含めた，精密計測学という分野全体を支えている「基本前提」を受け入れる限り，そう言えるのである。では，その基本前提とは何か。以下，4点に分けて見ていこう。

① まずこの世の中には，同じ測定装置を用いたとしても，1回ごとの測定において（真の値から異なる方向にズレたり，異なる大きさだけズレたりするという意味で）それぞれ異なる仕方で発生するとされる「確率誤差」と，ある測定装置に固有の誤差，したがって，同じ測定装置を用いる限り，どの測定でも同じ仕方で発生する誤差としての「系統誤差」という2種類の誤差がある。したがって測定値とは，真の値と，これら二つの誤差の和に他ならない。

② 測定結果には，何らかの確率誤差はつきものだが，それは1回ごとの測定でどのような仕方で現れるかは全くわからない。とは言え，同じ装置を用いて，同じ対象を数多く測れば測るほど，得られた多数の測定値の間で一定の（方向と大きさを持った）誤差が登場する相対頻度は，ある特定の値へと安定していく。そして，その相対頻度の分布は，誤差が0のケースを中心として，（誤差の方向にかかわりなく）誤差が大きくなればなるほど左右対称な仕方で小さくなっていく，正規分布と呼ばれる形を持っている。したがって，同じ装置で同じ対象をなるべく多くの回数測り，その平均値を取れば，左右対称に広がった誤差が互いに打ち消し合い，結果は真の値に近づいていくはずだ。

③ すべての測定装置に何らかの系統誤差はつきものだ。いや，もしかした

ら全く系統誤差を持たない装置もあるかもしれない。だが僕らは、どれがそのような「完全な」装置なのかを知る由もない。これは物理的な測定装置についても、概念的な装置（たとえば、SEMで用いられている因果構造のモデル）についても言える。また個々の研究者（ないし研究グループ）を、一種の人的な測定装置と見なせば、そこにも常に一定の系統誤差が発生している可能性がつきまとっていることになる。ボトムレベル研究 I-1 と I-2 を思い出そう。I-1 では、大学生の勤勉さを測る観測要因として、各自の生活態度に関するアンケート調査が用いられていた。このような自己評価的なアンケート調査には、自分をつい美化して、勉強時間を多く見積もりすぎるという一定の系統誤差が潜んでいそうだ。しかし、このアンケート結果のみを眺めていても、そのような誤差のプラス（と思われる）方向の大きさを見積もることはできない。一方、バーチャル大学を舞台に長期間のシミュレーションを実施する I-2 では、実験的環境に置かれた大学生のふるまいを長時間記録しておけるため、彼らの「勤勉さ」をより正確に測ることが可能だ。一方で、彼らは、バーチャル試験に（実際の試験に比べ）あまり真剣に取り組むとは思えない。結果として、バーチャル試験は、彼らの学力を実際より低く評価する傾向があるかもしれないのである。しかし、ここでも、そのマイナス（と思われる）の系統誤差効果の大きさを見積もることができない。このように、どの研究にも一長一短があり、それらから得られた結果には例外なく系統誤差の介在が疑われるのだが、実際に、その誤差がどの方向にどれだけ働いているのかはわからない。これこそが測定に従事する科学者が置かれた普遍的な状況なのである。

④　系統誤差自体も、実は、一定の分布型（具体的には正規分布）を持つ一種の確率誤差に他ならない。言い換えると、系統誤差の方向や大きさは、個々の測定装置ごとに異なるが、それらが同じ対象を測定している限り、それらの系統誤差を全体として見れば、その頻度分布は、真の値を中心とする左右均等な釣り鐘型を描くことになる。

以上の四つの項目からなる「基本前提」を受け入れれば、（系統誤差と対置さ

れていた，そもそもの意味での）確率誤差のケースと同様，系統誤差に対しても，それを「相殺」する戦略が描けることになる。これを「基本戦略」と呼んでおこう。

　基本戦略：なるべく異なる測定装置を，なるべく多く開発し，それらを併用して同一の対象を測定し，得られた測定結果を統合することで，系統誤差を相殺し，より「真の値」に近い測定結果を得よう。

　ここでなぜ，「なるべく異なる」測定装置を開発し，用いたほうがよいと言われるのか。それは，測定装置が似ていれば，それだけ系統誤差も似ており，結果として「多様な系統誤差を発生させて，一網打尽に相殺する」という戦略が上手く描けなくなってしまうからである。また「なるべく多く」という要請も同様の理由による。

　このような基本戦略，ひいてはそれを導いた基本前提には，一定の実在論的な考えが潜んでいる。それは，複数の異なる測定装置が，同じ一つの測定対象を共有しており，その対象には，個々の測定値とは独立に，予め定まった「真の値」が備わっている，という考えである。言い換えると，「測定から独立な真の値など存在しない」とか，「測定という操作そのものが一定の対象を構成するのであり，測定装置が異なれば対象も異なる」といった類の反実在論は，ここでは最初から排除されているのである。ちなみに，このような実在論は，測定に従事する科学者なら抵抗なく受け入れている考え方だろう。真の値の存在や，複数の測定方法による一つの対象の共有といった考えを受け入れているからこそ，彼らは，多大な労力とリソースを費やして，日夜測定に血道を上げているのである。逆に，この程度の実在論的考えを取らずに，「測定屋」を営むことはかなり異様で病理的なことと言えるだろう。その意味で，ここでの実在論は，測定という科学的営みにかかわる健全な考えだとも言えるはずである。

　もちろん，ここでの基本前提や基本戦略は，そのような健全な実在論を前提としているのであって，それを論証しているわけではない。また，このような実在論を前提としても，基本前提や基本戦略が，論理的に必然的な帰結として導かれるわけでもない。それは，あくまで実在論からの一つの可能な帰結に過

第8章　測定ネットワーキングとしての社会心理学：本編

ぎないのである。

　いずれにせよ，この健全な実在論を採用し，先の基本前提と基本戦略を受け入れる限り，SEMネットワークのほうが，巨大SEM研究より「よい」方策ということになる。なぜか。まずSEMネットワークでは，基本的に，統合される部分的な因果構造の各々に対して，（たとえば，I-1とI-2のように）複数のボトムレベル研究がなされ，それぞれの測定値から，第二ステップの統合によって加重平均が求められている。この時点で，系統誤差の相殺がある程度実現できている。第三ステップでも，同様の系統誤差の相殺効果が期待できる。もちろん，このステップでは，SEMネットワークを構成する各々のSEM研究すべてが，単一の対象を全面的に共有していたわけではない。だが，共有されている因果関係の各々に関しては，異なる人的装置（研究者）と異なる概念装置（モデル）を用い，異なる環境の下で，互いに独立な研究がなされていることには変わりない。そしてこれらの複数の研究の結果を統合することで，系統誤差の相殺が試みられるのである。

　それに対して巨大SEM研究では，このような異なる研究結果の統合による系統誤差の相殺といった事態は一切生じていない。そこでは巨大な因果構造に対して，一つの測定しか行われていないのである。結果として，その測定で用いられた様々な装置に潜む系統誤差は，いわば野放しのまま放置されることになる。

　すると結局，系統誤差がそのまま放置されている巨大SEM研究に比べ，二段階にわたってその相殺が試みられているSEMネットワークでは，系統誤差の悪影響がより減らされていることが期待できることになる。というか，系統誤差の効果を減らすことこそが，ネットワーキングのそもそもの理由の一つだったのである。結果として，系統誤差の効果がより小さいという意味で，巨大SEM研究が与える各パス係数の値よりも，SEMネットワークの産物である最終補正値のほうが，より真の値に近くなる。SEMネットワークの結果のほうが，巨大SEM研究のそれよりも，より正確，ないしより信頼できるとも言える。より正確でより信頼できる測定結果を与えるという点で，巨大SEM研究

より SEM ネットワークのほうが，よりよい方策なのである。社会心理学者は，巨大 SEM の実施より，SEM ネットワークの構築をこそ，目指すべきなのだ。

　SEM ネットワーク競争において，「より大きく，より質が高い」ネットを「勝ち」とする理由も，同様に，基本前提を踏まえた「誤差の相殺」という基本戦略から明らかになる。より大きなネットワークとは，ボトム研究や研究タイプの数がより多いネットワークのことだった。このことは，そのようなネットワークでは（より小さいネットワークに比べ）同一の対象（因果構造）に対して，より多くの異なる研究がなされ，それらから得られた結果が統合されていることを意味する。この場合，上の基本前提を受け入れれば，そのようなネットワークにおいては（そうでないネットワークに比べ）系統誤差の相殺がより進むことになる。より大きなネットワークは，系統誤差の影響が少ない，より真の値に近い，より正確でより信頼できる統合値を与えることができるのである。

　またネットワークの「質」とは，そこに含まれる一次結果同士と二次結果同士のバラツキの度合いが小さければ小さいほど，質が向上するという仕方で，これら二つのバラツキによって左右されるのだった。これら二つのバラツキは，同じ対象に対して適用された異なる測定手法から得られた，測定値同士のズレを示している。すると，ズレが大きければ，それらの手法に潜んでいる系統誤差も大きいと言えるし，逆に小さければ，系統誤差の影響も小さいと言えることになる。つまり，これらのバラツキの関数である「ネットワーク全体の質」が高いことは，系統誤差の影響が少ないことを意味する。結局，ネットワークの大きさと同様，その質もまた，ネットワークが与える統合値が系統誤差の影響をどれだけ免れているのか，すなわち，どれだけ真の値に近いのか，どれだけ正確で信頼できるのかを表す指標なのである。言い換えると，大きさと質を競うネットワーク競争は，ネットワークから得られる統合値の正確さと信頼性をめぐる争いだったのである。

　一方，ネットワーク競争の争点は，あくまで，それぞれのネットが提示している世界観――すなわち，存在者のリストや，その間に成り立っている因果構造――に対して，それぞれがどれだけ正確な測定値を与えているかであって，

それらの世界観そのものの正しさではない。ネットワーク競争とは、各々の陣営が、自らが想定している「一定の存在者のリスト」と「因果構造」、言い換えると、それらが抱く一定の世界観を疑うことなく、単にそれを前提として受け入れた上で、それについてのより正確な描像を提示し合うゲームなのである。

9 多元的な世界観を示す共同作業

ここで改めて四つの基本前提を眺めてみると、それぞれがある意味、「眉唾もの」であることがわかる。たとえば、確率誤差が正規分布していると主張する②。これは統計学の基礎をなす想定の一つだが、それに関しても様々な問題点が指摘されてきた（出口、2003 など）。また、系統誤差も一種の確率誤差だとする③。これなど、前提としている本人たちも、根拠を示すことができない、と開き直らざるを得ないような代物なのである（Taylor, Parker, & Langenberg, 1969）。

では、これらの前提に疑念の余地のない理由や根拠を与え、それらを文句なく正当化することができるのか。「できない」というのが僕の答である。それら自体は、もはや何らの根拠や理由も持たず、正当化も行えない。だからこそ、それらは「基本的」としか呼びようのない前提なのである。

基本前提が無根拠だとすると、基本戦略や測定ネットワーキング、さらにはネットワーク競争といった、それに「乗っかっている」すべてのもの、したがってここで書いてきたことの全部が、最終的には根拠を持たないことになる。これは困った。だが、こういった「無根拠性」は、実はかなりありふれた事態なのである。

ここでの基本前提は、単に測定ネットワークのみならず、統計学や精密計測学といった科学的実証の方法論全体を支えている。つまり「基本前提に根拠がない」ということは、統計学や精密計測学、ひいてはそれらの手法や成果を用いている大部分の科学、さらにはそれに基づいている技術や産業、最終的には僕らの社会や日々の生活が、少なくともここで問題となっている事柄に関しては、究極的には無根拠であることを意味しているのである。測定ネットワーク

のみならず，社会のかなりの部分が，「それがよって立つ方法論的基盤に究極的な根拠や理由がない」という意味で，「宙ぶらりん」の状態にあるわけだ。そういった「宙ぶらりん」の状態で，自分たちが「宙ぶらりん」であることに気づかずに，日々の生を営んでいる。よくも悪しくも，これが僕らの等身大の姿なのである。

では，幸か不幸か，こういった宙ぶらりん状態に気づいてしまったら，どうしたらよいのか。あれこれ議論を重ねて，ありもしない「究極の根拠」を求めたりするのは無駄である。基本前提の無根拠性を受け入れて，その前提を無根拠のまま改めて選び直すか，それともそれを断固破棄して，新たな科学的方法論，ひいては新たな科学を模索するか，いずれかを選択するしかない。僕は，そう考える。ここにあるのは，「選択の問題（matter of choice）」なのであって，もはや「議論すべき事柄（matter of argumentation）」ではないのである。

ここで言う基本前提は，近代科学の歴史の節目節目で，その都度，考案され，その後，紆余曲折を経て科学の現場で定着してきたものばかりである。基本前提①や②は，18世紀から19世紀にかけて，J. R. v. メイヤー，A. -M. ルジャンドル，P. S. ラプラス，C. F. ガウスといった人たちによって発案され，洗練されてきたものであり，その結果，最小二乗法に代表される古典的な統計学の手法が確立されたのである。一方，③や④は，19世紀の後半に，第7章で名前を挙げたコールラウシュ，ホルマンやジェボンズらによって提案され，精密計測学の「原理」に据えられた考えである。つまり，ここでの基本法則を否定することは，このような近代科学の方法論に決別することを意味し，またそれを受け入れるとは，そういった歴史的流れを改めて承認し直すことを意味する。いずれにせよ，これは大きな選択である。どちらを選ぶか，僕としては，この文章を読まれている読者一人ひとりに委ねたいと思う。

そこで，もしあなたが，近代科学の「選び直し」を選択したとする。すると，測定ネットワーキング競争に参加することが，その一つの，そして有力な帰結だ。「競争」と書くと，いかにも，対立陣営のことは気にせず，個々バラバラに作業を進めるといったイメージを持たれるかもしれない。たしかに，必死の

第8章　測定ネットワーキングとしての社会心理学：本編

形相で競争に参加している当人たちは，そういった気分の中にいるのかもしれない。だが，その競争の様子を，全体的に，そして鳥瞰的に眺めてみると，競争自体が，一つの大きな共同作業であることがわかる。共同作業を行うためには，一定のルールが存在し，少なからぬ人たちが実際にそのルールを尊重することが必要である。逆に言えば，先に挙げた基本前提は，それがなければ，ネットワーク競争としての社会心理学研究という共同作業が成立しないという意味で，その共同作業にとって「構成的」なルールなのである。科学者は，それを無根拠だと知りつつも，基本法則を受け入れることで，ネットワーク競争という共同作業に参加することになる。

　各自が一定の世界観を奉じつつ，それについてのより正確な描写を競い合うことで，各陣営を超えて，全体としての描像の正確さのレベルアップを図る。第7章の「予告編」でお見せしたように，それが，この共同作業の一つの姿である。そして，そのことで，社会に対して，社会心理学者は，測定ネットワークという，断片的でもなければ，十全な意味で全体的でもない，社会心理学的現象に関する「第三の知」を提供することになる。そして，ここで提示される「第三の知」は，基本的に「多元的な知」でもある。無根拠な基本前提を選び直し，多元的なネットワーク知を競い合いながら構築していくことで，全体として，描像の正確さのレベルアップを図る。それが，ここで僕が描いてきた，社会心理学の姿なのである。

引用文献

足立浩平（2006）．多変量データ解析法──心理・教育・社会系のための入門　ナカニシヤ出版

出口康夫（2003）．さいは投げられたのか──確率論の応用の批判的検討と科学的経験の超越論性　哲学研究，**576**，44-89．

出口康夫（2009）．電子はいつ実在するようになったのか　アルケー（関西哲学会年報），**17**，45-59．

出口康夫（2010）．ことばと実在──「活動語」の意味　哲学研究，**589**，25-50．

DuMond, J., & Cohen, E. (1948). Our knowledge of the atomic constants F, N, m, and h in 1974, and of other constants derivable therefrom. *Reviews of Modern Physics*, **20**(1), 82-

108.

狩野裕（2002）．構造方程式モデリング，因果推論，そして非正規性　甘利俊一他（編）多変量解析の展開　岩波書店　pp. 65-129.

Taylor, B., Parker, W., & Langenberg, D. (1969). Determination of e/h, using macroscopic quantum phase coherence in superconductors: Implications for quantum electrodynamics and the fundamental physical constants. *Review of Modern Physics*, **41**(**3**), 375-496.

終章　コラボレーションのゆくえ

唐沢かおり・戸田山和久・山口裕幸・出口康夫

1　社会心理学に哲学は必要？

戸田山：実は，社会心理学というのは集団心をやっていると思っていたんだよね。学生の頃，たまたま受けた社会心理学の授業が，世論とかそういうものを扱っていたから。しばらくはあまり関心もなかった。唐沢さんと出会って，話をいろいろ聞いたら，「何かすごく認知的なことをやってるじゃん」と思って，「今はそっちが主流なのよ」みたいな話を聞いて，それから，社会心理学会などに出かけて行って，ポスター発表とかを見ると，「あれ？　認知研究じゃないのもあるね」と。

唐沢：雑多？

戸田山：雑多だねぇ，本当に。外から見るといろんな面がある。でも，しばらくおつき合いして感じたのは，やっぱり認知研究というのはコアにあるなということ。文化研究的なものもあるし，質的研究もあるし，いろいろあるけれども，やっぱりコアには認知研究があって，それがあるから他の心理学と連結しているっていう，そういう感じです。

唐沢：認知がコアと言うと嫌がる社会心理学者もいるかも。それに，第1章にも書いたんですけど，「社会心理学をやっているんですよ」と言うと，「あぁ，集団の心理をやっているんですか？」という反応が来るっていう現実があるんですけどね。

出口：僕は統計学の哲学なるものをかじっているので，統計学がいろんな分野でどう使われているか，自然科学以外にも，医学や社会科学など，あちこちのぞき見してきました。たとえば，経済学だと，物理の法則に似た，しっかりした数理モデルがあって，それを前提にした上で，統計的な技法が作られている。また医療だと，人体に関する生理学的な知識体系がまずあって，その上に，「特定の治療法が効くか効かないか」という個別的な話が乗っかっている。

それに対して，社会学や心理学の統計の本を見ていると，それなりにおもしろい知見が並んではいるけど，その背後に統一的で実証的なモデルがどうもなさそうだ。で，社会心理学は，その二つを合わせているので（笑），さらに，そういった「バラバラ感」や「ピースミール性」が激しい。いろんな話題が出てきて，にぎやかでおもしろいんだけど，外の人には，そしておそらく中の人にも，全体像がわかりにくい構造になっているのではないかという感想を持ちました。

山口：組織科学や経営学からは，たとえばリーダーシップに関して，一本筋の通った話があるのだろうと期待されるのですが，実際には，「こういう理論もあって，でもああいう知見もあって……要は臨機応変にやりなさい」というような形になってしまっていて（笑）。それと，たとえばマーケティングなら，社会心理学の知見を応用して「人間の購買行動を予測したい」というような期待もすごく大きい。でも，「どんなふうになるか予測できない」という結果しか社会心理学では言ってあげられない。外から見ると，取っつきやすいけど期待外れという部分もあるのではないかな。

唐沢：それは適用範囲の広いグランドセオリーがないということ？

出口：社会学には理論社会学というものがあって，社会全般について大きな話をする。でも，理論社会心理学というのは，ないでしょう？　それは逆に，社会心理学が非常に健全に実証科学をやっているということではないですか？

山口：でも，グランドセオリーをきちんと議論しようという試みは，社会心理学内部に，今までもあったんじゃないかな。たとえば，社会構成主義とか。とはいえ，それに対して，多くの社会心理学者がついていかなかったというのは，やはり実証を捨てたらどこが心理学なのかという，要するにアイデンティティの問題だったのでしょう。

唐沢：1970年代に，ある種の社会心理学の歴史的な危機と呼ばれる時代があって，その時にかなり議論がされました。でも，それで社会心理学が解体されたわけじゃなく，今も社会心理学は栄えている（笑）。

戸田山：それは哲学と分離したということだと思います。たとえば，社会学は，まだ哲学と分離しきっていないところがあるから，社会学者が社会哲学的なことも大いに言う。でも，心理学は実証科学になっているから，教科書の最初のほうで「心とは何ですか？」

というリップサービスをするけど,「それはわれわれが体験しているところの経験的な心とは違って,構成概念です.さあ,それじゃ,次行きましょう」と,どんどん先に進んでしまう.だから,時々立ち止まって,もう一回「われわれが研究しているところの『心』って何なのかな?」という話を,もう少ししてもよいのかなと.

唐沢:今はそれを哲学にお任せしているということですかね.

戸田山:でも,心理学者がやる,自前の心理学の哲学があったほうがよいと思うのです.つまり,心理学者が「実証研究しかしませんよ」と言っているのを,外から哲学者が「あいつら,おもしろいことをやっているから,ちょっと哲学してやれ」というのではなくて,時々「自分たちの研究って何ですかね」とか「心ってそもそも何だったんだっけ?」「心について何が知りたかったんだっけ?」「どうしたら心について知ったことになるんだっけ?」というようなことを,自分たちで反省するっていうのがないといけないのではないかなと.科学哲学は,それが組織的な営みとして継続されるお手伝いはできると思いますけど.

出口:僕は,社会心理学は心についての哲学的話法はあまり気にしなくていいと思っています.非常にアイロニカルかもしれないけど,「ヘビーな哲学は必要ありませんよ」と言ってあげるのも,一つの貢献かなと.

唐沢:率直に言って,社会心理学の実験論文を書こうとしている時には,哲学はいらない(笑).

戸田山:いらないでしょう,それは.サイエンスを少しでも先に進めようと思っている時には,哲学は邪魔でしょ?

唐沢:じゃあ,外部から見たらノイズなの? 科学哲学は.

戸田山:でも,時々ノイズがないと賦活しないでしょ.科学哲学が役に立てるとしたら,自分の分野の研究はできるけれども何かもの足りなさを抱えているとか,少しつまらなくなってきたと反省する,という場合.

唐沢:「新たな展開を生み出すためには科学哲学の力が必要だ」ってことですか?

出口&戸田山：そこまで偉そうに言うのはねぇ（笑）。

2　「集団心」とは何か

戸田山：社会心理学のコアにあるのは認知的なことだろうと思いますが。

唐沢：認知的な部分に焦点を当てると，「社会的な心のしくみの研究」という言い方になりますよね。もう一つのコアは社会，つまり人が複数いることによって生じる何か。山口さんの言い方では，「心の集まりに宿る心理的な何か」ということになるのかな。

山口：「心の集まり」というよりは，人の集まりですね。個人の心理にフォーカスしたアプローチ，つまり他者の存在というのを環境変数として，個人は周りにたくさん人が存在するとどんな心理状態になるのかとか，自分があるまとまった集団の一員だとしたらどうなるのかとか，あるいは群衆の一員だったらどうなるのかとか……は，やはり王道だし，社会心理学がやっていくべきことです。でも，人が集まったところに何かしら生まれてくるもの，端から見ると「この集まりはちょっと独特だな」というふうに思わせる特性があって，目には見えにくいけれども集まりのふるまいに表れてくる，そういう何かもあるはずなのです。

出口：これまでは個人が社会をどう見るかという矢印と，社会が個人に与える影響という矢印の一本ずつだったけれども，双方向の因果関係を見ていきたいということですか？

戸田山：ぐるぐるかき混ぜると出てくる，創発的な集団の性質としか言いようがないような現象が起こる，そのメカニズムを知りたいのでは？

唐沢：たしかに社会心理学は，脳のようなミクロな変数から，文化というマクロ変数まですべて含んでいますよね。それらの間の双方向性を研究しないとね，と言っているけれども，実際には一方向しか扱えていないものが多いかもしれない。

山口：みんな，問題意識は持っているけれども，実際にはなかなか……。「どうやってそれを見ていくの？」ということになる。社会心理学が伝統的にやってきたのは，ある場面で切って，固定的なデータを見ること。時間が流れていく中での変容や，マクロ要

終 章 コラボレーションのゆくえ

素とミクロ要素の双方向的関係となると，お手上げ状態になってしまう。

唐沢：とはいえ，「集団レベルで出てくる創発的な何か」を心理学的に扱いたいという欲求は持っている。「心」は個人のものというのが，今のところ常識だとしても，それをもっとエクステンドしたものとして集団の心みたいなものを考えたくなるわけですが，では，集団心とは何でしょうか，という問題になりますよね。

山口：集団心について，「心」というタームを使うとやはり誤解も招くし，「グループマインド」という表現はあまり適切ではなかったと思います。「集団には心なんかない」というオルポートの批判をまともに受けてしまう。私たちには，人形とか車とか，何にでも「心」を想定しがちなところがあって，パソコンの調子が悪い時に「コイツ，怒ってる」とか思ったりするでしょう。そういう擬人化に加えて，われわれが人の集まりに対して「心」を想定したくなることの背景には，人が集まって初めて生じる「心理的な」特性があるのではないでしょうか。社会心理学者は，そういった特性がなぜ生まれるのかとか，その特性がどんなダイナミズムで変わるのか研究を大事だと思っているわけです。

唐沢：心理学で，動機とか意図などの心の構成要素がどう扱われているかというと，結局，エージェントの反応を記述し，説明する道具，概念としてなのです。それらは測定と操作が可能で，かつ何となくわれわれの直感と合致し，それらで構成されたモデルに納得が行く，というところで成り立っている。エージェントの行為を説明するための道具であるという理由で集団にあてはめるのであれば，「集団心」的なものを持ち込むことは可能だと思います。ただ，そこで何をどう持ち込むかとか，節操なく持ち込んでよいのかとか，どういうところに焦点をあてて持ち込むのか，ということが難しいというか……。

戸田山：そもそも心理学者が個人の「心」を研究する時，実体としての心を想定しているわけではないですよね？　素朴に体の中に宿っていて動かしているような，霊魂みたいな実体としての心を研究しているわけではない。「集団心」というのもやはりそういうものだと思えばよいのではないでしょうか。エージェントとしての集団のふるまいをうまく記述し，どうしてそのふるまいが出てくるかとか，どういうことによってそれが変わるか，ダイナミズムはどうなっているのかということを説明してくれるメカニズムの個々の要素を突き止めていく。個人の「心」について研究していると言えるなら，そ

れとパラレルなことをやっているのだから,「集団心」を研究していると言っても,そんなにミスリーディングではないと思う。

山口：そういうアナロジーでは「そうだな」と思うのですが。やはり,一般的な人々が共有している「心」の概念は,「個人の中にあるもの」だから……。

戸田山：自分の心ね。

山口：それしか経験できないですよね。他人の心はわからない。よく「心理学をやると人の気持ちがわかるんですか？」とか聞かれますけど,わからない（笑）。やはり「心」と言ってしまうと,そういう誤解にもつながるのかなという気がするので,何か言い方を考えなければと思うのですが……。

唐沢：「集団心」という言葉ではない,何か？　たとえば,議論している時,「集団にこんな意図があって」とか「動機があって」という言い方をよくしますが,問題になる場合もある。

出口：「集団心とは何か」という問いに関して哲学が一つ貢献できるのは,かなり脱構築的な解答を用意することだと思うのです。集団心とは何か,という「何か問題」は非常に危険です。「何か問題」を立てることで,何かがあるような気になってしまう。「人間とは何か」というと,何かに対応する人間の本質があるように考えてしまう。でも,ある種の哲学者は「そんなものないよ」と,その本質をバラバラにしようとしてきたわけです。そういうふうなアプローチも可能かなと思います。

　「集団心」も,実際の研究方法に即して様々なものへと解体してもよい。つまり,ある研究では,集団という場で共有された認知だと考えればよいし,別の研究では,何か互いに似通った行動パターンだと考えればよい。それぞれの答があるわけですが,必ずしもそれらを乱暴にまとめて,「集団心」という定まった一つの概念を考えなくてもよいのではないでしょうか。それらをどうやってネットワーク化するかという問題は残りますが,「何か問題」に対して無理に単一の概念を答として与える必要はないですよ,他に道がありますよというのも,一つの哲学的なアドバイスではないかと思います。

唐沢：すごくプラクティカルな示唆だと思うし,多分それは実際に取り得る最善のストラテジーなのでしょうが,集団から生み出される何かを考える時,その方法だと,「今

終　章　コラボレーションのゆくえ

扱えるもの」の枠内で扱っていくというところからは出て行けないかもしれない……。

山口：だから，扱いにくいけれども，「こんな感じのものを『集団心』なのだ」として研究をスタートしてもよいと思います。研究の一つのフェーズとして。

出口：それは，ある意味ではかなりノミナルな（名ばかりの）呼び方ですが，そのノミナルなものに実質があるかどうかは，複数のアプローチを取ってみて，その結果にどれだけ整合性があるかという，かなり実証的な問題に落とし込めると思います。

唐沢：呼び方はどうでもよいのなら，むしろ何を扱うかが問題ですよね。これまで扱っていなかったものにも目を向けて，「ビジネス顕微鏡」のように，従来の方法では取り出せない何かを取り出す試みにうまくつなげていくのであれば，「集団心とは何か問題」は自然と解決する，と。

出口：集団心なるものがぼんやりあると考えるのはよいけれども，それに対して新たなアプローチを実証的な方法論として提案することが，健全で画期的なのだと思います。つまり，概念で何か新しいものを生み出すのではなく，方法論としてかなりドラスティックに新しいものを生み出すことのほうが大事ですよね。

3　ビジネス顕微鏡の新しさ

唐沢：ビジネス顕微鏡は，どんな新しい知見をもたらしたのでしょうか？　そして，それはどういう方法論的な新しさのおかげだったのでしょうか？

山口：共同研究をしている日立製作所の中央研究所の人たちと最初考えていたことは，活発にコミュニケーションを行っているチームのほうが，チームワーク測定をしたらよい値が出るだろうということでした。ところが，結果は予想と正反対で，優秀なチームではコミュニケーションが少なく，成績のよくなかったチームほど活発にコミュニケーションをしていました。解釈に困ったんですよね。
　そこで，プロジェクト期間を通して長期にコミュニケーションを見てみると，優秀なチームは，最初は活発に行っているのですが，だんだん少なくなっていきます。ところが，あまり成績がよくなかったところは，いつまでもあまり変わらず，むしろ最初のほうは活発にやっていない。つまり，お互いの仕事のやり方がわかってくると，自分がや

るべきことと他の人がやっていることをだいたい想定して，必要なことについてはコミュニケーションを取るけれども，それ以外のことは先に進めてしまう。だから，現象だけ見ると，優秀なチームは，だんだん対面のコミュニケーションが減っていくんです。一方で，生産性があまり上がらなかったチームは，いつまでも役割分担ができずに，まとまりも悪いために，活発にコミュニケーションしているのです。

　こうした発見は，長期にわたっての行動観察のデータと，ある時点で切った固定的なデータとの組み合わせによって生まれました。従来の現場実験では，長時間の測定は現実的に難しいのですが，ビジネス顕微鏡では，仕事の邪魔をせず，それが可能になります。会社に来たら首から下げて，終わったら戻すというのを，タイムレコーダー感覚で行うので，知らず知らずのうちに取っている行動，しかもその時系列的な変化を記録できます。

　質的研究では，現場で参与観察をして，自分の感じ取ったことを丁寧に書き起こしていきますが，それでは説得力が弱い。ビジネス顕微鏡で十分だとは全然思わないですが，実証的なアプローチに向かって少しだけ前に進んだのかなと。

出口：長時間にわたってのコミュニケーション行動の観察というのはストーカーでもしない限り難しい。それを，ビジネス顕微鏡というデバイスによって実際にやってみせたというのは，やはり方法論として斬新ですね。どれだけ多様な方法を作っていくかというのが科学にとって重要なポイントだと思うので，とにかくこれまでない方法を一つ出したというのは，非常に重要なことだと思います。

山口：ビジネスの世界では，行動観察，観察工学の流れというのは見直されてきています。たとえば，駅の混雑がひどくて，ぶつかり合いが多いとなれば，現場に行ってじっと眺める。許可が出ればビデオも撮るし。そうしてずっと見ていると，どういう理由でぶつかるのか，道標をわかりやすくしてあげればぶつかり合いは減るのではないか，というようなことも見えてきたりするので，観察というのはプリミティブな方法だけれども，改めて見直さなければならないと思います。ただ，コストがすごくかかるけど。

唐沢：工学系の人は観察をしますね。考えたい問題の一部は重なるので，社会心理学者も観察をすればよいとは思いますが，コストの点でなかなか難しい。

戸田山：でも，もう少しコラボレーションの余地はあると思いますよ。つまりビジネス顕微鏡だって，装置そのものは社会心理学者が開発できるわけではないですよね。情報

工学ではいろいろな技術があるけれども，逆に今度はよい使い道がないのです（笑）。想像力が広がっていかないというか，持て余しているというか。せっかくあるのに「これ，何に使おうか」って。

唐沢：それなら，見本市をしてもらったらよいのでは？

戸田山：その通りなのです。たとえば，定点から部屋の様子を，ずっと撮りっぱなしにした画像から，「誰がいつ誰と話していたか」を時間軸で記録するということが，画像処理を使ってできるようになったと。そこで，技術者たちがそれを使って何を知りたいかというと，特にないわけです。それを作ることが業績だし，目的なので。でも，心理学者はそれに使い道があると思うわけです。たとえば，ビジネス顕微鏡を補う何か他の測定手段として。

唐沢：コラボレーションが必要なのに進まないのは，お互い違うところにいて，具体的な動きにつなげる何かが欠けているわけでしょう？

戸田山：そういう役割を，リサーチ・アドミニストレーターとかが担うことになっているのですが。

唐沢：難しいですよね。まず人を知らないと，信頼できる相手でないと共同研究は絶対できませんし。

戸田山：社会心理学者への外からの期待が，できることと少しズレているということもありませんか？　何でも尺度化してくれると思われたり（笑）。

唐沢：「人をどう動かしたらよいのか」とかもね。こっちが知りたいくらいですよ（笑）。そのズレをどう解消するかは，課題だと思います。大学の教養教育で社会心理学がきちんと教えられて，将来工学者になる人によく知ってもらえたらよいかもしれないし。逆に社会心理学者は工学が何をやっているか知らない，というのもよくないですね。

出口：工学の場合はともかく，科学では物事を理解することが肝心なので，その理解が何の役に立つのかは，まあ二義的なところがある。でも，社会心理学は，科学の他の分野に比べても，有用性への志向が強いような気がします。そこが社会心理学のおもしろ

いところでもあり，悪く言うと「よくばり」というか「どっちつかず」という側面でもある。いずれにせよ，科学と工学のちょうど境界というあたりの立ち位置ではあると思うのですが。

唐沢：実際，論文を書くにも，研究費を認めてもらうにも，学術的な新しい知見の貢献と，それが今後世の中にどう役に立つか，両方必要です。

出口：ある種，制度的なアイデンティティとして，両方抱え込んでいるということですよね。

山口：工学の人たちは明確な仮説がなくても思い切って実験するし，自分のクリエイティブな発想がスポイルされるから「論文なんて先に読むな」と言います。まずは自分の直感を信じて突っ走るわけです。それで結果が出なくても，ダメでしたというレポートを出す。

戸田山：それは社会心理学者からしてみれば，ある種の実験がなされたというふうに考えてはいけないのですか？

唐沢：そのデータが手に入ったとして，それを「この要因はこういう条件のもとでは効果が出なかった」ということに使えればよいのですが，特定の仮説検証のためには系統だった計画のもとにデータを集める必要があるでしょう？　そうすると，今のままではデータの共有は難しいでしょうね。知見のネットワーク化，メタアナリシス的に知見をどう集めるかは，大きな課題なんだけど。

4　フォークサイコロジーと社会心理学の関係

唐沢：ところで，社会心理学が集団心を否定したというのは，心は個人のものというフォークサイコロジーからの拘束もあったわけですよね。その意味でも，フォークサイコロジーとの関係を考える必要があります。私たちが新しい仮説を考えるのは，もちろん過去の知見もあるけど，あとは日常の観察に基づく直感しかソースがない。だから，フォークサイコロジーを発見法的に使うのは，むしろよいと思います。ただし，それを測定するとか操作するというところにいろいろな注意事項はありますよね。

終　章　コラボレーションのゆくえ

戸田山：使うということ自体を問題視しているわけではなくて，使うのは注意が必要，ということですよね。

唐沢：さらに，知見を言語化して伝えるときに，フォークサイコロジーの語彙を使わざるを得ないし，そうすると常識を追認することになりかねない。それをどこかで抑制するシステムというのは，フォークサイコロジーと社会心理学が健全につき合うために，かなり重要なことだと思います。

戸田山：健全にではあるけど，フォークサイコロジーとつき合わないと，社会心理学はできないのではないかと私は思っていて。フォークサイコロジーに取って代わるような概念の枠組みを社会心理学は持てるのでしょうか。

出口：フォークサイコロジーは，やはりゼロにすることはできないし，ゼロにする必要もないと思います。ただ，その影響力をコントロールすればよいわけです。問題は，影響を受けていないつもりが知らず知らずのうちに受けていたりすると，いろいろな形で悪さをしだすこと。たとえば，僕の言う測定ネットワークを持ってきても，ネットワークのもとになる，一番コアな部分，たとえば存在論的な前提にはフォークサイコロジーが息づいているはずです。ただフォークサイコロジーの影響に「存在論的前提」という明確な「形」を与えた上で，特定の前提を絶対視せず，常に他もアリだと考える。それがフォークサイコロジーの影響をコントロールする一つのやり方だと思います。

山口：僕もすぐフォークサイコロジーに足をすくわれそうになります。「なぜこんな研究をするのか，わかった結果をどう理解したらよいのか」を説明するときに，フォークサイコロジーに乗っかるとわかってもらいやすい。そういう魅力があるわけです。

出口：その理解のしやすさは，外の世界に対するアピールでもあるけれども，逆に言うと危険なところもあるわけですよね。ある種の翻訳をしてしまうことによって，実際の研究結果が持っていた本来のあり方自体が，非常に陳腐な形で歪められてしまうこともあると思うのです。だから，たしかに外の世界に理解してもらわないとどうしようもないけれども，分野内では別に安易な理解に持っていく必要はないから，フォークサイコロジーに乗った説明というのは必ずしも多くはないのではないですか？

戸田山：だからと言って，社会心理学内部でも，たとえば「なぜ人々はしかじかの傾向

性を示すのか」を説明する時に，「抽象的な因子XとYがあって……」という話になるかというと，とてもそうは思えないのですが．

唐沢：やはり日常用語としての態度とか意図とかを使いますね．

戸田山：それは，フォークサイコロジー的にぼんやりとつかんでいたある種のパターンを洗練した概念だと思うのです．

出口：多分それは社会心理学だけではなく，科学全般，たとえば問題になっている原子力の技術とかにもあてはまると思います．非常に複雑な統計的なことを，たとえば安全か危険かという言葉に落とし込む時は，何かそういう日常の言葉に翻訳せざるを得ない．そういう状況があるけれども，そこで要求されるのは慎重な姿勢だと思います．だから，因子XとかYというのはたしかにわかりにくいけど，そのわかりにくさとつき合っていかざるを得ないところも，あるんじゃないかな．

唐沢：一般の人々の科学リテラシーも問題ですよね．社会心理学以外のどんな科学的な言説も，日常語で述べようとするとゆがみを生じてしまいます．それを踏まえた上で，多くの人々が科学的知識を共有できる土台を作るのが，科学哲学者なのではないでしょうか？

戸田山：そうですね．科学リテラシー教育やプログラムを考えるのは大事な仕事でしょう．

出口：科学リテラシーが要求されている分野で，社会心理学リテラシーの果たす役割は大きいと思います．フォークサイコロジーとの「野合」がかなり広がっていて，それが社会心理学の人気を支えているという構造もあると思います．社会心理学の本を読めば人間関係がうまくいったり，恋愛に成功したり，というようなイメージが氾濫していますよね．もう少しクリティカルに見なければならない一つの代表例だろうと思います．

唐沢：心理学の中でも，社会心理学が一番フォークサイコロジーとの関係が深い気がします．心の哲学ではフォークサイコロジーの位置づけについてずいぶん議論がされているようですね．

戸田山：心の哲学というのは，形而上学の一種で，「心身問題」と言われていたことの現代版です。「心」という実体と「物体」とはどう関係しているのか，そもそも二つあるのだろうか，一つなのではないか，そういうことが形而上学的問題。最近，心と物質や脳との関係はいかにと考える代わりに，あたかも科学哲学のように，フォークサイコロジーと脳科学あるいは心理学の関係はどうなっているか，という二つの理論の関係を考えるフリをしているのが心の哲学なのです。

出口：つまり，心の哲学と心理学の哲学は別なのです。心の哲学は心理学の研究のあり方そのものにはあまり踏み込まず，研究のプロダクト・成果を自分の議論に都合よく使うというつき合い方なので，心理学そのものがどういう課題に直面しているかとか，どういう方法論的な問題を抱えているかという問題にまで分け入って，それとタックルするということは，あまりしてこなかったわけです。今，それとは別に，そういった問題を考える心理学の哲学なるものができつつあります。

唐沢：では，その心理学の哲学では，社会心理学とフォークサイコロジーの関係の何が問題になるのですか？

戸田山：社会心理学は，フォークサイコロジーが研究を賦活しているというかリソースになっていると同時に，それによって批判されたりもするという，何か微妙な関係を持ちながら進んでいるでしょう。その関係を解きほぐして明らかにするとか，つき合う時にはこういうことに気をつけなければならないとか，そういう方法論的なことは，心理学の哲学の大事なテーマだと思います。

唐沢：たとえば，そのような内容で，心理学の方法論の授業を科学哲学者がするということもあり得るわけですね。

出口：社会心理学の科学哲学——われわれが今やろうとしていることだと思うのですが——が本当に，社会心理学者に役立つか。役立ち得るかもしれない。少々楽観的ですが，僕はそう考えています。というのは，哲学がくっつくことで社会心理学が一つの科学のパラダイムになり得るからです。昔は，科学哲学というのは物理学の哲学，もっと言えば動力学の哲学だったわけで，言い換えると，ニュートン力学とか相対性理論とか量子力学が科学のザ・パラダイムとされてきた。で，それが科学の代表例だと哲学者が盛んに吹聴するものだから，他の分野の科学者もよくも悪しくも力学モデルに引きずられて

いたわけです。次に生物学の哲学が出てきて、「物理学とは違うタイプの科学もアリですよ」というメッセージが出されることで、物理学ばかり見る必要はないという認識が、ある程度は広がった。

　たとえば、社会心理学の哲学ができ、社会心理学を一つのパラダイムとするような科学知のあり方が示されれば、社会心理学者は他の科学を右顧左眄する必要もなくなる。

唐沢：印籠みたい（笑）。

山口：社会心理学の哲学というのは非常に魅力的ですが、先ほど集団心のところで、「何か問題」に入り込まないほうがよいという話がありましたよね。だけど、社会心理学の哲学というのは、やはり「社会心理学とは何か」を論じていくわけですよね？

出口：社会心理学をいたずらに実体化しない仕方で、「社会心理学とは何か」を論ずることも可能だと思います。たとえば、本書で僕が試みたように、「何か問題」を大域的な方法論の問題へと解体的に翻訳するというのも、その一つの手かもしれません。で、その方法論的問題なるものは、そもそも答が一つに定まるものではない。結果として、ある程度見通しのよい研究方法のガイドラインが、複数立ち並ぶことになる。「何か問題」を、そのように変換していくことで、社会心理学の研究の現場をより活性化していくこともできるんじゃないでしょうか。

5　具体的な研究につなげるには

唐沢：戸田山さんの章でも研究テーマをもらっていると思うし、出口さんからも提案をもらいましたが、具体的な研究につなげるには、どうすればよいのでしょう？

山口：戸田山さんの期待は何になるのかな？　一言で言うと。

唐沢：社会心理学者に何をしてほしいですか？　たとえば科学ということについて、もう少しその営みが明らかになるように分析してほしいとか？　技術者倫理について、社会心理学者が加わればもっといろいろなことがわかるのではないかという話がありましたね。

戸田山：技術者倫理では、すでにジャニスとかいろいろな人の知見が使われています。しかし、それは、しかじかの社会的な状況に置かれた個人は、こんなふうに判断してし

まいがちだから気をつけようというような使われ方をしているわけです。集団の圧力の中に置かれた個人が，失敗をして不祥事を起こしてしまった，ということはもちろんあります。けれども，技術者倫理が本来考えなければならないのは，原発ムラがどうしてできたかとか，どうやって組織を設計したらよいのか，制度や法律をどうやって作っていったらよいかということだと思うのですが，それには今の知見では足りないのではないかと。

山口：それは足りないですよ。

戸田山：だから，それこそ山口さんがやっているような「チームワーク」に関することとかが，全面的に必要になってくると思います。

山口：それを求められるわけですが，やっていることは地道な作業なので，裏づけとなるデータがまだまだ少ないのです。

戸田山：そうですよね。だから「すぐやれ」とか「明日やれ」とか言っているわけではないのですが，長期的にはそういうのが絶対必要ですよね。

唐沢：社会心理学者は地道な作業の中で，環境の中の個々の要因の影響を見ていく。だから，「環境の属性がこうならば，人はこう動きやすい」という知見の集合体になっちゃう。でも，ピースミールなものをつなげるだけでも，ある程度は意味があると思いますが。

戸田山：だから，ニーズがあって，それを社会心理学者に発注するわけ。たとえば「こういう尺度があるといいんですけど」と。「すぐ作れ」というと，ろくなことが起きないわけで，やはりそちらでもきちんとした研究の蓄積があって，初めて出てくるものでしょうね。

山口：そう言われて，こっちが「それを作りたくてもこれだけのことを積み上げないと難しいですよ」と言うと，「え，そんなにいろいろやらなきゃいけないんですか？　じゃあ，無理ですね」と言われてしまうのです。

唐沢：技術者倫理は，たぶん社会心理学者と哲学者と現場が，集中的にディスカッショ

ンするなりして，一度知見を整理すればかなり進むと思います。それは，社会心理学が他領域とコラボレーションして研究する時のよい事例になるかもしれません。

戸田山：そう，もっと入っていってほしいです。ジャニスは別に技術者倫理のために研究したわけではなくて，技術者倫理をやっていた人が「これ，使えるかも」と持って来ただけなので，エンジニア仕様には全然なっていないのです。だから，それを使ってもお説教しかできない。

唐沢：それも出会いの場と言うか（笑），場の設定の問題だと思いますが。

山口：異なるディシプリンを持っている人たちが集まっていろいろ議論できるような場ですよね。こっちから出かけていって「いろいろ教えてください」と言うと，向こうも「えっ！　一緒にやってもらえるんですか？」とうまく行く場合もあるけど，一方，「何しに来たの？　僕も忙しいから」みたいなことを言われてしまうこともあるし。

唐沢：学際的な研究会が出会いの場になるかというと，うまく行かない場合も多いでしょ？

戸田山：いやいや，それは「人を集めたら何とかなるだろう」というのがよくないのではないかな？　ニーズというか，必要性もないのに。

山口：最初にそれがあったほうがよいですね。

唐沢：技術者倫理自体は「私，参入しますよ」と手を挙げれば，それである程度できる話かなと思いますけど，認識論のほうは……。

戸田山：これは100年くらいかかる（笑）。「こういう科学が必要になるだろう」と花火を打ち上げて，100年後くらいにそれが形になったときに，「最初に言ったのは戸田山だった」って褒めてもらいたいという話（笑）。

山口：気が遠くなりますね。僕はこの集まりで「こんなこと，考えたこともなかった」というようなことに，いっぱい，いろいろ気づかされたから，まぁ，考えてみようかなとは思うけど（笑）。

終　章　コラボレーションのゆくえ

戸田山：科学的認識論ができた暁に，社会心理学がそれに加わっていたなら，それはもう「社会心理学」ではなくて，原型をとどめていないかもしれない。つまり，多数のエージェントがネットワークを作って，そこには人間だけじゃなくて人工物やらいろいろなものが入っていて，いろいろな仕方で情報処理がされると，全体としてある結果が出てくる。その質を高めるための研究なわけです。

唐沢：「質を高めるための研究」というところにゴールを置くなら，少し下のレベルの課題，いくつかの作業仮説に落とせると言えば落とせるかも。

戸田山：そうでしょうね。還元できるところは還元していけばよいので。

唐沢：データベースのあり方とか。

戸田山：そうです。でも，やはり，どんなに優秀な人を集めても，どんなにパワフルなコンピュータを置いても，組織化がうまく行っていないとダメだろうというのはあるわけでしょう？

山口：僕はよく組織化をエンジンモデルで考えるのです。エンジンの中ではガスが爆発して分子が勝手な方向に飛び回っているけれども，ピストンはその力を一つの方向にまとめる装置になっている。人の集まりも同じで，普通は「右向け！」と命令しても，みんなが向くわけではないでしょ？　混沌です。でも，その混沌だって，放ったらかしにするのではなく，何か装置というか，組織化というか，そういったものをうまく工夫できれば，意図した方向に持っていけるのではないかな。

戸田山：そうですね。ただ，社会心理学がおもしろいのは，分子と気体の関係とは違って，エージェントは心を持っているので全体を表象することができてしまうという点です。表象の正しさの度合いはいろいろで，しかもエージェントはある程度自立的に，その表象に基づいて行為するから，話がややこしくなるでしょう？　そこが醍醐味でしょう？　抽象化すると，そういう系をうまくコントロールする知恵を出すための科学として，次の世紀の社会心理学にいくはずだと思っているわけ。

唐沢：じゃあ，次の世紀の社会心理学の方向が決まったところで（笑）。出口さんの「メタアナリシスによるネットワーキング」のほうは？　これを社会心理学の中でどの

ように実現すればよいのでしょうか？　一つはデータをどのように組織的に集めるかという問題がありますし，もう一つは，それをメタアナリシスできる人をどうやって教育するのかの問題があります。

出口：そうですね。僕としては，無責任にも実現可能性に関しては社会心理学者に丸投げしているわけですが（笑）。二つの先行例があります。一つは，臨床医学での例で，EBM（Evidence Base Medicine：証拠（根拠）にもとづいた医学）の動向ともからんでいるんですが，メタアナリシスやサーベイを専門にした雑誌がすでにあります。数ある専門雑誌から，特に興味深いものを抜き出したメタ雑誌，二次的情報誌です。もう一つは，これは僕が本書でも触れた，物理定数の測定のケースで，CODATAという国際機関によるメタアナリシスの定期的・組織的実施です。二つのケースとも，お金持ちの分野の例なので，それをそのまま社会心理学にあてはめることはできませんが，ポイントは「知的分業」だと思います。ある分野の情報を手広く集め検討して，それをメタアナリシスも含め，様々な手法を用いて統合して，その分野にフィードバックする。そういった役割に特化した専門家や機関を作る。だからみんながみんな，メタアナリシスをやれ，というわけではありません。もちろん，メタアナリシスの結果を利用するためには，それなりのリテラシーも要求されますが。いずれにせよ，このような専門化，機関化の先には，「科学情報学」とでも呼べる新たな分野の展開があると思います。

唐沢：メタアナリシスが全く行われていないわけではないし，そういう研究はランクの高いジャーナルに載るので，業績としては悪くないですよ。メタアナリシス研究では，他の研究者が行った研究を集約して，特定の変数の効果量を検定したりするのですが，そういうことでは足りないのですか？

出口：まず個々の研究があって，それからメタアナリシスというのではなくて，その順序を転倒させよう。僕としては，そう提案したいわけです。メタアナリシスによって結ばれるネットワークというのがまず念頭にあって，それを拡大していくために個々の研究を行う。研究のユニット自体を個々の研究からネットワークに変えようというわけです。なので，僕の提案は，I. ラカトシュの言う「科学的リサーチプログラム」を，社会科学の方法論に落とし込んだもの，と言えるかもしれません。ラカトシュの場合も，個々の理論から，いくつもの理論が通時的に連続した研究プログラムに研究のユニットを変更するということがキモだったわけですので。

終　章　コラボレーションのゆくえ

戸田山：でも，すごく全体論的ですよね？　出口さんの測定ネットワークの目的は，構成概念が「本当に測っているものがある」「実在に届いている」ということを言いつつ，ちゃんと測れていない空虚な概念を排除することでしょう？　そのために社会心理学全体をネットワーク化しなければならないというのは，ものすごいコストがかかっていませんか？

出口：測定ネットワークという考えには，たしかに全体論的なところもありますが，一方で，個々のピースを順次つなげていこうという側面もあるわけです。またコスト面で言うと，場合によっては「お安く」なる可能性すらある。SEMネットワークのオルタナティブとして巨大SEM研究というものを紹介しました。これは複雑な回帰モデルを設定して，きわめて多数の変数に対して一挙に重回帰分析をやる。そんなことをしていたら，あっという間に計算量爆発を起こします。それに対して，巨大SEM研究と同じ複雑な因果構造を相手にしても，SEMネットワークでは爆発は起こらない。SEMネットワークは，小さな断片的な回帰モデルに対して，少ない計算量ですむ重回帰分析を繰り返して，それをつなぎ合わせる。そしてこの統合も，せいぜい二変数程度の最小二乗計算ですむ。結果として，巨大SEM研究に比べ，SEMネットワークは，計算コストがはるかにお安いというわけです。

山口：それは理解できるのですが，いざ社会心理学に投げられてきた時にすごく戸惑うのは，要するに用いられている構成概念をたくさん集めてきたとして，同じ言葉が使われていても，実は測定しているものが異なる場合が含まれているということ。それから，その測定が本当に正確になされているのかということも気になります。

出口：それは測定ネットワークの「二つの基準」にかかわることだと思います。まず異なる構成物を扱う研究同士はネットワーク化できない。一つのネットワークの中では「存在論的な合意」が成り立っていなければならない。またネットワーク全体の質を低下させる研究も，そのネットから排除される。結果として，測定の対象が本当に同じなのか，その測定の質はどうなのか，といった点を常にチェックしつつ，ネットワーキングが進んでいくことになる。

唐沢：社会心理学者は，地道な過去文献レビューという作業を通して，実質的に似たようなことをやっていたと思います。ある領域について，たとえばA，B，C，Dというのが研究の知見だとして，A，B，Cは同じ結果を出しているのに，Dは違う結果を出

している。そうしたら，普通は原論文まで戻って何が違うのかたしかめ，なぜDでは違った結果が得られたのかを考えて，それら四つを統合するような要因を放り込んだモデルを作るかとか。出口さんの言う測定ネットワークは概念的にそれと同じことなのですか？

出口：当然，そういったケースも測定ネットワークでは起こると思います。一方，Dを取り込める要因がうまく見つからず，それが「外れ値」として捨てられるケースも実際には多いでしょう。その場合，多元性を旨とする測定ネットワークの観点からは，Dにもそれなりの未来はある，へこたれるな（笑）という視点が開けてくると思います。

6　他分野との幸せなコラボレーションのために

唐沢：ピースミールな知にとどまらないということが，社会心理学のネットワーク化にとって重要だということですね。これって，他分野とコラボレーションできる研究者にとっても不可欠な資質ではないでしょうか？　つまり，頭の中で，先ほどのネットワークが実現されている人ほど，他分野の研究者と柔軟に議論できるのではないでしょうか？

山口：「他分野との幸せなコラボレーション」と「社会心理学はこのままでよいのか」という話は，つながっていると思っているのですが。昔から社会心理学は，学会の設立趣意書などを見ても，「他の諸科学と連携して学際的にやる」というようなことを言っている。でも，現実にはそうはなっていないわけです。だから，まずは自分の中でリアリティのある問題意識を学生の時から持つことが必要だと思います。加えて，自分が研究していることが社会の中でいったい何を明らかにするのか，どういう問題を解決することにつながっているのかということを，もう少し先にイメージすることも大事でしょう。それができて初めて，幸せなコラボレーションが可能になるんじゃないかなと思います。でも，僕の中では哲学とのコラボレーション，というようなことは一切考えたことがなかったですけど（笑）。

唐沢：意外といけるなと（笑）。

山口：ものすごく新鮮。だけど，結局そういうことを臆することなくやっていくためには，最初に自分の研究の位置づけを，もう少し広い視野で見たほうがよいと思います。

そうでないと社会心理学は「いや，自分はこれに関心があって，これを研究しているから」というところで自己完結して，世の中の役に立とうが立つまいがどうでもよくて，自分の興味・関心が明らかになったその時点で止まってしまう。その明らかになったことがその先どんな影響を，世の中に与えるのかというところまでの視野がなかなか持てなくて，結局タコツボ的になっていっているようなところがあるので。

唐沢：難しいですよね。そういう人もいれば，「役に立つ」ということだけにとらわれている人もいる。もっといろいろな方向に広がれるはずなのに。だから，どの方向を向くにしても，ある種のやわらかさみたいなものがないと……。

山口：そもそも，コラボレーションしようというところに行かない人が多いですよね。

唐沢：みんながコラボレーションする必要はないと思いますよ。コラボレーションするには相手がいるし，その相手を探す手間をかけるよりも，とにかく最先端の知見を探すのだという人がいても，もちろんよいでしょう。ただ，領域全体としてのバランスとしては，いろいろな人がいるほうがよいですね。

山口：いろいろな人がいてよいし，実際にいると思いますが，ただ，僕はもう少し他の学問体系……いわゆる人文科学的なところだけでないところともコラボレーションしてよいと思うのです。でもそうすると，「脇に行っちゃったね」とか言われて（笑）。

唐沢：そうですね。他の分野と交流すると，何か言われますか？　哲学者も。

戸田山：哲学というのは，アイデンティティに非常に自信がない。つまり哲学は，「これまでの哲学は間違っていました」ということの連続なので，その他の科学のように，ディシプリンを背負うということが難しいわけです。
　「哲学者です」と言ってコラボレーションの場に出て行って，ダメなパターンは，哲学の擁護をしてしまうこと。「哲学ではこう考えているので，そこんとこよろしく」みたいな（笑）。たとえば，さっき出口さんが言ったように，心理学者とつき合う時に，心の哲学のレクチャーをしても，まずうまく行かないし，現場の科学者に「科学哲学はこうですよ」ということをレクチャーしても全然ダメでしょう。心の哲学も科学哲学も，哲学の中の，非常にバイアスのかかったある前提なり，歴史なりで成り立っている分野に過ぎないから。でも，その中にはいろいろ使えるリソースはあるので，哲学者になる

なら勉強したほうがよいとは思いますけど，それをふりかざして，「そういうのは普通，『信念』とは言いませんよ」「それを『欲求』と言うのはおかしいですよ」とかやり合ってもしょうがないわけで。コラボレーションする相手の関心や方法を知った上で，一緒にゼロから作り上げていかないと，うまく行かないというのが，今までいろいろやってきた感想です。

唐沢：社会心理学者も人を動かすための知見だけを求められちゃって，ゼロから何かを作っていくということがないなら，全然幸せではないですよね。

戸田山：で，疲れるだけでしょう？　やはりゼロから作っていくと，哲学の世界に持って帰るものができるわけですよ。「心理学者は，本当はこんなふうに考えているんだぞ」「俺たちが心理学はこんなことをやっているだろうと思ってやってきたのとは随分違うぞ」とかいって，哲学を壊すのに使える。

唐沢：たまたまつき合った哲学者や心理学者が，めちゃくちゃゆがんでいたりしたら大変なことになりますけどね（笑）。

出口：僕と戸田山さんは数年前に応用哲学会を立ち上げたのですが，一つのモットーが，他分野とコラボレーションして，新しいリソースを哲学に持ってきて，それで哲学をブレイクスルーするということ。つまり，これまで哲学者があまり見てこなかった分野に出かけて行くことです。たとえば社会心理学は大きな分野ではあるけれども，科学哲学的には処女地だったわけです。そこに新たなネタがあって，これまで物理学などをもとにして組み上げられてきた議論がうまくあてはまらないところが出てきたとする。それは，哲学にとって，ものすごくおもしろいわけです。これまで当たり前だと思われていたことがひっくり返る可能性があるから。
　だから，外に出て行って，新たな分野とコラボレーションすることで，それまで持っていた知とは違う知を逆輸入して哲学を変えていきましょう，というのが応用哲学のあり方だと思っているのですが，それは他の分野にも言えるでしょう。ちょっと遠くを見わたしてみたら，そこにこれまで社会心理学者が使ってこなかった手法とか，社会心理学の考え方とかモデルが通用しないケースがあるかもしれない。それを中に入れたら，ブレイクスルーになる可能性があるわけですよね。

唐沢：社会心理学者も，科学哲学者のように外に出て行けばよい，と。まあ，出て行っ

終　章　コラボレーションのゆくえ

ていないわけではないと思うのですが……。

山口：出て行っていると言うよりも，むしろ引っぱられているようなところがあるかもしれませんね。何かプロジェクトがあって，「社会心理学者が入ってくれたらうまく行くんだけど」とか言われてね。コミュニティの再生とか。

出口：それは，コンサルタントとして入っているわけだから，既成の社会心理学の知を提供することを期待されているわけですよね。そうすると，ブレイクスルーはないですよね。

山口：だから，自分から出て行かなきゃダメだということですね。

出口：逆に，そういう場に出て行って，「さあ，提供しよう」と思ったら全然使えない，というのはグッドニュースなのです。これまであたり前，確実だと思っていた社会心理学的な知が，実は動かないということは，どこかに何か根本的な間違いがあるかもしれない。これはブレイクスルーの引き金になり得ることですよね。

山口：ある学際的な国際学会に出た時のことを思い出しました。テーマは働くことの意味とか価値とかだったのですが，議論が全然嚙み合わないわけです。言語の壁も大きくて大変でしたけど（笑）。だからこそお互いに質問し合うので，「あぁ，そういうふうに働くことの意味を考えている人もいるんだな」という発見があったわけです。

唐沢：コラボレーションに参加するのは有益なんだけど，教育の場面となるとちょっと考えないといけないですよね。学生に対しては，「外に出て行け」「自分の分野に閉じこもるな」と口では言いますけど，いい加減になって帰ってこられても困るわけです。まず，社会心理学のきちんとした研究者であってほしい。

山口：学生の段階ではどうしても，ちゃんとした社会心理学の論文が書けるというところが一番大事。そのためにしっかりデータを取ることをまず身につけてほしいですよね。

出口：よいコラボレーターになるためにはディシプリンのコアをちゃんと身につけなければならばならない。ただ逆説的に，あまりそればかりを身につけてしまうと，そこで凝り固まってしまう。だから学生は，まずそれぞれのディシプリンの一番大切なところ

から逃げずに，きっちり方法を身につける一方で，他分野への関心を失わないというのが重要なことですよね。

唐沢：社会心理学の将来のためには，きちんと社会心理学ができると同時に，他分野とのコラボレーションもできる人が必要ですね。だから，そのディシプリンの中である程度訓練を積んだら，外に出て行くという労を惜しまないでほしい。上の世代がコラボレーションによって新しい領域を開拓することは大事ですよね。だって，将来こういうことをやったらきっとおもしろいんだろうなと若い人が思うから。つまり，われわれが楽しそうにコラボレーションしているところを見せればよいと。

山口：それは，ほんとに楽しいからよいですね，別に演技でも何でもなく。

戸田山：哲学にも全く同じことがあてはまると思います。うれしいのは，若手の中に他分野との共同作業の中で哲学を磨こうとする人たちが増えてきたことです。そういう意味では，次世代の哲学はおもしろくなると期待しています。

唐沢：すごい。社会心理学にもそういう若い人はたくさんいるので，社会心理学と哲学の将来はどっちも明るい，ということで。

戸田山：いいの？　こんなに予定調和的に終わっちゃって？

唐沢：いーの。いーの。

人名索引

あ行

アッシュ（Asch, S. E.） 22, 75, 111
ウィルソン（Wilson, T. D.） 58
ヴェグナー（Wegner, D. M.） 35
ヴォーン（Vaughan, D.） 111
ヴント（Wundt, W.） 72
オルポート（Allport, F. H.） 7, 21, 41, 65, 73
オルポート（Allport, G. W.） 15

か行

カント（Kant, I.） 102
キャッテル（Cattell, R. B.） 77
ギルバート（Gilbert, D. T.） 35
クレイク（Craik, K. H.） 132
クワイン（Quine, W. v. O.） 99, 103
ケリー（Kelley, H. H.） 133
コーガン（Kogan, N.） 77

さ行

ザヴァロニ（Zavalloni, M.） 77
シェイヴァー（Shaver, K. G.） 133
シェリフ（Sherif, M.） 22, 75, 77
ジャクソン（Jackson, J. M.） 77
ジャニス（Janis, I） 77, 111, 208
スタイナー（Steiner, I. D.） 77
ストーナー（Stoner, J. A. F.） 77

た行

タジフェル（Tajfel, H.） 33
チャーチランド（Churchland, P. M.） 103, 119
デカルト（Descartes, R.） 97, 102
デネット（Dennett, D.） 120

デュルケム（Durkheim, E.） 72
トムソン（Thomson, J. J.） 137

な行

ニスベット（Nisbett, R. E.） 58

は行

ハイダー（Heider, F.） 22, 76, 133
バス（Buss, D. M.） 132
ハッキング（Hacking, I.） 137
ハリス（Harris, C. E.） 111
ファインマン（Feynman, R. P.） 3
フィスク（Fiske, S. T.） 26
フェスティンガー（Festinger, L.） 23, 76
フレッチャー（Fletcher, G.） 128
ベクテル（Bechtel, W.） 105
ホブランド（Hovland, C. I.） 23
ホワイト（White, R. K.） 75

ま行

マクドゥーガル（McDougall, W.） 72
ミリカン（Millikan, R.） 137
ミルグラム（Milgram, S.） 23, 75, 111
モスコビッチ（Moscovici, S.） 77

や・ら・わ行

ライル（Ryle, G.） 118
リピット（Lippitt, R.） 75
ル・ボン（Le Bon, G.） 72
レヴィン（Lewin, K.） 22, 25, 75
ロス（Ross, L.） 48
ワラック（Wallach, M. A.） 77

事項索引

あ行

アクション―リサーチ　75, 85
アニミズム　47
一般化可能性　55
因果関係　33
SEM（Structual Equation Model）→構造方程式モデル）
SEM 研究　156, 157
応用哲学　4, 214

か行

外在　80
　――主義　98
介入実在論　137
科学哲学　2
科学リテラシー　204
確率的な理解　57
仮言命法　100
可視化　86
仮説生成　51, 85
還元主義　73, 74
技術者倫理　107, 207
技術的逸脱の常態化　112
帰属理論　133
機能主義　119
規範的自然主義　100
規範的モデル　130, 134
共有　82
共有メンタルモデル　83
『ギルベイン・ゴールド』　109
グランドセオリー　194
グループ・ダイナミックス　22, 75

経営者悪玉モデル　108
行為頻度アプローチ　132
工学倫理　107
構成概念　78, 135
構造方程式モデル（SEM）　155, 182
心の概念　46
心の機能　63
心の実在　54
心の哲学　205
心のメカニズム　131
心のモデル　43, 53
心の理論（theory of mind）　73
個人主義　97
個人焦点の方法論　6
　――の問題点　8
　――のデータ　36
　――のメリット　43
個人要因　34
古典的認識論　96
コネクショニズム的科学哲学　103
コミュニケーション構造　86

さ行

最小集団パラダイム　32
参与観察　85
志向的システム　122
志向的スタンス（intentional stance）　122
自然化された認識論　99
実験　22, 31
実験操作　32
質問紙法　45, 86
シミュレーション理論　48
社会環境　16, 17

219

社会心理学　15
　　科学としての──　19, 20
　　拡張された──　117
　　実践知としての──　18, 66
　　人文知としての──　18
　　──の学術的価値　6, 56
　　──の重層性　65
　　──の（科学）哲学　205, 206
社会性　35
社会的アイデンティティ理論　33
社会的影響過程　22
社会的認知　24
社会的分業　102
社会認知的神経科学　26
社会有機体説　72
集合表象　72
集団規範　77, 80
集団錯誤　73
集団思考　111
集団心（group mind）　7, 21, 61, 72, 196
　　──の定義　117
　　──の否定　41, 54
主観　102
主観的経験の科学　35
状況要因　33
消去主義　119
『省察』　102
常識的な理解　50, 51, 53
神経科学的科学哲学　103
人工物　106
シンタリティ（syntality）　77
心脳同一説　123
心理学的場（psychological field）　75
心理学の哲学　205
正当化　96
　　──された真なる信念　96
設計的スタンス（design stance）　122

説得　23
創発　74
測定ネットワーキング　142, 151, 152, 155, 156, 189
測定ネットワーク　143-149, 151, 155, 189, 203, 211

た行

大域的方法論（グローバル・メソドロジー）
　　142, 146, 150
第一哲学の理念　99
対人認知　22
多重実現　119
チームワーク　88
知識論　95
チャレンジャー号爆発事故　109
超越論的主観　102
調整変数　34
定言命法　100
データ収集　44
哲学的行動主義　118
同調　22, 111
銅鉄主義　3
動物の知識　98
トポロジー　78
トランザクショナル・メモリー　84

な行

内在　80
　　──主義　97
内集団びいき　32
認識論　95
　　──的依存　101
　　──の自然化　98
認知的不協和　23
認知の共有　82
認知バイアス　84
脳機能の解明　26

事項索引

は行

媒介変数　33
汎心論　73
ビジネス顕微鏡　88, 199
フォークグループサイコロジー　127
フォークサイコロジー　43, 47, 48, 119, 121, 126, 128, 202
　——との差別化　58
複雑系　74
服従　23, 111
物理的スタンス（physical stance）　121
文化　28
　——差　28
　——心理学　26, 28

　——的ステレオタイプ　30
方法的懐疑　97, 102
方法論　153, 199, 205
　——的規則　100
　——的困難の存在論への転嫁　124

ま行

民族心理学（völkerpsychologie）　72
メタアナリシス　152, 153, 155, 156, 209

や・ら・わ行

リーダーシップ　88
リターン・ポテンシャル・モデル　77, 81
倫理綱領　108

221

著者紹介（掲載順・＊は編者）

唐沢かおり（からさわ・かおり）＊　はじめに，1・2・3・終章
東京大学人文社会系研究科教授。主著：『社会的動機づけの心理学——他者を裁く心と道徳的感情』（共訳，北大路書房，2007年），『朝倉心理学講座7　社会心理学』（編，朝倉書店，2005年），『社会的認知の心理学——社会を描く心のはたらき』（共著，ナカニシヤ出版，2001年）ほか。

戸田山和久（とだやま・かずひさ）＊　はじめに，1・5・6・終章
名古屋大学情報科学研究科教授。主著：『「科学的思考」のレッスン——学校で教えてくれないサイエンス』（NHK出版，2011年），『知識の哲学』（産業図書，2002年），『論文の教室——レポートから卒論まで』（日本放送出版協会，2002年）ほか。

山口裕幸（やまぐち・ひろゆき）　4・終章
九州大学大学院人間環境学研究院教授。主著：『＜先取り志向＞の組織心理学——プロアクティブ行動と組織』（共編，有斐閣，2012年），『チームワークの心理学——よりよい集団づくりをめざして』（サイエンス社，2008年），『経営とワークライフに生かそう！　産業・組織心理学』（共著，有斐閣，2006年）ほか。

出口康夫（でぐち・やすお）　7・8・終章
京都大学大学院文学研究科准教授。主著：『これが応用哲学だ！』（共編，大隈書店，2012年），『応用哲学を学ぶ人のために』（共編，世界思想社，2011年），『知識と実在——心と世界についての分析哲学』（分担執筆，世界思想社，2008年）ほか。

心と社会を科学する
2012 年 7 月 20 日　初　版

［検印廃止］

編　者　唐沢かおり・戸田山和久
発行所　財団法人　東京大学出版会
代表者　渡辺　浩

113-8654 東京都文京区本郷 7-3-1 東大構内
http://www.utp.or.jp/
電話 03-3811-8814　FAX 03-3812-6958
振替 00160-6-59964

印刷所　新日本印刷株式会社
製本所　矢嶋製本株式会社

©2012 Kaori Karasawa and Kazuhisa Todayama, Editors
ISBN 978-4-13-013306-7　Printed in Japan

R〈日本複製権センター委託出版物〉
本書の全部または一部を無断で複写複製（コピー）することは，著作権法上での例外を除き，禁じられています．本書からの複写を希望される場合は，日本複製権センター（03-3401-2382）にご連絡ください．

こころと社会——認知社会心理学への招待
池田謙一・村田光二　四六判・300頁・2500円

人間の「こころ」がいかに社会的な制約を受けながら情報を処理しているか。また「社会」の対人的なつながりの中でどのような働きをしているかなど，「こころ」と「社会」との相関を概説する。

新版　社会心理学研究入門
安藤清志・村田光二・沼崎　誠［編］　A5判・228頁・2900円

社会の中で相互作用しながら生きている人間——その心と行動を科学的に明らかにしようとする研究の方法とは？　問題設定から実験・調査，資料収集，分析，論文作成や留意点まで平易に解説。

臨床社会心理学
坂本真士・丹野義彦・安藤清志［編］　A5判・272頁・3800円

個人，対人関係，集団からコミュニティまで——臨床心理学が活躍の場を広げる中，不適応発生のメカニズム，適応における問題，適応を高めるための介入への，社会心理学の応用可能性を示す。

信頼の構造——こころと社会の進化ゲーム
山岸俊男　A5判・228頁・3200円

信頼と裏切りの起源とメカニズムを，進化ゲーム論と実験データから見事に解明。日本が従来の集団主義社会を脱し，他者一般に対する信頼で成り立つ社会を形成することの大切さを説く。

ここに表示された価格は本体価格です。ご購入の際には消費税が加算されますのでご了承ください。